일러스트를 곁들여 흥미롭게 들려주는 발레 용어 이야기

발레 용어 사전

The Dictionary of Ballet

도미나가 아키코 지음
김효진 옮김   **한지영**(발레해설가) 감수

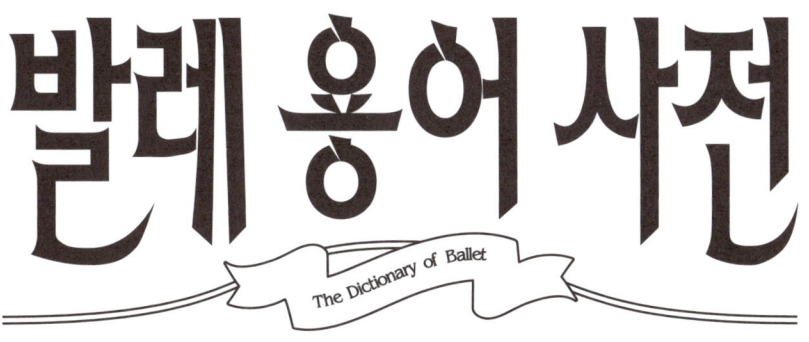

AK TRIVIA BOOK

머리말

이 책을 손에 든 여러분께 감사드린다.
분명 발레를 좋아하거나 관심이 있는 분일 것이다.
같은 취미를 가진 여러분이 읽어주신다니 나로서는 더없는 행복이다.

내가 발레에 푹 빠져 산지도 어느덧 35년이 흘렀다.
다섯 살 무렵, 친구의 발표회에서 튀튀를 입은 공주님을 보고 한눈에 반한 이후 발레를 하고, 발레를 보는 것에 푹 빠진 어른이 되었다.

이 책의 제안을 받고 처음에는 무척 고민했다.
'발레 팬'에도 다양한 사람이 있다.
'발레에 관심이 있지만, 무엇을 보면 좋을지 모르겠다'는 사람부터
'좋아하는 발레단의 공연을 보기 위해 해외 원정까지 간다'는 사람도 있고
'주 5회 발레 레슨을 받지만, 실제 공연은 거의 보지 않는' 사람이 있는가 하면
'한 달에 몇 번이나 극장에 가서 공연을 보지만, 발레는 하지 못하는' 사람도 있다.

어떤 내용을 담아야 할지 알 수 없어 고민하던 어느 날, 우연히 극장에서 내 앞자리에 앉은 한 초등학생 여자아이와 그 아이의 엄마와 이야기를 나누게 되었다.
'우리 아이는 아직 한창 배우는 중이에요.'라고 말하는 엄마 옆에서 '하지만 진짜 좋아해요.'라고 부끄러운 듯 이야기하는 여자아이를 보고 문득 깨달았다.

발레에 대한 지식의 깊이나 극장을 방문하거나 레슨을 받는 빈도는 모두 제각각이다. 하지만 모든 발레 팬의 마음속에는 '발레를 좋아한다'는 공통점이 있다. 저마다 이유는 다를지라도 발레의 세계에 매료된 것만은 같다.

이 책은 그렇게 '발레를 좋아하는' 사람들을 응원하는 마음으로 만들었다. 발레를 보거나 발레를 하는 것을 포함해, 발레를 즐기고 싶을 때 읽으면 '훨씬 더 발레를 좋아하게 될 것'이라고 느낀 용어들에 대해 해설했다. 대표적인 작품과 배역, 안무가와 무용수, 동작과 포지션의 명칭, 무대용어, 잡학 등의 용어를 해설하는 동시에 내가 생각하는 '볼거리·즐길 거리'도 곁들였다.

'발레를 좋아하는' 여러분의 마음이 더욱 깊어지기를 바라는 마음으로 스스로도 즐겁게 써내려갔다. 이 책을 통해 넘치는 발레 사랑을 함께 나눌 수 있다면 기쁠 것이다.

도미나가 아키코

Contents

- 2 머리말
- 3 이 책을 읽고 즐기는 방법

발레의 역사

- 4 루이 14세 통치하의 프랑스
- 6 로맨틱 발레의 시대
- 8 차이콥스키 3대 발레
- 10 디아길레프의 발레 뤼스
- 12 발레 뤼스 이후, 세계로 퍼진 발레
- 13 20세기 후반의 위대한 무용수들
- 14 장르별·명작 발레 소개

용어집

- 17 가·나
- 31 다·라
- 57 마·바
- 81 사·아
- 123 자·차
- 135 카·파
- 169 하·영숫자

Column

- 50 일본 신국립 극장 발레단 수석 무용수 요네자와 유이 인터뷰
- 120 포인트 슈즈를 신고 춤추는 비결?
- 153 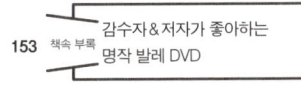 감수자&저자가 좋아하는 명작 발레 DVD
- 164 아름다운 튀튀를 만들기 위한 고집
- 176 주요 참고 문헌 일람
- 178 맺음말

이 책의 읽고 즐기는 방법

작품의 줄거리, 안무가와 무용수의 약력, 발레단의 역사 등의 사실을 소개하고 저자가 생각하는 '볼거리', '특징'을 추가하기도 했다.

이 책의 인물명은 가나다순으로 실었다.

대부분의 발레 용어에 원어를 표기했다.

발레 작품 중에는 인간관계가 복잡하게 얽힌 이야기가 있다. 인물 관계를 손쉽게 파악할 수 있도록 대표적인 작품에는 인물 관계도를 함께 실었다.

알아두면 더욱 재미있는 사소한 발레 지식도 다수 실었다.

발레의 동작 및 포지션 등 춤추는 방법에 관한 것은 일러스트를 곁들여 해설하기도 했다.

함께 알아두면 더 깊이 이해할 수 있는 '관련 용어'가 있는 것은 페이지 수와 함께 기재했다.

이 책에는 주로 아래와 같은 용어를 실어 해설했다.

- ●작품 관련…줄거리와 볼거리 그리고 대표적인 배역의 즐길 거리
- ●발레단 관련…각 컴퍼니의 역사, 특징, 계급, 스태프, 극장의 해설
- ●인물 관련…무용수, 안무가, 예술 감독, 작곡가 등의 약력, 특징, 볼거리
- ●무대 용어 관련…무대에 관련된 전문 용어 해설
- ●포인트 슈즈 관련…대표적인 메이커의 약력과 특징
- ●잡학 관련…알아두면 발레를 더 재미있게 즐길 수 있는 지식 해설

※이 책의 명칭은 가나다순으로 실었다.
※인물의 생년월일이 분명치 않거나 문헌에 따라 차이가 있는 경우에는 명기하지 않았다.
※외국어 명칭의 경우《옥스퍼드 발레 댄스 사전》및 주최자 또는 발레단 팸플릿에 기재된 방식을 우선했다. 또 사건의 연도도 문헌에 따라 차이가 있는 경우가 있어 위의 자료를 우선적으로 참조했다.
※용어명에 다른 표기나 읽는 방식이 있는 경우에는 괄호를 사용해 병기했다.
※이 책에 실린 정보는 2018년 3월 기준의 내용을 근거로 하고 있다.

HISTORY OF BALLET
발레의 역사

발레의 역사는 유럽의 정치 및 문화와 밀접한 관련이 있다.
이번 장에서는 발레의 탄생과 성장 그리고 발전의 역사를
시대의 흐름에 따라 대표적인 몇 가지 사건을 중심으로 간략히 소개한다.

17세기 후반

루이 14세가 통치하던 프랑스에서 발레 예술이 꽃피었다.

이렇게 근엄한 표정의 초상화로 유명하지만…

실은… 발레를 무척 좋아했다 ♡

왕이 추면

당연히 측근들도!

예쁜 다리! →

루이 14세

7세에 발레를 시작해 12세에 처음 무대에 서고 32세에 은퇴할 때까지 여러 배역을 맡아 춤을 추었다.

왕후 귀족들에게도 발레가 유행!
남성 무용수가 활약했다.

HISTORY OF BALLET 발레의 역사

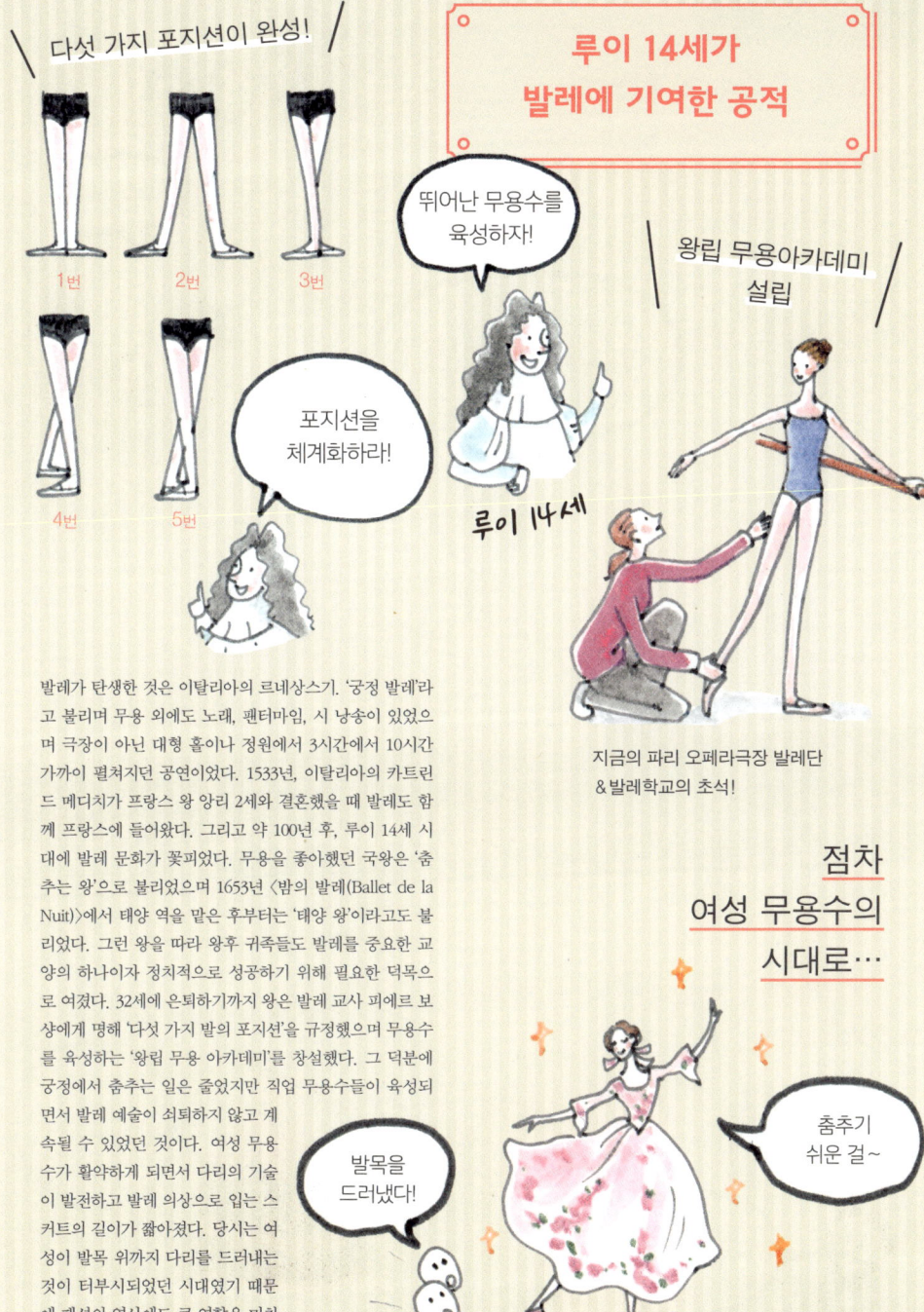

다섯 가지 포지션이 완성!

1번 2번 3번 4번 5번

포지션을 체계화하라!

뛰어난 무용수를 육성하자!

루이 14세

루이 14세가 발레에 기여한 공적

왕립 무용아카데미 설립

지금의 파리 오페라극장 발레단 & 발레학교의 초석!

점차 여성 무용수의 시대로…

발목을 드러냈다!

춤추기 쉬운 걸~

마리 카마르고

발레가 탄생한 것은 이탈리아의 르네상스기. '궁정 발레'라고 불리며 무용 외에도 노래, 팬터마임, 시 낭송이 있었으며 극장이 아닌 대형 홀이나 정원에서 3시간에서 10시간 가까이 펼쳐지던 공연이었다. 1533년, 이탈리아의 카트린 드 메디치가 프랑스 왕 앙리 2세와 결혼했을 때 발레도 함께 프랑스에 들어왔다. 그리고 약 100년 후, 루이 14세 시대에 발레 문화가 꽃피었다. 무용을 좋아했던 국왕은 '춤추는 왕'으로 불리었으며 1653년 〈밤의 발레(Ballet de la Nuit)〉에서 태양 역을 맡은 후부터는 '태양 왕'이라고도 불리었다. 그런 왕을 따라 왕후 귀족들도 발레를 중요한 교양의 하나이자 정치적으로 성공하기 위해 필요한 덕목으로 여겼다. 32세에 은퇴하기까지 왕은 발레 교사 피에르 보상에게 명해 '다섯 가지 발의 포지션'을 규정했으며 무용수를 육성하는 '왕립 무용 아카데미'를 창설했다. 그 덕분에 궁정에서 춤추는 일은 줄었지만 직업 무용수들이 육성되면서 발레 예술이 쇠퇴하지 않고 계속될 수 있었던 것이다. 여성 무용수가 활약하게 되면서 다리의 기술이 발전하고 발레 의상으로 입는 스커트의 길이가 짧아졌다. 당시는 여성이 발목 위까지 다리를 드러내는 것이 터부시되었던 시대였기 때문에 패션의 역사에도 큰 영향을 미친 변화라고 할 수 있다.

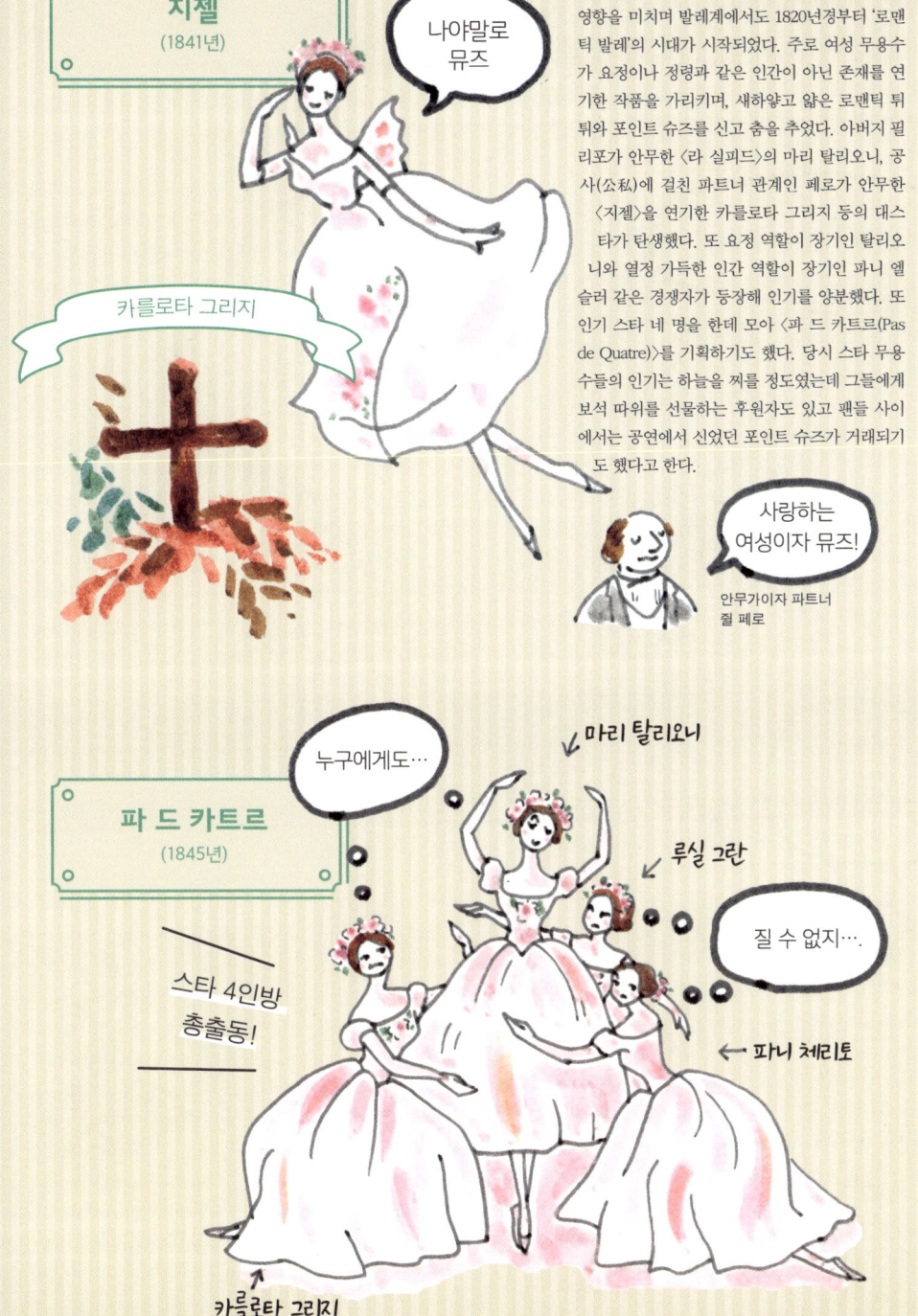

프랑스 발레계에서 여성 무용수가 중심이 되자 남성 무용수들은 활약할 곳을 찾아 타국으로 떠났다. 그리고 프랑스에서는 점차 발레가 쇠퇴했다. 대신 발레가 발전한 곳은 러시아였다. 1847년 마리우스 프티파가 러시아로 건너가 55년부터 안무를 개시. 62년 〈파라오의 딸〉 안무로 널리 인정을 받고 그 성공이 90년부터 계속된 '차이콥스키 3대 발레'로 이어졌다. 당시, 발레 음악가의 지위는 경시되었다. 하지만 이미 대작곡가였던 차이콥스키가 발레를 사랑하고, 발레를 위한 음악을 작곡한 것은 큰 충격을 주었으며 발레 예술의 지위를 끌어올렸다. 프티파는 제자 이바노프와 함께 차이콥스키의 발레 음악에 맞는 춤을 만들고 전막으로 구성된 그랑 발레의 기본인 '그랑 파 드 되' 형식을 완성했다. 이 형식은 지금도 많은 발레 작품에 큰 영향을 미쳤다.

009

20세기 전반

흥행사 세르게이 디아길레프가 이끄는 '발레 뤼스'가 파리에서 대유행!

남녀 후원자도 다수

내가 지원하죠.

대표적인 여성 후원자 미시아 세르 (Misia Sert, 샤넬이 동경했던 여성으로 전해 진다)

재능 있는 예술가들이 잇따라 제작에 협력

음악가
이고르 스트라빈스키, 세르게이 프로코피예프 등

미술가·디자이너
파블로 피카소
조르주 브라크
앙리 마티스
마리 로랑생
코코 샤넬 등

호화 멤버!

'화제를 불러일으키는 천재' 명프로듀서

훌륭한 발레 작품을 만들기 위해 아낌없는 노력! 물론 돈도 투자했다! (늘 돈이 부족했지만……)

세르게이 디아길레프

레온 박스트
무대 미술과 의상 디자인으로 크게 활약한 화가

파리의 관객들 대흥분!!

러시아 발레 굉장하다!

붉은 드레스의 오로라 공주!

파리 관객들

1909년 발레가 쇠퇴한 프랑스에서 또 다시 발레 문화가 번성했다. 세르게이 디아길레프가 러시아에서 활약했던 무용수들을 이끌고 파리를 방문해 '러시아 시즌'을 개최했다. 이 발레단은 '발레 뤼스(Ballet Russe)'라고 불리게 되었다. 당시 발레 예술이 발전했던 러시아 발레단에 의해 〈잠자는 숲 속의 미녀〉, 〈백조의 호수〉와 같은 역사적 작품부터 〈불새〉, 〈페트루슈카〉와 같은 오리지널 작품 그리고 〈셰에라자드〉 등의 이국적인 정취가 넘치는 작품 등의 다양한 발레 작품이 상연되면서 프랑스 관객을 열광시켰다. 무용수들의 재능을 꿰뚫어보는 안목을 지닌 디아길레프의 발레 뤼스에서는 수많은 대스타와 명안무가가 탄생했다. 그중에서도 경이로운 테크닉을 보여준 니진스키는 열성 팬이 생길 정도로 큰 인기를 얻었으며 디아길레프의 요청으로 안무가로도 데뷔했다. 그의 참신한 안무 작품은 충격적인 내용으로 찬반양론을 불러일으키는 동시에 그것이 화제가 되어 발레 뤼스의 인기는 더욱 높아졌다. 또 무용수와 안무가뿐 아니라 작곡가, 미술가, 의상 디자이너 등의 새로운 예술가들을 기용해 작품을 만들면서 시대를 선도했다.

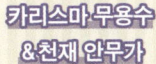

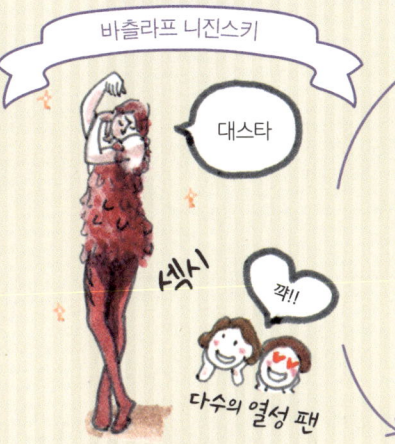

발레 뤼스 출신의 니네트 드 발루아는 영국으로 건너가 1931년 현 영국 로열 발레단의 전신인 빅 웰스 발레단을 설립했다. 또한 버밍엄 로열 발레단도 여기에서 파생되었다.

발레 뤼스 드 몬테카를로의 니콜라스 베리오조프가 슈투트가르트 발레단의 예술 감독으로 취임해 발레 뤼스의 명작을 보급했다. 하지만 독일에서는 1900년대 이후 모던 댄스에 대한 관심이 높아지면서 독자적인 발전을 이룩했다.

발레 뤼스의 명무용수와 안무가를 배출한 러시아는 1917년의 러시아 혁명과 1930년경의 스탈린 정권 등의 정치적 영향 속에서도 상트페테르부르크의 마린스키 발레단과 모스크바의 볼쇼이 발레단을 중심으로 발레 문화가 계승되었다.

발란신의 〈아폴론〉

영국 / 독일 / 러시아

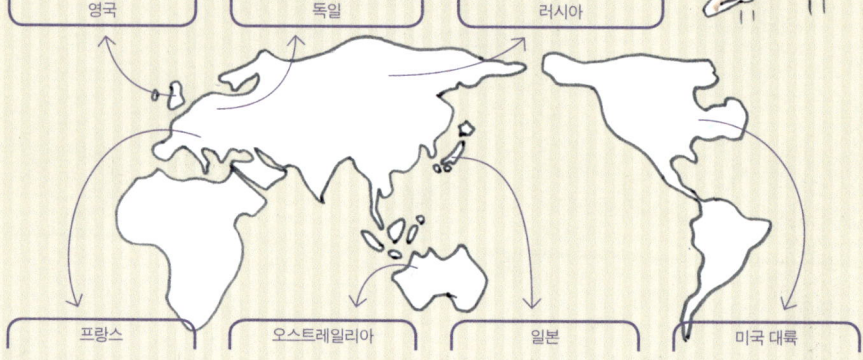

프랑스 / 오스트레일리아 / 일본 / 미국 대륙

발레 뤼스 출신의 세르주 리파르가 1930년 파리 오페라 발레단의 예술 감독으로 취임. 자신의 작품을 발표하고 무용수를 육성하면서 당시 저조했던 컴퍼니를 부활시켰다.

발레 뤼스 해산 후 탄생한 '발레 뤼스 드 몬테카를로'가 종종 순회공연차 방문했으며 그 일원이었던 에두아르 보로반스키가 오스트레일리아 발레단의 전신이 된 컴퍼니를 설립했다.

1912년 영국에서 온 발레 교사 조반니 로시에 의해 제국극장 가극부에서 발레 교육이 이루어졌으며 발레가 일반에 정착한 것은 1922년 안나 파블로바의 일본 공연 이후부터라고 전해진다.

발레 뤼스 출신의 두 사람이 중요한 역할을 했다. 조지 발란신이 뉴욕 시티 발레단의 전신인 발레 소사이어티를 설립했으며, 아메리칸 발레 시어터의 전신인 발레 시어터는 미하일 포킨이 세운 발레 학교를 기반으로 설립되었다. 또한 발레 뤼스 드 몬테카를로는 남미에서도 순회공연을 했다.

리파르의 〈하얀 모음곡〉

안나 파블로바

발레 뤼스 이후, 세계로 퍼진 발레!

디아길레프의 죽음으로 1929년 발레 뤼스가 해산하자 많은 무용수와 안무가들이 세계 각지로 흩어져 그때까지 발레 문화가 정착하지 않은 나라에까지 발레가 전파되었다. 발레 뤼스의 해산 이후 만들어진 '발레 뤼스 드 몬테카를로'는 내부 대립으로 두 개의 파벌로 갈라져 오스트레일리아와 캐나다 등을 순회했다. 또 2년간 발레 뤼스에 참여했던 안나 파블로바도 세계 각지를 순회하며 일본, 멕시코, 인도 등에 발레를 전파했다. 그 밖에도 프랑스의 세르주 리파르, 미국의 미하일 포킨과 조지 발란신, 영국의 니네트 드 발루아 등 발레 뤼스 출신들이 세계 각국에서 발레 발전에 공헌했다. 지금은 발레단의 경계를 넘나들며 활약하는 무용수와 안무가가 늘면서 더 많은 나라에서 문화 예술의 한 분야로 정착했으며 발전도상국에서도 발레를 보급하는 활동이 증가하고 있다.

지금은 객원 무용수로서 발레단의 경계를 넘나들며 활약하기도!

각국의 갈라 공연에서 발레단의 경계를 넘어 파트너를 이루는 무용수들도 다수!

SNS를 통해 친분을 맺는 무용수들도 많다.

HISTORY OF BALLET 발레의 역사

20세기 후반의 위대한 무용수들

\ 발레의 역사를 바꿨다?! /

많은 명무용수들 중에서도 발레의 역사를 새로 썼다고 할 만큼 큰 영향을 미친 무용수가 있다. 유례없는 카리스마로 여전히 우리를 매료시키는 5명의 무용수를 소개한다.

실비 길렘

'발레의 미'라는 개념을 초월한 유연하고 강인한 신체 능력

'6시 포즈'로 대표되는, 거의 180도로 다리를 들어 올리는 유연한 신체의 소유자인 길렘 이후 발레에서 '아름답다'고 여겨지는 몸의 사용 방식의 기준이 바뀌었다. 19세에 파리 오페라 극장 발레단의 에투알이 되었지만 자유로운 활동을 원해 불과 5년 만에 영국 로열 발레단으로 전격 이적. 이후, 많은 컨템퍼러리 댄스 안무가들과 함께 국가와 장르를 넘나드는 활동을 이어갔다. 2015년 50세의 나이로 은퇴했다.
→자세한 내용은 p.93

미하일 바리시니코프

뛰어난 기술과 화려한 개성을 겸비한 스타

'미샤'라는 애칭으로 익숙한 바리시니코프는 화려한 개성을 지닌 무용수. 뛰어난 기술이 장기인 그는 11회전도 가능한 회전 테크닉과 작은 체구에도 몸 하나 정도는 더 커 보이는 도약력 그리고 세련된 바질 역부터 로맨틱한 알브레히트 역까지 폭넓은 연기력으로 인기를 얻었다. 그는 26세에 러시아에서 망명한 경험이 있다. 여러 영화에도 출연해 무용수뿐 아니라 배우로서도 여전히 인기를 누리고 있다.
→자세한 내용은 p.66

조르주 돈

영화를 통해 세계적으로 대히트! 45세에 세상을 떠난 카리스마 무용수

영화 〈사랑과 슬픔의 볼레로〉에 출연하면서 조르주 돈과 볼레로의 명성이 널리 알려졌다. 원래 〈볼레로〉의 멜로디(붉은 원형 탁자 위에서 춤추는 역할)는 여성만 맡았는데 돈 이후로는 남성도 멜로디 역을 맡아 춤을 추게 되었을 만큼 강한 인상을 남긴 무용수이다. 안무가 모리스 베자르의 뮤즈이기도 했던 그는 많은 작품에서 초연 캐스트를 맡았다. 1992년 45세의 젊은 나이로 세상을 떠났다.
→자세한 내용은 p.126

마야 플리세츠카야

가혹한 운명과 싸우며 '백조'를 연기했다

평생 정치적 압력, 인종적 박해(그녀는 유대인이었다), 발레단과의 충돌 등의 가혹한 운명과 싸워온 고고한 무용수. 볼쇼이 발레단의 프리마 발레리나였지만 외국 발레단의 객원 무용수로 출연하는 등 국제적으로 활약했다. 〈빈사의 백조〉와 〈카르멘 조곡〉이 장기였으며 투쟁의 연속이었던 인생이 투영된 듯한 강하고 씩씩한 춤으로 사람들을 매료시켰다. 2015년 89세를 일기로 세상을 떠났다.
→자세한 내용은 p.61

루돌프 누레예프

천재 무용수이자 뛰어난 안목을 지닌 예술 감독 & 안무가이기도 했다

누레예프에게는 다양한 공적이 있다. 먼저, 그는 1961년 무용수로서 소련에서 망명했다. 그 후, 19세가량 연상의 마고 폰테인과 파트너로 호흡을 맞춰 크게 화제가 되었다. 그의 활약으로 발레계는 남성 무용수가 주역으로 떠오르는 시대를 맞았다. 1983년부터는 파리 오페라 극장 발레단의 예술 감독으로 취임. 신에 무용수를 기용하고 지금도 상연되고 있는 안무 작품을 남겼다. 1993년 54세를 일기로 세상을 떠났다.
→자세한 내용은 p.47

013

\ 일본에서 자주 상연되다! /
장르별 · 명작 발레

발레 작품은 그 이야기의 성질이나 의상의 색상 등으로 몇 가지 종류로 크게 구분할 수 있다. 이 책에서 해설한 작품 중 일본에서도 자주 상연되는 작품을 장르별로 소개한다.

차이콥스키 3대 발레

차이콥스키 작곡, 마리우스 프티파와 레프 이바노프가 안무한 〈백조의 호수〉, 〈잠자는 숲속의 미녀〉, 〈호두까기 인형〉의 세 작품을 '3대 발레'라고 부른다. 이 세 작품으로 프티파는 그랑 파 드 되(주역 남녀 무용수의 2인무)의 형식과 디베르티스망(캐릭터 댄스를 나열한 무용)을 포함한 구성을 확립했다. 즉, 이 세 작품은 발레의 기초인 것이다. 전막 작품의 구성 요소를 확립한 중요한 작품이다.

백조의 호수

호두까기 인형

잠자는 숲속의 미녀

여러분이 좋아하는 작품은 어떤 유형?

시골 소녀 유형

지젤 ☆

고집쟁이 딸

코펠리아

농촌 등의 한가로운 시골을 무대로 펼쳐지는 작품군. 여성 등장인물은 가슴 앞쪽을 리본으로 엮고 작은 앞치마가 달린 로맨틱 튀튀의 일종을 입는 것이 특징이다. 〈지젤〉과 〈고집쟁이 딸〉에서는 추수 감사절, 〈코펠리아〉에서는 새 종이 만들어진 것을 축하하는 축제가 열리며 이를 즐기는 마을 사람들의 활기찬 춤이 들어간다. 〈지젤〉은 이 화려한 마을 장면에서 단숨에 광란의 장으로 흘러가면서 충격을 더한다.

HISTORY OF BALLET 발레의 역사

요정·정령 유형

지젤☆

라 실피드

레 실피드
(쇼피니아나)

라 바야데르

'발레 블랑(하얀 발레)'이라고도 불리는 장르로, 새하얀 의상을 입은 코르 드 발레(군무)가 등장하는 작품을 가리킨다. 순백의 튀튀를 입은 〈지젤〉 2막, 〈라 실피드〉, 〈레 실피드〉, 〈백조의 호수〉의 2막과 4막, 〈라 바야데르〉 2막(혹은 3막) 등이 여기에 해당한다. 정령이나 망령 또는 백조와 '인간 이외의 존재'가 등장하는 것이 특징. 어슴푸레한 조명 아래에서 새하얀 튈이 너울거리는 모습은 환상적인 아름다움을 선사한다.

이국적 유형

동양을 무대로 한, 서구의 관점에서 본 '동양적'이고 '이국적'인 정취가 넘치는 작품이다. 배꼽을 드러낸 상의와 바지(또는 스커트 안에 바지)와 같은 분리형 의상이 특징이다. 〈라 바야데르〉의 니키야는 신을 모시는 무희이며 〈셰에라자드〉의 조베이데는 애첩과는 정반대의 역할이지만 팔을 사용하는 방식이나 허리를 비트는 동작 등 이 의상 특유의 특징적인 안무가 있다.

라 바야데르☆

셰에라자드

열정적 유형

용기 있고 강인한 성격에 열정이 넘치는 주인공들이 등장한다. 캐릭터의 성격을 표현하듯 파 드 되와 바리에이션에도 초절정 기술이 풍부하게 들어가 화려한 볼거리를 제공한다. 〈돈키호테〉나 〈해적〉도 뛰어난 테크닉을 지닌 무용수들이 갈라 공연의 대미를 장식하기 위해 추는 경우가 많다.

돈키호테

해적

☆로 표시한 것은 장르가 중복되는 작품이다.

드라마틱 유형

마농

로미오와 줄리엣

오네긴

카멜리아의 여인

신데렐라

연극적인 요소가 강한 발레 작품. 파 드 되와 바리에이션도 무용수의 테크닉을 보여주는 것이 아니라 주인공의 감정을 춤으로 표현하기 위한 것이다. 즉, 동작 하나하나가 대사를 대신한다. 드라마틱 유형에 등장하는 무용수에게는 섬세한 감정 표현이 요구된다. 줄거리도 간단하고 감정 이입이 쉬워 발레를 처음 접하는 사람에게 적합한 장르이다.

그 밖의 명작

그랑 파 클래식

볼레로

인 더 미들 섬왓 엘리베이티드

차이콥스키 파 드 되

주로 갈라 공연에서 많이 선보이는 작품을 모았다. 이 밖에도 클래식 작품인 〈파키타〉, 〈에스메랄다〉, 〈다이아나와 악테온〉, 〈파리의 불꽃〉, 〈샤타넬라〉 등의 그랑 파 드 되나 일부 바리에이션을 갈라 공연이나 콩쿠르 또는 발표회에서 추기도 한다. 또 발란신이나 로빈스의 앱스트랙트 발레, 에크, 킬리안, 프렐조카주 등의 컨템포러리 작품도 종종 갈라 공연에 등장한다.

가~나

막간 도시락과 같은 화려한 공연

컨템포러리 / 솔로 공연… / 전막 작품 중

▼갈라(gala)

프랑스어로 '특별한 공연'을 뜻하는 말. 스타 무용수들이 대거 등장해 저마다 장기인 소품을 잇달아 상연하는 공연을 가리킨다. 전막 작품 중 볼거리가 많은 파 드 되나 바리에이션을 추는 무용수가 있는가 하면 단독 상연이 힘든 컨템포러리 작품을 선보이는 무용수, 신작을 초연하는 무용수도 있는 등 다양한 장르의 작품이 상연된다. 그야말로 '좋은 것만 선별한' 무대로, 일본에서는 막간을 이용해 먹는 호화로운 도시락에 빗대기도 한다.

▼강판(降板)

배역을 맡은 무용수가 특정한 이유로 배역을 그만두는 것. 언더스터디(대역)로 교체되거나 아예 다른 무용수가 채용된다. 부상이나 임신 등의 이유도 있고 안무가나 예술 감독이 허락하지 않거나 우선적으로 출연해야 할 다른 공연이 잡힌 경우도 많다. 주역 무용수가 강판해도 티켓은 환불되지 않는 경우가 대부분. 좋아하는 무용수의 강판으로 실망하게 될 수도 있으니 그 점을 충분히 고려한 후 티켓을 구매하도록 하자.

▼객원 수석 무용수(gust principal)

발레단에 따라, 무용수의 계급 중 하나로 '객원 수석 무용수(gust principal, 또는 gust artist)'가 있다. 몇몇 사례가 있지만, 주로 다른 발레단에 소속된 수석 무용수와 계약을 맺어 매 공연은 아니지만 때때로 객원 무용수로 참여해 주역급 역할을 맡는다. 그 밖에도 퇴단한 무용수가 게스트 수석 무용수로서 발레단에 머무는 경우도 있고 프리랜스 무용수(전 수석 무용수)가 계약을 맺고 공연에 참가하는 경우 등도 있다. 최근에는 객원 수석 무용수로서 발레단의 경계를 넘나들며 자유롭게 활동하는 무용수가 늘고 있다.

▼게네랄프로베(Generalprobe)

본 공연 첫날 또는 전날(드물게 수일 전인 경우도)에 하는 총연습을 말한다. 기본적으로는 본 공연과 같은 메이크업과 의상을 갖춰 입고 음악, 조명, 무대 장치도 본 공연과 똑같이 진행함으로써 최종 점검을 하게 된다. 본 공연 전 사진 촬영을 하는 경우도 많아 발표회를 앞두고 이루어지는 게네랄프로베에서 메이크업을 깜빡하고 나타났다가 선생님에게 혼이 나기

도! 독일어에서 유래된 말로 영어권에서는 '드레스 리허설'이라고도 부른다.

▼게이놀 민든(Gaynor Minden)
미국의 슈즈 및 댄스웨어 브랜드. 1993년 뉴욕의 존과 엘리자 민든의 작은 아파트에서 매장을 시작했다고 한다. 게이놀의 포인트 슈즈는 특수한 플렉시블폴리머를 사용해 섕크의 강도를 유지하기 쉽고 내구성도 뛰어난 것이 특징. 드라이어를 이용해 자신의 발에 맞게 섕크를 구부리거나 박스의 형태를 바꾸는 등의 변형이 가능하다. 한 켤레에 10만 원이 훌쩍 넘는 가격으로 다른 포인트 슈즈에 비해 비싸지만 '오래 신을 수 있기 때문에 결과적으로 비용 대비 효과가 높다'며 애용하는 사람도 있다.

▼결투
발레 작품에서는 누군가를 차지하기 위해 다투거나 원수에 맞서거나 가문의 명예를 걸고 싸우는 '결투' 장면이 많이 등장한다. 격렬한 대결이 인상적인 맥밀런 버전〈로미오와 줄리엣〉에서는 친구인 머큐쇼를 잃은 로미오가 복수를 위해 티볼트와 싸워 그의 목숨을 빼앗는 장면이 있다. 음악에 맞춰 검을 겨루는 장면은 뛰어난 무용수라면 안무라고는 생각되지 않을 만큼 자연스러워 손에 땀을 쥐게 한다.

또 크랭코가 안무한〈오네긴〉에서는 심심풀이로 친구 렌스키의 약혼녀에게 구애한 오네긴이 렌스키와 결투를 벌인다. 결과적으로 렌스키가 결투에 패하지만 애초에 '심심풀이'로 시작된 대결이었던 만큼 양쪽 모두에게 상처만 남기는 결말이다. 참고로〈오네긴〉의 원작을 쓴 푸시킨은 실제로 결투로 목숨을 잃었다.

▼경마
발레용어를 검색하다보면 간혹 경마에 관한 내용이 나올 때가 있다. 무슨 이유에서일까? 실은 경주마 이름에 발레용어 또는 발레 무용수의 이름을 붙이는 경우가 많기 때문이다. 예컨대, 일본의 스타 발레리나의 이름을 가진 어미 말에게는 그랑 파 드 되, 스파르타쿠스,

앙 드 오르 등의 자식이 있고 그랑 파 드 되는 파 드 트루아라는 이름을 가진 자식이 있다고 한다. 실제 조사해 보면 좋은 성적을 기록한 말이 많았다고 하니 과연 다리 힘이 좋았던 것이 아닐까?! 또한 니진스키나 누레예프 등 발레 무용수의 이름이 붙여진 경주마도 많았다.

▼계급제도

많은 발레단에서 무용수의 계급 제도를 채택하고 있다. 대부분 군무를 추는 코르 드 발레의 무용수로 입단해, 수석 무용수를 목표로 실력을 갈고 닦는다. 간혹 코르 드 발레를 건너뛰고 입단하거나 이미 경험이 있는 무용수가 이적하는 경우는 처음부터 상위 계급으로 입단하기도 한다. 대개는 시험을 통해(수석 무용수는 예술 감독이 임명하는 경우가 많다) 승진하는데 계급마다 대강의 인원이 정해져 있기 때문에 '이번에는 한 자리밖에 없다'거나 실력이 있어도 좀처럼 승진하지 못해 고민하는 무용수들도 있다. 또 발레단에 따라 미묘하게 명칭이 다르거나 없는 계급도 있다. 엄밀한 계급이 없는 발레단도 존재한다.

프린시펄(principal, 수석 무용수) / 에투알
프린시펄·캐릭터·아티스트(캐릭터·아티스트)
퍼스트·솔리스트 / 프리미에·당쇠르 (여성은 프리미에르 당쇠즈)
세컨드·솔리스트(드미 솔리스트) / 수제
퍼스트·아티스트 / 코리페
아티스트 / 코르 드 발레 / 카드리유

※계급에 대한 설명은 각각의 항목을 확인하기 바란다.
관련 용어→프린시펄(p.88), 에투알(p.107), 캐릭터 아티스트(p.138), 퍼스트 솔리스트(p.149), 세컨드 솔리스트(p.86), 퍼스트 아티스트(p.150), 아티스트(p.98)

▼고관절

정확히 앙 드 오르한 상태로 춤을 추려면 고관절을 사용하는 방법을 잘 알아두어야 한다. 고관절은 대퇴골(허벅지 뼈)과 골반을 연결하는 구형의 관절로, 좌우 허리뼈 아래 앞쪽에 있다. 골반과 맞물리는 부분은 밥공기 모양으로 움푹 패여 있어 구형의 고관절이 안팎으로 비교적 자유롭게 움직일 수 있다. 이것을 주변의 근육을 사용해 고관절에서 대퇴골을 바깥쪽으로 돌린 상태가 앙 드 오르이다. 고관절의 가동 범위는 선천적인 골격에 따라 차이가 있지만 훈련을 통해 넓힐 수 있다. 고관절의 가동 범위는 커지고, 정확한 앙 드 오르가 가능해지면 다리도 높이 들어 올릴 수 있게 된다. 그러려면 고관절에 관계된 근육(장요근이나 내전근)을 단련해야 할 필요가 있다. 또 골반이 기울어지면 고관절을 부드럽게 움직일 수 없어 앙 드 오르가 제대로 되지 않으므로 춤을 출 때는 골반의 위치에 주의해야 한다!

▼고바야시 노리코 발레 시어터

(Noriko Kobayashi Ballet Theatre)
일본 도쿄 메지로에 있는 발레단. 1973년 고바야시 이사오에 의해 설립. 83년부터 같은 발레단의 프리마 발레리나였던 고바야시 노리코가 예술 감독으로 취임했다. 고전 작품 외에도 프레더릭 애슈턴, 케네스 맥밀런 등 영국 안무가의 작품도 다수 상연하고 있다. 발레 아카데미를 병설했으며, RAD의 일본 본부를 맡고 있다.

▼고집쟁이 딸(La Fille Mal Gardee)

프랑스의 시골을 무대로 한 유쾌한 사랑 이야기. 농장주 시몬의 딸 리즈는 어머니가 고용한 농부 콜라스와 연인 사이. 하지만 시몬은 딸을 부잣집에 시집보내려고 한다. 어느 날, 돈 많은 농장주 토머스가 아들 알랭과 찾아와 리즈와의 혼담을 제안하지만 리즈는 알랭에게 눈길도 주지 않는다. 수확을 축하하는 축제에서 모두 함께 춤을 추다 폭풍우가 몰아치면서 다들 흩어진다. 시몬은 비에 흠뻑 젖어 돌아온 리즈를 집에 가둔다. 그때 농부들이 볏단을 가져다 놓는데 시몬이 자리를 비운 사이 볏단 안에서 콜라스가 나타나 두 사람은 포

응한다. 잠시 후 시몬이 토머스와 알랭 그리고 공증인을 데리고 돌아온다. 리즈와 약혼을 성사시키려고 침실 문을 열었을 때 그곳에 있는 리즈와 콜라스를 목격하면서 약혼은 무산된다. 시몬은 두 사람 사이를 인정하고 결혼을 허락한다.

1789년의 초연 이후, 다양한 버전이 만들어졌는데 현재 가장 자주 상연되는 것은 애슈턴 버전(1960년)일 것이다. 어머니 시몬 역할을 나막신을 신은 남성 무용수가 연기하거나 탈을 쓴 닭이 등장하기도 하고 긴 핑크색 리본을 이용해 춤을 추는 등 재미있는 연출이 많다. 특히, 리본을 이용한 메이폴 댄스(여러 개의 리본을 늘어뜨린 막대를 중심으로 여러 명이 함께 추는 춤)가 장관이다!

▼ **구마카와 데쓰야**
(熊川 哲也)
일본의 무용수, 안무가, 예술 감독. 영국 로열 발레학교에 유학 중인 1989년 스위스 로잔 발레 콩쿠르에서 일본인 최초로 금메달을 획득했다. 같은 해, 영국 로열 발레단에 입단해 93년 프린시펄로 승격했다. 98년 발레단을 나와 99년 일본에서 자신의 발레단인 K발레 컴퍼니를 창립. 프린시펄 무용수로 활동하며 예술 감독으로 레퍼토리 강화와 무용수 육성에 힘쓰며 안무가로서도 활약하고 있다. 2003년부터는 발레 학교를 설립하고 차세대 육성도 시작했다. 12년 오차드 홀의 예술 감독으로 취임했다.

초절정 기술의 소유자로 〈돈키호테〉의 바질, 〈해적〉의 알리 등이 장기. 97년에 출연한 커피 광고에서 자신의 장기인 뛰어난 회전과 도약을 선보이며 일본 내에서 무용수의 인지 향상을 이끌어냈다. 당당한 발언, 슈퍼 카를 타는 모습 등이 미디어를 통해 노출되며 팬들이 더욱 늘었다. 30세 직전에 출간된 자서전 《메이드 인 런던》에는 출생, 학창시절, 영국에서의 활동, 연애 편력, 퇴단, 컴퍼니 창립까지의 삶을 담백한 언어로 풀어냈다. 미디어에 노출되면서도 자신의 발레단과 일본 발레계의 수준

① 앙트레　② 아다지오　③ 남성 VA　④ 여성 VA　⑤ 코다

~ 그랑 파 드 되의 형식 ~

향상을 위해 힘썼다. 특히, 안무가로서 적극적으로 활동하며 〈백조의 호수〉, 〈호두까기 인형〉, 〈돈키호테〉, 〈해적〉 등의 유명한 고전 작품의 안무(재안무) 및 연출에 도전하고 있다. 또한 〈클레오파트라〉나 〈마담 버터플라이〉 등 자신이 직접 안무한 오리지널 발레도 많이 선보이고 있다.

슈퍼 카와 잘 어울리는 대스타

세련된 바질 연기로 큰 인기

▼그랑 파 드 되 (Grand Pas de Deux)

고전 전막 작품의 클라이맥스에서 주로 추는 4곡으로 구성된 주역 남녀의 파트를 가리킨다. 두 사람이 입장하는 앙트레→두 사람이 추는 파 드 되(아다지오)→남성 혼자 추는 바리에이션→여성 혼자 추는 바리에이션→또 다시 두 사람이 함께 추는 코다의 순서로 구성된 형식을 그랑 파 드 되라고 한다. 이 형식은 19세기 마리우스 프티파가 확립했다. 느리게 추는 아다지오부터 각각의 기술이 빛나는 바리에이션이 끝나고 도약과 회전 등의 고난이도 기술이 풍성한 코다에 이르기까지 관객들의 분위기도 서서히 고양된다. 프린시펄급 무용수가 추기 때문에 기본적으로 고난이도의 안무가 많다. 마지막 코다에는 남성의 주테 앙 투르낭, 여성의 푸에테 앙 투르낭 등의 고난이도 기술이 기다리고 있는 경우가 많으므로 지치지 않게 페이스를 적절히 배분하는 것도 중요하다.

관련 용어→아다지오(p.95), 바리에이션(p.68)

▼그랑 파 드 샤

파 드 샤를 큰 도약으로 발전시킨 동작으로, 움직임이 크고 화려하다. 센터 레슨 후반, 큰 도약을 넣은 앙셴망에서 거의 대부분 나오는 동작이다. 글리사드나 샤세 다음 한쪽 다리로 플리에해 도약하고 다른 한쪽 다리는 앞쪽으로 데벨레페해 내민 후 점프의 정점에서 양다리를 뻗는다. 공중에서 빠르게 양다리의 무릎을 앙 드오르하지 않으면 무릎이 구부러져 높이 뛸 수 없다. 또 공중에서는 다리를 180도로 펼치는 것이 이상적! 그러려면 고관절의 유연성도 중요하다.

관련 용어→파 드 샤(p.146), 글리사드(p.24), 샤세(p.83)

갈라 공연에서 인기 있는 그랑 파 클래식!!

고난이도 기술의 연속!

여성이 르티레를 유지하는 동안 남성은 점프하며 회전!

한쪽 다리만으로 포즈를 잡고 회전×7세트

여러 번 회전하며 점프한 후 7연속 앙트르샤

▼**그랑 파 클래식**(Grand Pas Classique)
그소브스키가 안무한 스토리가 없는 작품으로, 갈라 공연에서 인기 있는 그랑 파 드 되이다. 실비 길렘이 즐겨 춘 것으로 유명해졌다. 뛰어난 기술을 갖추어야만 출 수 있었기 때문에 무대에서 선보일 공연으로 이 작품을 선택하는 무용수는 상당한 기술을 갖추었다고 생각해도 좋을 것이다. 파 드 되에서는 여성이 르티레로 균형을 잡고 있으면 옆에서 남성이 2회전 투르 앙 레르를 하는 장면이 볼 만하다. 남성 바리에이션은 도약의 연속, 여성 바리에이션은 바로네를 하며 한쪽 다리만으로 진행하는 장면에서 박수갈채! 의상은 기본적으로 흰색 또는 파란색을 착용하는데 길렘은 검은색 긴팔 레이스 튀튀를 입고 춤을 추기도 했다.
관련 용어→투르 앙 레르(p.145), 르티레(p.48)

▼**그랑 파**(Grand Pas)
그랑 파 드 되보다 규모가 큰 형식으로, 주역을 맡은 두 사람의 그랑 파 드 되 사이에 솔리스트나 코르 드 발레의 춤이 추가된 것이다. 특히, 유명한 것이 〈파키타〉 종막에 나오는 결혼식 장면의 그랑 파. 코르 드 발레나 솔리스트가 등장한 후 파키타가 등장해 모두 함께 춤추는 장면까지가 앙트레. 루시엔이 등장해 정렬한 군무와 함께 두 사람의 파 드 되(아다지오)가 시작된다. 그 후, 버전에 따라 다르지만 코르 드 발레의 앙상블이나 솔리스트들의 파 드 트루아 그리고 여성 솔리스트의 바리에이션이 이어지고 주역 두 사람의 각각의 바리에이션을 거쳐 마지막으로 전원의 코다의 순서로 진행된다. 대규모 그랑 파는 무척 화려하기 때문에 이 부분만 뽑아서 상연해도 볼거리가 충분하다!
관련 용어→그랑 파 드 되(p.22)

▼**그랑 푸에테**(Grand fouetté)
→푸에테 앙 투르낭(p.151)

▼**그랑 피루엣 알 라 스공드**
(Grand pirouette àla seconde)
고도의 회전 기술 중 하나로, 주로 남성이 추는 동작이다. 한쪽 다리를 90도 각도로 알 라 스공드(바로 옆)로 들어 올리고 그대로 축 다리를 플리에한 힘으로 회전한다. 한 번 회전할 때마다 플리에와 를르베를 되풀이하는데 탄력을 받으면 플리에 한 번에 3회전 이상을 수행하는 무용수도 있다. 또 나간 다리를 천천히 르티레 형태로 만들어 마지막에는 더블이나 트리플 피루엣으로 끝내는 경우도. 그랑 파 드 되의 코다에서 추는 경우가 많으며 여성의 푸에테 앙 투르낭과 함께 화려한 볼거리 중 하나이다.
관련 용어→푸에테 앙 투르낭(p.151)

▼**그램 머피**(Graeme Murphy)
오스트레일리아의 무용수, 안무가. 오스트레일리아 발레단에 입단 후, 새들러스 웰스 발레단(영국), 발레 펠릭스 블라스카(프랑스)로도 이적. 1975년 프리랜스 안무가로 오스트레일리아로 돌아간 그는 31년 30편의 전막 작품을 포함한 50편 이상의 작품을 안무했다. 2007년까지 시드니 댄스 컴퍼니의 예술 감독을 지냈다.

오스트레일리아 발레단의 의뢰로 안무한 〈호두까기 인형—클라라 이야기〉와 〈백조의 호수〉가 인기를 끌었다.

▼**그리고로비치**(Yury Grigorovich)
→유리 그리고로비치(p.116)

▼**그리쉬코**(Grishko)
러시아의 슈즈 및 댄스웨어 브랜드. 1989년 발레를 사랑하는 실업가 니콜라이 그리쉬코에 의해 설립되었다. 당시 외국의 무용수들은 러시아의 슈즈를 구할 수 없었는데 그리쉬코는 글로벌 비즈니스를 지향하며 이듬해부터 미국에서의 판매를 개시했다. 이후 세계 각국에서 판매되고 있다. 개인차는 있지만, 약간 딱딱해서 소리가 잘 나기 때문에 포인트 슈즈에 따라 소음 기능을 더한 'PRO 가공' 슈즈도 있다. 로맨틱한 분위기의 레오타드가 많고 무용수와 협업을 통해 출시한 댄스웨어도 있다. 디아나 비쉬네바(마린스키 발레단의 수석 무용수) 컬렉션이나 볼쇼이 스타즈 컬렉션 등을 발표했다.

▼**그리지**(Carlotta Grisi)
→카를로타 그리지(p.136)

▼**글리사드**(glissade)
프랑스어로 '미끄러지다'라는 의미. 단독으로 선보이는 동작이 아니라 '연결' 동작으로 사용된다. 한쪽 다리는 플리에하고 다른 한쪽 다리는 앞, 옆, 뒤의 어느 한쪽 방향으로 뻗으며 미끄러지듯 가볍게 도약하며 축을 이동시킨 후 뻗었던 다리를 플리에하며 착지한다. 착지할 때 좌우 다리를 교차하는 경우와 교차하지 않는 두 가지 방식이 있다. 도약이라기보다는 미끄러지듯 움직이는 동작이지만 중심이 이동하는 순간에는 공중에 살짝 떠서 두 다리를 길게 뻗는다. 크게 뛰지 않고 발끝이 거의 바

닥에서 떨어지지 않게 살짝 뜨는 정도이다. 간단해 보이지만 앙 드오르가 제대로 되지 않으면 뒤따라오는 다리를 재빨리 수습하지 못해 음악의 박자를 놓치고 마는……의외로 어려운 동작이다.

▼길 로먼(Gil Roman)

프랑스 출신의 무용수, 안무가, 예술 감독. 1979년 오디션을 통해 20세기 발레단(지금의 베자르 발레 로잔)에 입단. 83년 〈미래를 위한 미사〉의 주역으로 발탁된 이후 베자르 작품에서 주요한 역할을 맡았다. 조르주 돈을 위해 만들어진 〈아다지에토〉를 추는 것을 허락 받아 오랫동안 이를 계승해왔다. 93년부터 부예술 감독을 맡았으며 2007년 베자르의 사후에는 예술 감독으로 취임. 자주 상연되어온 작품 외에도 오랫동안 재연되지 않았던 오래된 베자르 작품을 재현하고 자신의 안무 작품과 외부 안무가의 작품도 도입해 레퍼토리를 확장했다.

베자르의 죽음으로 충격에 빠졌지만 예술 감독으로서 발레단을 위해 꾸준히 노력해온 길 로먼. 다큐멘터리 〈베자르 그리고 발레는 계속된다〉에는 취임 1년 후, 발레단의 존속을 위해 분투하는 그의 모습이 담겨 있다. 발레단의 존속이 걸린 위기에 담담히 맞서는 그의 모습에서 발레단과 베자르 작품에 대한 사랑과 책임감이 절절이 느껴진다.

▼길렘(Sylvie Guillem)
→실비 길렘(p.93)

▼나이

'발레는 몇 살부터 시작해야 할까?'라는 의문을 품는 사람이 많다. 무용수의 자서전이나 인터뷰집 등을 읽어봐도 발레를 시작한 나이는 제각각이다. 마뉴엘 레그리는 4~5세, 길 로먼은 7세, 패트릭 뒤퐁은 8세, 요시다 미야코, 알리나 코조카루는 9세, 오렐리 뒤퐁, 구마카와 데쓰야는 10세……데이비드 폴버그, 미스티 코플랜드는 무려 13세! 인터뷰를 읽으면 많은 무용수들이 어느 날 무언가에 홀린 듯이 '춤을 추고 싶다'는 강한 끌림에 의해 발레의 세계에 발을 디딘다. 프로 무용수가 목표라면 몸이 다 크기 전인 초등학생 무렵이 좋겠지만 늦게 시작해도 강한 의지가 있다면 얼마든지 따라잡을 수 있는 듯하다. 또 취미로 발레를 시작하고 싶은 성인들이 종종 '어릴 때부터 배운 게 아니면 쉽지 않을 듯하다'고 하는데 취미로 추는 정도라면 나이와는 관계가 없다. 성인이 되어 발레를 배우기 시작한 사람도 꽤 많으며 간혹 50~60대 이후에 시작한 사람도 있다! 물론, 나이나 몸 상태에 맞게 적당한 클래스를 선택하는 것도 중요하지만 취미 발레는 '나이보다는 열정'이다.

▼나탈리아 마카로바
(Natalia Makarova)

러시아 출신의 무용수이자 안무가. 1959년 키로프 발레단(지금의 마린스키 발레단)에 입단. 70년 런던 공연 때 망명해 프리랜서로 아메리칸 발레 시어터(ABT)의 수석 무용수, 영국 로열 발레단의 객원 수석 무용수 등을 지내며 세계적으로 활약한다. 80년 ABT를 위해 안무한 〈라 바야데르〉가 호평을 받으며 현재까지 많은 발레단의 레퍼토리로 상연되고 있다. 무용수를 은퇴한 후에는 무대와 뮤지컬 그리고 TV 방송의 사회자로도 폭넓게 활약하고 있다.

망명 후, 프리랜서 무용수로 전 세계에서 활약한 전설적인 무용수이다. 특히, 미하일 바리시니코프와의 파트너십으로 유명하다. 또한 안무가로서도 명성을 떨쳤으며 마카로바가 안무한 〈라 바야데르〉는 지금도 많은 발레단에서 상연되고 있다. 마지막 막에 등장하는 솔로르와 감자티의 결혼식 중 천둥이 치고 신전이 무너지는 장면은 오랫동안 생략되었다가 마카로바에 의해 부활했다. 박력 있는 클라이맥스로 인기 있는 버전이다.

▼남성 축제

남성 무용수가 다수 등장하는 작품을 발레 팬들은 종종 '남성 축제'라고 부른다. 대표적인 작품으로 〈스파르타쿠스〉가 있는데, 볼쇼이 발레단을 위해 안무한 그리고로비치 버전은 하차투리안의 극적인 음악에 맞춰 병사 역할의 남성 군무가 다수 등장하는 에너지 넘치는 작품이다. 도약이 많은 안무로 구성된 남성 무용수들의 전투 장면은 그야말로 박력 만점! 또한 일본 신국립 극장 발레단의 레퍼토리인 〈트로이 게임〉은 남성 무용수들만 추는 강력하고 유머 넘치는 작품이다.

관련 용어→스파르타쿠스(p.90)

▼낫 발(Sickled foot)[일본 발레 용어]

발레 레슨 때 선생님이 지적하는 것 중 하나가 낫 모양 발이다. 바나나 발이라고도 불린다(한국에서는 안짱 발이라고 표현한다). 발끝을 뻗을 때는 다리의 정강이부터 발목 그리고 발끝까지 곧게 뻗은 라인이 나와야 하는데 다리를 바르게 쓰지 않으면 발목이 구부러져 마치 '낫'이나 '바나나'와 같은 모양이 되고 만다. 안짱 발이 되는 이유는 몇 가지가 있다. ①내전근을 사용하지 않고 바깥쪽의 강한 근육만 사용한 결과, 새끼발가락부터 발목이 안쪽으로 구부러지기 때문이다. ②내전근을 사용하지 않아 앙 드 오르가 제대로 되지 않은 상태에서 억지로 다리를 벌리려고 발끝을 누른 결과, 발목이 안쪽으로 뒤틀리기 때문이다. ③발바닥의 근력이 부족해 발끝에만 힘을 줘서 누른 결과, 구부러지기 쉬운 새끼발가락 쪽에 부하가 걸리며 발목부터 안쪽으로 구부러지기 때문이다. 보기에도 좋지 않은데다 이런 상태로 춤을 추는 버릇이 생기면 부상을 입기 쉽기 때문에 지적을 받는 즉시 다리 근육을 사용하는 방식을 확인하고 고칠 필요가 있다.

▼내전근

허벅지 안쪽에 있는 근육을 가리킨다. 다리를 앙 드 오르 상태로 춤을 추기 위해 꼭 필요한 근육으로, 이 근육이 발달하면 고관절에서부터 대퇴골을 돌리기 쉬워진다. 또 두 다리의 내전근을 붙일 수 있어 앙 드 오르 상태를 유지하기 쉽다. 일상생활에서는 잘 사용하지 않는 근육이기 때문에 의식하기 어렵고 단련하려면 꾸준한 훈련이 필요하다. 좌우 내전근

을 모으는 훈련을 반복하다보면 근육을 의식할 수 있게 된다. 물론 평소 레슨에서도 늘 내전근을 사용해야 한다. 단순한 플리에나 탄듀 또는 르티레를 할 때도 내전근을 의식하며 다리를 사용하면 필요한 근육이 붙게 된다. 그러지 않으면 금방이라도 선생님에게 '내전근을 사용해야지!'라는 노성이 날아올지도.

관련 용어→앙 드오르(p.102)

▼ 네 마리 백조

〈백조의 호수〉 2막에 등장하는, 4명의 무용수가 추는 춤. '작은 백조라고도 불리며 비교적 몸집이 작은 무용수들이 춘다. 빠르고 섬세한 동작이 많은데 특히, 파 드 샤나 앙부아테 등의 작은 점프가 많아 보기보다 체력이 요구되는 춤이다. 빠른 음악에 맞춰, 그것도 서로 손을 잡은 상태로 춤을 추는 것은 굉장히 어려운 일이다. 간격을 적절히 유지하지 않으면 옆 사람과 부딪칠 수 있고, 끝에 선 무용수가 전

원을 잘 이끌지 못하면 동작이 엉키며 정렬이 무너진다. 전원이 협력해야만 출 수 있기 때문에 사이가 좋지 않으면 힘들겠다……는 생각도 든다(웃음). 하지만 네 사람이 마치 한 몸처럼 일체감 있는 춤을 선보이면 박수갈채가 끊이지 않을 만큼 인기가 있다.

▼ 노이마이어

(John Neumeier)
→존 노이마이어(p.127)

▼ 노출 사고

간혹 무대 뒤편에 있는 무용수나 스태프 또는 도구 등이 객석에 노출되는 일이 있다. 특히, 객석 가장자리 쪽에서 보이기 쉬운데 이런 상황을 미처 알지 못한 무용수가 물을 마시거나 토슈즈의 리본을 고쳐 매거나 함께 출연하는 파트너와 이야기를 나누거나 다리 마사지를 하는 등의……보여서는 안 될 장면이 노출되는 경우도.

▼**누레예프**(Rudolf Nureyev)
→루돌프 누레예프(p.47)

▼**눈물의 발레**
지금까지의 인생 경험이나 그 날의 심경에 따라 슬픈 사랑 이야기의 주인공들에게 감정이입해 눈물을 펑펑 쏟기도 한다. '이런 경험을 가진 사람이라면 빠질 수밖에 없는' 작품을 소개한다.

◆연인에게 속아본 경험이 있는 사람
→〈지젤〉
사랑하는 연인이 신분을 속인 것도 모자라 약혼자까지 있었다. 충격으로 목숨까지 잃지만 끝내 그를 원망하지 않고 '당신을 사랑해서 좋았다'며 사라지는 지젤. 그 순수한 모습이 눈물겹다.

◆연인에게 배신당한 경험이 있는 사람
→〈라 바야데르〉
사랑하는 연인이 지위와 명예를 좇아 다른 여성과 약혼한다. 심지어 상대 여성의 계략으로 목숨을 잃는 니키야. 하지만 결국 솔로르의 꿈에 등장해 그를 용서한다. 그 착한 심성이 안타깝다.

◆하는 수 없이 연인과 헤어진 경험을 가진 사람
→〈로미오와 줄리엣〉
서로 사랑하지만 주위의 사정 때문에 헤어질 수밖에 없는……결말을 알면서도 '어떻게든 도망치길' 바라게 된다. 엇갈린 운명으로 죽음을 맞는 마지막 장면에서 오열하는 관객도 다수.

◆사랑하기 때문에 떠나야 했던 경험이 있는 사람
→〈카멜리아의 여인〉
사랑하는 상대를 위해 떠나기로 결심하는 마르그리트. 사정을 모르는 그에게 모욕을 당해도 그저 묵묵히 그를 사랑하는 그녀의 심정을 생각하면 눈물이…….

◆지나간 사랑에 흔들린 경험이 있는 사람
→〈오네긴〉
이미 결혼했지만 눈앞에 나타난 '과거 사랑했던 사람'과의 재회로 타티아나의 마음은 크게 요동치지만 단호하게 거절하는 그녀의 강인함에 감탄을 금할 수 없다.

◆안타까운 짝사랑 때문에 고민한 경험이 있는 사람
→〈인어공주〉
사랑을 위해 고통을 참아내고 다리를 얻게 된 인어공주. 하지만 왕자에게 마음을 전하지 못하고 결국에는 자기 자신까지 희생한다. 그녀의 안타까운 짝사랑은 눈물 없이는 볼 수 없다.

▼**뉴욕 시티 발레단**
(New York City Ballet)
미국 뉴욕에 거점을 둔 발레단으로, 약칭은 'NYCB'이다. 1934년 미국에 초청받은 조지 발란신이 발레학교인 스쿨 오브 아메리칸 발레(SAB)를 개교하고 이듬해에 육성한 무용수들을 모아 아메리칸 발레를 결성했다. 그것이 전신이 되어 46년 발레 소사이어티가 결성되고 48년 뉴욕 시티 발레로 개칭되었다. 예술감독은 발란신, 공동 감독은 제롬 로빈스로 그들의 안무 작품으로 NYCB는 세계적인 명성을 얻었다. 83년 발란신이 세상을 떠난 후에는 로빈스와 피터 마틴스가 공동 감독을 맡았으며 90년 이후는 마틴스만이 예술 감독을 맡았다. 또 92년부터는 신인 안무가를 발굴하는 '다이아몬드 프로젝트'를 시작했다.

마찬가지로 뉴욕에 있는 아메리칸 발레 시어터(ABT)는 본거지인 극장은 나란히 있지만 발레단으로서의 행보는 전혀 다르다. NYCB는 20세기 이후에 만들어진 작품이 중심. 컴퍼니의 소중한 유산인 발란신과 로빈스의 작품 외에도 라트만스키나 윌든 등 신진 안무가에게 위탁한 신작 그리고 새롭게 발굴한 신진 안무가(솔리스트이자 상임 안무가이기도 했던 저스틴 팩 등)들의 작품도 적극적으로 상연하고 있다. ABT는 스타주의 발레단이지만 NYCB는 그 정도까지 무용수의 이름을 전면에 내세우지는 않는다. 참고로, 여배우 사라 제시카 파커는 SAB 출신으로 현재는 NYCB의 임원회 회원이기도 하다.

▼니나 아나니아쉬빌리 (Nina Ananiashvili)

조지아(그루지아) 출신의 무용수이자 예술 감독. 아이스 스케이트 연습을 계기로 발레의 길에 들어서 1981년 볼쇼이 발레단에 입단. 해외에서도 활동하며 뉴욕 시티 발레단, 덴마크 로열 발레단, 영국 로열 발레단 등에서 활동했다. 93년부터 2009년까지는 아메리칸 발레 시어터의 수석 무용수로서 절대적인 인기를 누렸다. 04년 조지아 국립 발레단, 조지아 국립 트빌리시 발레학교의 예술 감독으로 취임했다.

쾌활한 키트리는 화려한 분위기와 초절정 기술의 소유자이기도 한 니나의 장기이다. 또한 희로애락이 분명한 연극적인 역할도 뛰어나 사랑에 목숨을 거는 줄리엣을 맡아 객석의 눈물을 자아냈다. 2017년 3월 일본에서 '니나 아나니아쉬빌리의 궤적~최후의 클래식 갈라'를 상연. 고전 작품을 추는 니나의 마지막 모습이 되었다.

▼니네트 드 발루아 (Ninette de Valois)

아일랜드 출신으로 영국에서 활약한 무용수, 안무가, 예술 감독. 영국 로열 발레단과 버밍엄 로열 발레단의 기초를 다진 인물. 체케티 등에게서 발레를 배웠다. 경력 초기에는 무용수로서 판토마임이나 리뷰에도 출연했지만 1923년 디아길레프의 발레 뤼스에 무용수로 참가했다. 26년 런던에서 자신의 발레학교를 개교했다. 한 차례 폐교했지만 새들러스 웰스 극장 공인 학교로 재개하고 이를 계기로 소수의 무용수에 의한 컴퍼니를 설립했다. 그 컴퍼니가 우여곡절 끝에 56년 영국 로열 발레단이 되었다. 또 46년에는 자매 컴퍼니를 창립했는데 그것이 버밍엄 로열 발레단의 전신이다. 37년까지 계속 춤을 추다 안무가로서 국내외의 컴퍼니에 작품을 제공했다. 63년 영국 로열 발레단의 예술 감독직을 은퇴했지만 그 후로도 지도자로서 발레단에 몸담았다. 터키 국립 발레단의 감독을 지낸 시기도 있었다. 2001년 세상을 떠났다.

※영국 로열 발레단과 버밍엄 로열 발레단의 자세한 변천사는 '영국 로열 발레단' 항목을 참고하기 바란다(p.109).

▼니진스키 (Vatslav Nizhinskii)
→바츨라프 니진스키(p.68)

▼니키야 (Nikiya)

〈라 바야데르〉의 주인공. 사원의 무희를 '바야데르(바야데르카)'라고 부른다. 연인 솔로르, 그를 사랑하는 감자티, 그의 아버지이자 솔로르가 모시는 태수, 니키야를 연모하는 브라만 각각의 감정에 휘말려 죽음을 맞는 슬픈 역할이다. 하지만 니키야는 강인한 의지로 솔로르를 포기하게 하려는 감자티(니키야보다 신분이 높은 여성)에게 격렬히 맞선다. 그럼에도 불구하고⋯⋯감자티와 솔로르의 약혼 파티에 불려가 그를 바라보며 춤추는 장면은 정말 안타깝다! 게다가 그 자리에서 감자티의 책략으로 꽃바구니에 든 독사에게 물려 고통스러운 죽음을 맞는 것이다. 또 3막에서는 마치 지젤과 같이 자신을 배신한 솔로르를 용서하는 아량도 보여준다(여기서의 니키야는 환영이지만). 이처럼 극중에서 니키야의 심정이 크게 변화하기 때문에 감정 표현이 풍부한 무용수들이 잘하는 역할이다. 주위의 간계에 휘둘리는 니키야를 동정하는 팬들도 많다.

관련 용어→라 바야데르(p.40)

▼다니 모모코 발레단
(Tani Momoko Ballet)

일본 발레의 여명기를 떠받친 무용수의 한 사람인 다니 모모코가 설립한 발레단. 도쿄 간다에 본부가 있다. 1948년 다니 모모코, 오타키 아이코, 하세가와 구니코, 우치다 미치오, 아리마 고로, 다나카 고도 등이 발레단의 전신에 해당하는 '도쿄 발레 연구회'를 설립. 이듬해 '다니 모모코 발레단'이 탄생했다. 제1회 공연은 〈백조의 호수〉로, 전국 순회공연을 통해 이 작품을 일본에 널리 알렸다. 이후 거의 매년 〈백조의 호수〉를 상연하고 있다. 74년 〈지젤〉을 마지막으로 현역을 은퇴. 98년부터는 '창작 발레' 시리즈라는 이름으로 10년 이상 일본의 신진 안무가들의 작품을 의욕적으로 상연했다. 2015년 다니 모모코가 세상을 떠나면서 모치즈키 노리히코, 사이토 다구 등이 예술 감독을 맡았다. 2017년 다카베 히사코가 예술 감독으로 취임했다.

▼다이아나와 악테온
(Diana and Actaeon)

갈라 공연, 콩쿠르, 발표회에서 자주 선보이는 그랑 파 드 되이다. 단독 작품이 아니라 실은 〈에스메랄다〉 전막의 일부. 축제의 여흥으로 추는 디베르티스망 중 하나가 이 작품이다. 사냥의 여신 다이아나(디아나)와 사냥에 나선 청년 악테온의 사랑이 느껴지는 경쾌한 춤으로 초절정 기술이 가득하다. 야성미 넘치는 악테온의 춤은 도약이 많아 역동적이다! 다이아나가 아라베스크를 하며 활을 쏘는 포즈는 강인한 매력이 느껴진다. 참고로, 신화 속의 다이아나와 악테온의 이야기는 잔혹하다. 여신인 다이아나가 목욕하는 모습을 보게 된 악테온은 그녀에 의해 사슴으로 변하고 결국에는 양치기 개 50마리에게 죽임을 당하고 마는…… 발레 작품과는 놀라울 정도로 다른 내용이다.

관련 용어→디베르티스망(p.39)

기본 성격

왕자님

- 고갯짓만으로 주변을 움직인다
- 가문에 대한 말 못할 고민을 품고 있다
- 언제나 우아하다
- 사람을 의심하지 않는다
- 광대의 위로를 받는다

왕자라고 하면 지그프리트

▼당쇠르 노블(danseur noble)

주로 고전 작품에서 주역인 왕자나 귀족 또는 기사를 연기하는 남성 무용수를 가리킨다. 주역이 아닌 솔리스트 역에서도 우아한 기품을 지닌 무용수를 이렇게 부르기도 한다. 왕자 역할은 쉽지 않다. 누구에게나 친절하면서도 태어났을 때부터 줄곧 아랫사람을 부려왔기 때문에 자연스러운 위엄이 있고 궁정에서 익힌 기품이 몸에 배어 있어야 한다. 다시 말해, 사람을 부리는 것에 익숙하지만 결코 오만하지 않은 기품을 갖춘 남성이라고 할까. 또 파 드 되에서는 늘 여성 무용수를 성심성의껏 보조하고 그녀가 아름답게 보일 수 있는 테크닉을 기르는 것도 당쇠르 노블의 중요한 역할이다. 당연히 쭉 뻗은 긴 팔다리 등의 멋진 스타일까지 요구된다.

▼댄스 매거진(Dance Magazine)

일본의 신쇼칸 출판사에서 매월 발행되는 발레·댄스 전문 잡지. 1991년 7월 창간. 제1호 표지에는 당시 볼쇼이 발레단에서 활동하던 니나 아나니아쉬빌리가 등장했다. 일본 국내외의 공연 리포트와 아름다운 사진과 함께 무용수의 인터뷰가 실려 있어 매월 발행을 기다리는 발레 팬들이 많다. 같은 출판사에서 발행되는 레슨용 잡지 〈클라라〉(주로 학생용 월간지)와 〈크루아제〉(주로 성인 발레용 계간지)를 연습에 참고하는 사람도 많다.

▼데리에(derrière)

프랑스어로 '뒤쪽'의 의미. 다리를 몸 뒤쪽으로 뻗을 때 또는 다리가 뒤쪽에 있는 상태를 가리킨다. 예를 들어, 몸 뒤쪽으로 애티튜드를 하는 경우는 '애티튜드 데리에' 크로아제 각도로 뒤쪽으로 탄듀하는 경우는 '크로아제로 탄듀 데리에'와 같이 사용된다. 반대로 '앞쪽'은 드방이라고 한다.
관련 용어→드방(p.39)

▼데벨로페(developpe)

프랑스어로 '발전한'이라는 의미. 5번 포지션에서 나간 다리는 쉬르 르 쿠 드 피에를 통과해 축 다리의 정강이 또는 허벅지를 지나며 르티레 형태가 되고 거기서 멈추지 않고 앞·옆·뒤쪽으로 애티튜드 형태를 거쳐 다리를 뻗는다. 뻗을 때는 애티튜드로 들어 올린 무릎의 위치가 바뀌지 않게 주의할 것. 억지로 다리를 높이 들려고 하면 무릎이 처지거나 안쪽으로 돌아간다. 고관절에서부터 확실히 앙 드오르를 유지하는 것이 중요하다. 한 번에 급하게 올리지 않고 통과해야 할 포인트를 지켜 가며 앙 드오르한 아름다운 다리를 뽐내듯이 내전근을 확실히 사용해 다리를 들어 올린다.
관련 용어→쉬르 르 쿠 드 피에(p.89), 르티레(p.48), 애티튜드(p.104)

▼데이비드 빈틀리
(David Bintley)

영국 출신의 무용수, 안무가, 예술 감독. 1976년 새들러스 웰스 로열 발레단(지금의 버밍엄 로열 발레단)에 입단해 뛰어난 캐릭터 댄서로 활약했다. 78년부터 안무를 시작해 83년 동 발레단의 상임 안무가로 취임. 86년부터 93년까지 영국 로열 발레단의 상임 안무가로 활약하다 2년간 프리랜스 안무가로 활동한 후 95년부터 버밍엄 로열 발레단의 예술 감독으로 취임. 2010년부터 4년간 일본 신국립 극장 발레단의 예술 감독도 겸임했다.

빈틀리는 신국립 극장 발레단을 위해 새로운 전막 발레 작품 〈알라딘〉(08년)과 〈파고다의 왕자〉(11년)을 안무했다. 두 작품 모두 동양적인 음악이 사용되었으며 호화로운 무대 장치와 화려한 의상이 인상적이다. 디베르티스망이 풍성한 화려하고 즐거운 작품이다.

▼데지레 왕자(Prince Desire)

〈잠자는 숲속의 미녀〉에서 오로라 공주의 눈을 뜨게 하는 왕자. 영국에서는 플로리문트 왕자라고도 부른다. 애초에 왕자는 왜 리라의 정령에게 선택된 것일까. 리라의 정령이 왕자를 발견했을 때, 그는 사냥 중이었음에도 혼자 사색에 잠겨 있었다. 왜일까? 그 원인은 그의 어머니에게 있었을지 모른다. 사실 〈잠자는 숲속의 미녀〉의 원작(샤를 페로의 동화)에는 '왕비가 식인귀'라는 무서운 설정이 있다. 어쩌면 그는 '식인귀가 출몰한다'는 소문을 듣고 백성을 걱정한 것이 아니라 어머니에 대해 '뭔가 이상하다'는 생각을 한 것이 아닐까? 어쨌든 왕자는 고민이 깊어 보인다. 억측이지만, 리라의 정령이 그를 안타깝게 여겨 사랑하는 사람과 함께 싸울 강인함을 주려고 한 것일지도 모른다. 왕자가 오로라 공주를 구해내지만 그 또한 공주에 의해 구원받았을지도……모른다고 상상하니 두 사람의 그랑 파 드 되가 더 깊은 의미로 다가온다. 참고로, 원작에는 결혼식 후일담이 있다. 왕자가 없는 사이 오로라 공주와 두 사람의 아이들이 왕비에게 잡아먹힐 뻔하지만 간발의 차이로 왕자가 돌아오면서 왕비는 죽음을 맞는다는 충격적인 결말이다(이 설정은 마이요가 안무한 〈라 벨르〉에 활용되었다).
관련 용어→잠자는 숲속의 미녀(p.124)

그냥 걸어오는 것뿐인데 너무 아름다워 눈을 뗄 수 없다!!

▼ 데피레(défilé)

프랑스어로 '행진'을 의미한다. 발레단의 시즌 개막과 폐막 또는 은퇴 공연 등에서 시행되는 상례 행사로, 단원들이(학생이 참가하는 경우도) 계급 순서대로 무대 안쪽에서 객석을 향해 차례로 등장해 마지막으로 레베랑스(인사)를 한다. 단지 걸어 나오는 것뿐이지만 새하얀 의상에 몸을 감싼 무용수들이 걷는 모습은 더없이 우아하다! 앙 드오르한 다리, 부드러운 팔, 우아한 몸짓……모든 것에 매료되고 만다. 가장 유명한 것은 파리 오페라극장 발레단의 데피레로, 발레 학교의 최소 학년 학생부터 차례로 나와 마지막에는 에투알이 나와 객석을 향해 레베랑스를 하면 전원이 포즈를 취한다. 그 후, 예술 감독이 등장하고 전원이 박수를 치며 끝날 때까지 총 15분가량이 소요된다! 하지만 질리지 않고 바라보게 되는 압도적인 아름다움이 있다.

▼ 덴마크 로열 발레단
(Royal Danish Ballet)

덴마크 코펜하겐에 있는 발레단. 설립 초기에는 발레 마스터가 정착하지 않아 혼란한 상태가 이어졌지만 1775년부터 빈첸초 갈레오티의 활약으로 크게 발전했다. 1829년 안무가 오귀스트 부르농빌이 감독으로 취임. 지금도 계속 상연되는 〈라 실피드〉(36년), 〈나폴리〉(42년) 등 50작 이상의 작품을 발레단을 위해 안무하며 독자적인 '부르농빌 스타일'을 확립했다. 그 후, 〈에튀드〉의 안무로 알려진 하랄드 랜더 등의 여러 발레 마스터가 거쳐 갔지만 부르농빌 스타일은 꾸준히 계승되어 지금에 이르렀다. 현재는 발란신, 킬리안, 노이마이어, 라트만스키, 윌든 등의 근현대 작품도 레퍼토리로 도입했다.

'덴마크 로열 발레단이라고 하면 부르농빌'을 떠올릴 정도로 그 전통을 소중히 계승해온 발레단. 섬세한 발놀림, 템포가 빠른 알레그로의 동작, 경쾌한 바트리의 연속 등이 특징으로 덴마크 로열 발레단 출신의 무용수 대부분은 발의 표현이 실로 훌륭하다.
관련 용어→오귀스트 부르농빌(p.110)

▼도웰(Anthony Dowell)
→앤서니 도웰(p.105)

▼도쿄 문화회관(東京文化会館)
일본 도쿄 우에노에 있는 음악 홀. 1961년 도쿄 도가 개도 500년 사업으로 건설했다. 주로 오페라, 발레, 오케스트라 등의 공연을 하는 2,000석 이상의 대형 홀과 실내악이나 리사이틀 등에 사용되는 600석 정도의 소형 홀 두 개가 있다. 일본 국내외의 많은 발레단들이 대형 홀에서 공연을 했으며 그때마다 무대 안쪽에 있는 벽에 사인을 남겼다(과거에는 기둥이었는데 이미 사인으로 가득 찼다). 발레가 상연되는 대형 홀은 5층 좌석까지 있는데 위에서 보면 또 다른 재미가 있다. 특히, 앙상블의 형태가 잘 보이기 때문에 군무가 많은 유형의 작품에 추천한다. 대형 홀 좌석 시트의 색이 군데군데 다른 것을 볼 수 있는데 이것은 객석을 꽃밭처럼 보이게 만들었기 때문이다. 또 관객이 없을 때에도 객석에 사람이 앉아있는 듯한 착시 효과가 있다고 한다.

▼도쿄 발레단(The Tokyo Ballet)
일본 도쿄 메구로 구에 있는 발레단으로 정식 명칭은 '차이콥스키 기념 도쿄 발레단'이다. 1964년 사사키 다다쓰구에 의해 창립. 창립 3년이 되던 해 모스크바, 레닌그라드, 카잔에서 공연을 했으며 그 성공으로 소련 문화청으로부터 '차이콥스키 기념(Tchaikovsky Memorial)'이라는 칭호를 받았다. 그 후, 국내외에서 다수의 공연을 통해 주로 고전 작품의 레퍼토리를 확대해왔으며 80년부터는 모리스 베자르와도 인연을 맺었다. 86년의 〈더 가부키〉, 93년의 〈M〉이 도쿄 발레단을 위해 만들어졌으며 그 밖의 베자르의 작품을 레퍼토리로 추가해 조르주 돈, 길 로먼 등 20세기 발레단(지금의 베자르 발레 로잔)의 무용수들과도 함께 공연했다. 존 노이마이어와 지리 킬리안 등도 도쿄 발레단을 위한 안무를 만들었다. 또 실비 길렘, 블라디미르 말라코프 등의 유명한 스타 무용수를 객원 무용수로 초청했다. 현재는 우에노 미즈카, 쓰카모토 단 등의 수석 무용수들이 국내외에서 활발히 활동하고 있다. 2015년 수석 무용수인 사이토 유카리가 예술 감독으로 취임했다.
일본의 발레 팬들이 베자르 작품에 친숙한 것은 도쿄 발레단이 베자르와 강한 신뢰 관계를 쌓고 다수의 작품을 소개해온 덕분이다. 또 최근에는 골든 위크 기간에 즈음해 우에노 문화회관에서 '우에노 숲 발레 홀리데이'를 개최. 일본 무대예술 진흥회(NBS), 도쿄 발레단, 도쿄 발레학교가 중심이 되어 작품 상연 외에도 클래스 레슨 견학, 공개 리허설, 백스테이지 투어, 워크숍 등을 개최해 발레가 대중과 더 가까워질 수 있는 기회를 만들기 위해 힘쓰고 있다.
관련 용어→사사키 다다쓰구(p.82)

▼도쿄 시티 발레단(Tokyo City Ballet)
도쿄 고토 구에 있는 발레단. 1968년 아리마 고로와 이시다 다네오 등에 의한 일본 최초의 '합의제 발레단'으로 발족했다. 합의제란, 복수의 인사가 합의로 매사를 결정하는 제도를 말한다. 1994년 일본의 발레단으로서는 처음으로 지자체(고토 구)와 예술 제휴를 맺고 에토 구에 있는 극장 '티아라 고토'를 거점으로 활동하고 있다. 고전 작품을 상연하는 동시에 발레단의 전 프리마였던 이시이 기요코, 감독을 맡은 나카지마 노부요시 등에 의한 창작 발레도 상연하고 있다. 또 학교 공연이나 어린이 대상의 공연 등도 적극적으로 개최하고 있다. 2009년부터는 아다치 에쓰코가 예술 감독으로 취임. 2018년 창립 50주년을 맞아 발족 당시의 멤버였던 이시다 다네오 버전의 〈백조의

호수〉를, 〈백조의 호수〉의 역사적인 일본 초연(1946년) 때 사용되었던 후지타 쓰구하루의 무대 미술을 복원해 부활시켰다.

▼돈

발레가 취미라고 하면 자주 듣는 말이 '돈이 많이 들 것 같다!'라는 것이다. 발레 팬은 '춤추는 것을 좋아하는' 유형과 '공연 보는 걸 좋아하는' 유형 또는 '둘 다 좋아하는' 세 가지 유형이 있는데 과연 셋 다 돈은 많이 든다……그런데 그게 정말로 '비싼' 것일까? 내가 지금까지 보고 경험해본 바를 토대로 대강의 금액을 산출해보았다.
※다음은 대략적인 비용으로 발레 학원이나 발레 용품 제조사 그리고 공연에 따라 금액 차이가 있다.

일본 발레 레슨 관련 비용	
레슨 1회당	약 2,000엔 (대부분 월 단위 수강 또는 티켓제)
포인트 슈즈 1켤레	5,000~1만 엔 전후
발레 슈즈 1켤레	2,000~4,000엔 전후
레오타드(성인)	6,000~1만 엔 전후
발표회 참가비(리허설 포함)	2만~20만 엔 전후
의상 대여비	1만 엔 전후

포인트 슈즈는 프로 무용수나 레슨 횟수가 많은 경우 금방 해지기도(프로 무용수는 발레단에서 지급되는 경우도 있다). 취미 발레라면 수준이나 빈도에 따라 다르겠지만 대개 3개월 정도면 교체한다. 발표회는 발레 학원에서 단독으로 무대를 빌려 개최하는 경우가 있는가 하면 여러 단체가 모여서 무대에 서는 경우, 스튜디오를 빌려 퍼포먼스를 하는 경우 등에 따라 가격이 달라진다. 또 출연 작품 수나 파트너의 유무에 따라서도 달라진다.

티켓은 S~D석 또는 E석까지 있으며 공연에 따라서는 더 저렴한 Z석이 있을 때도 있다. 참고로, 좋아하는 외국 발레단의 공연이 있는 경우, 출연진을 달리해 여러 번 보기도 하므로 티켓 비용만으로 단숨에 10만 엔 가까이 지출하는 팬도 있다.

공연 감상 관련 비용	
일본 국내 발레단의 공연 티켓(S석)	1만~1만 5,000엔 전후
일본 방문 외국 발레단의 공연 티켓(S석)	2만~3만 엔 전후
팸플릿 비용	1,000~2,000엔 전후
극장에서의 음식비	800엔~1,500엔 전후

▼돈(Jorge Donn)
→조르주 돈(p.126)

▼돈키호테(Don Quixote)

세르반테스의 동명 소설을 바탕으로 만든 발레 작품. 원작은 돈키호테의 모험에 대한 이야기이지만 발레 작품에서는 원작 제2막에 등장하는 여관집 딸 키트리와 이발사 바질의 사랑 이야기가 주축이 되어 전개된다. 이야기가 시작되는 것은 돈키호테의 서재. 자신이 기사라고 믿는 돈키호테가 꿈에 나타난 아름다운 둘시네아 공주를 찾아 충복인 산초 판사와 여행을 떠난다. 무대는 스페인의 바르셀로나로 바뀐다. 연인 사이인 키트리와 바질은 때때로 서로를 질투하거나 놀리기는 하지만 서로 사랑하는 사이이다. 하지만 바질이 마음에 들지 않았던 키트리의 아버지는 그녀를 귀족인 가마쉬와 결혼시키려고 한다. 이때 여행 중이던 돈키호테와 산초 판사가 등장. 돈키호테는 키트리를 둘시네아 공주로 착각한다. 광장에서 모두가 춤을 추는 사이 키트리와 바질은 함께 도망친다. 두 사람은 집시들의 야영지로 도망가 숨는다. 그들을 쫓아온 돈키호테는 풍차를 적이라고 착각해 돌격하다 부딪혀 정신을 잃고 만다. 꿈속에서 돈키호테는 숲의 여왕과 큐피드와 함께 있는 둘시네아 공주를 발견하고 황홀하게 눈을 뜬다. 또 다시 술집으로 도망간 키트리와 바질. 키트리의 아버지와 가마쉬에게 붙잡힌 바질은 기지를 발휘해 자살극을 꾸민다. 비탄에 빠진 키트리를 본 돈키호테는 결혼을 허락하도록 그녀의 아버지를 설득하고 그는 얼떨결에 허락하고 만다. 그 말

돈키호테 인물 관계도

을 듣는 순간, 죽은 척하던 바질이 깨어난다. 키트리와 바질의 결혼식이 거행되고 돈키호테는 그 모습을 지켜본 후 다시 모험을 떠난다.

가장 볼 만한 대목은 역시 결혼식에서 춤추는 키트리와 바질의 그랑 파 드 되! 곡예와 같은 리프트, 오랫동안 균형을 유지하는 동작, 고난이도의 도약과 각종 회전 기술 등 볼거리가 가득하다. 버전에 따라서는 두 사람이 도망치는 집시들의 야영지와 술집이 반대가 되는 경우도 있다. 초연은 1869년, 마리우스 프티파가 안무한 작품으로 이후로도 루돌프 누레예프, 미하일 바리시니코프, 케빈 맥켄지, 구마가와 데쓰야 등에 의해 다양한 버전이 탄생했다.

관련 용어→키트리(p.143), 바질(p.68)

▼ **뒤퐁**(Aurélie Dupont)
→오렐리 뒤퐁(p.113)

▼드라마틱 발레(dramatic ballet)

연극적인 요소가 강한 발레 작품으로 특히, 20세기에 안무된 작품을 가리키는 경우가 많다. 대표적인 작품으로는 〈로미오와 줄리엣〉, 〈마농〉, 〈오네긴〉, 〈카멜리아의 여인〉 등이 있다. 〈백조의 호수〉나 〈돈키호테〉도 스토리가 있으니 연극적인 작품이라고 생각할지 모른다. 드라마틱 발레의 특징은 발레화되기 전 원작이 있다는 점이다. 또 등장인물의 성격이 명확하고 장면마다 감정을 나타내는 안무가 있다. 피루엣이나 아라베스크 하나를 할 때도 모든 테크닉이 대사 또는 감정을 표현하는데 이용된다. 예를 들어 〈오네긴〉 3막의 파 드 되에서, 타티야나가 오네긴을 끌고 가는 듯한 장면이 있다. 그 장면에서 표현되는 것은 '여전히 남아 있는 사랑의 감정을 끊어내고 싶은 타티야나의 심정'이다. 오데트나 키트리도 기본적인 성격이 있지만 춤추는 스텝 하나하나가 대사를 대신한다기보다 춤 전체를 통해 그 성격이 분명해진다. 이런 특징 때문에 드라마틱 발레를 추는 무용수에게는 원작의 역할에 대한 해석과 그것을 표현하는 연기력이 요구된다.

▼드레스 리허설(dress rehearsal)

본 공연 전에 하는 게네랄프로베 전에 무대 위에서 움직이면서 하는 확인 작업을 말한다. 대부분 본 공연과 똑같은 프로그램으로 진행하며 간혹 진행을 멈추고 무용수, 음향, 조명, 장치 등 모든 타이밍이 잘 맞는지 확인하고 조정한다. 예를 들어, 무용수는 다른 무용수와 겹치거나 대열에서 벗어나지 않도록 위치를 조정한다. 또 조명과 함께 위치를 조정하거나 명전·암전의 타이밍을 확인하기도 한다. 음향은 무용수의 입·퇴장에 맞춰 음악을 틀거나 전환하는 타이밍을 확인한다. 그 밖에도 장치나 소도구를 두는 장소를 확인하고 의상을 갈아입는 시간을 조정하는 등 다양한 조정이 필요하다.

관련 용어→게네랄프로베(p.18)

▼드로셀마이어(Drosselmeyer)

〈호두까기 인형〉에 등장하는 인물로, 주인공 클라라에게 호두까기 인형을 선물한다. 어느 버전에서나 그는 언제나 미스터리한 존재이다. 대부분의 이야기에서 '클라라의 대부'로 알려져 있지만 개중에는 '마법사', '인형술사', '마술이 특기인 숙부'라는 설정 등 정체를 알 수 없다. 나이도 분명치 않은데 '노인'처럼 기술된 것도 있는가 하면 단지 '숙부'라고만 설명하기도 한다. 애초에 클라라와 혈연관계인지도 분명치 않다. 이렇게 비밀에 싸인 드로셀마이어가 많은 안무가들의 호기심을 자극했는지 버전에 따라 다양한 설정이 있다. 예를 들어, 피터 라이트 버전에서는 저주를 받아 호두까기 인형으로 변한 조카를 도와주는 숙부라는 설정이다. 노이마이어 버전에서는 무용수 겸 안무가로, 마리(클라라)가 동경하는 인물. 누레예프 버전에서는 클라라가 동경하는 남성으로, 꿈속에서는 드로셀마이어가 왕자로 변신한다.

▼드미 카라테르(demi caractère)

공주나 왕자 등의 귀족적인 역할이 아니라 성격이 분명한 연극적 요소가 강한 역할을 추는 무용수 또는 춤을 가리키는 말이다. 정의가 명확치 않아 예컨대 〈돈키호테〉의 키트리와 바질과 같은 주역을 추기도 하고 〈백조의 호수〉의 로트바르트와 같이 춤과 연기의 비율이 반반 정도인 역할을 맡는 경우도 있다. 대략 당쇠르 노블과 캐릭터 댄서의 중간 정도라고 볼 수 있다. 개성이 강한(또는 친근한) 무용수가 당쇠르 노블을 맡는다고 생각하면 이해하기 쉬울 것이다.

관련 용어→당쇠르 노블(p.32), 캐릭터 댄스(p.137)

▼드미 푸앵트(demi pointe)

드미란 프랑스어로 '절반'의 의미. 완전히 발끝으로 서는(푸앵트) 것이 아니라 발가락을 구부린 상태로 서는 것이다. 발레 슈즈를 신고 레슨할 때는 드미 푸앵트까지만 한다. 포인트 슈즈 레슨에서도 반드시 드미 푸앵트를 통과해 푸앵트로 서야 한다. 아 테르로 돌아올 때도 마찬가지이다. 포인트 슈즈를 신고 춤을 추려면 발바닥의 근력 강화가 필요한데 그러려면 드미 푸앵트를 꾸준히 연습하는 것이 중요하다! 드미 푸앵트를 통과해야만 발바닥을 부드럽게 사용할 수 있어 발끝의 표현이 풍부해지는 것이다.
관련 용어→아 테르(p.95)

▼**드방**(devant)
프랑스어로 '앞쪽'을 의미한다. 다리를 몸 앞쪽으로 뻗거나 다리가 몸 앞쪽에 있는 상태를 가리킨다. 예를 들어, 몸의 앞쪽으로 다리를 들어 올려 애티튜드를 하는 경우는 '애티튜드 드방', 크루아제 각도로 앞쪽으로 탄듀하는 경우는 '크루아제로 탄듀 드방'과 같이 사용한다. 반대로 '뒤쪽'은 데리에라고 한다.
관련 용어→데리에(p.33)

▼**디베르티스망**(divertissement)
극 중간에 들어가 있는 일련의 춤을 말한다. 스토리와는 크게 관련이 없으며 대부분 축제의 여흥으로 추는 춤이다. 프티파와 이바노프가 3대 발레를 완성시켰을 때 디베르티스망을 도입했다. 〈호두까기 인형〉의 과자 왕국에서 추는 여러 나라의 춤(아라비아 춤, 중국 무용 등), 〈잠자는 숲속의 미녀〉에서 오로라 공주와 왕자의 결혼식에서 추는 동화 속 주인공들의 춤(파랑새와 플로리나 공주, 빨간 두건 소녀와 늑대 등), 〈백조의 호수〉에서 왕비를 고르는 파티에서 추는 민속 무용(차르다시, 루스카야 등) 등이 대표적이다. 안무에 따라 큰 의미를 두지 않는 경우도 있지만 기본적으로는 축제 분위기를 고양시키기 위한 춤이기 때문에 그야말로 호화로운 '서비스'와 같다. 함께 축제를 즐기는 기분으로 감상해보자.

▼**디아길레프**(Sergei Diaghilev)
→세르게이 디아길레프(p.39)

〈잠자는 숲속의 미녀〉의 디베르티스망

▼ 라 바야데르 (La Bayadère)

고대 인도를 무대로 한 애중극. 사원의 무희 니키야는 최고승려 브라만의 구애를 거절한다. 그녀에게는 사랑하는 연인 솔로르가 있기 때문이다. 두 사람은 몰래 만나 사랑을 맹세한다. 그걸 본 브라만은 복수를 결심한다. 어느 날, 솔로르를 궁으로 부른 태수(라자)는 그에게 자신의 '딸과 결혼할 것'을 명한다. 솔로르는 자신이 모시는 태수의 명령을 거역하지 못하고 또 감자티의 미모에도 반해 결혼을 승낙한다. 브라만이 태수에게 솔로르와 니키야의 관계를 밝히자 그걸 안 감자티가 니키야를 불러 두 사람은 격렬히 다툰다. 감자티는 분을 참지 못하고 니키야를 죽일 계략을 꾸민다. 약혼 파티에 불려나와 춤을 추게 된 니키야는 감자티가 꽃바구니에 숨긴 독사에 물려 쓰러지고 만다. 브라만이 그녀를 살리려고 하지만 상처받은 니키야는 이를 거절하고 그대로 숨을 거둔다. 죄책감에 사로잡힌 솔로르는 환상의 세계 '그림자의 왕국'에서 니키야를 다시 만나 용서를 구하고 그녀에 대한 사랑을 깨닫는다. 감자티와의 결혼식 당일, 솔로르 앞에 니키야의 영혼이 나타난다. 브라만이 식을 거행하던 중 천둥이 치며 신전이 무너지고 사람들이 목숨을 잃는다. 솔로르와 니키야는 하늘에서 사랑을 이룬다. 니키야는 농후한 캐릭터들의 다양한 감정에 휘말려 희생된다. 볼거리가 많은 작품으로 특히, 니키야와 감자티의 대결 장면이 인상적이다. 수석 무용수급 두 사람이 '권력을 과시하는 감자티VS강인한 성격으로 맞서는 니키야'를 열연한다. 또 흰색 튀튀를 입은 무희들(의 환영)이 등장하는 '그림자의 왕국' 장면에서는 무대 안쪽의 경사진 슬로프를 총 32명(버전에 따라 변동이 있다)의 무용수가 아라베스크 팡세를 반복하며 내려가는 모습이 압권! 전원이 위치에 서기까지 약 4분간, 계속해서 같은 안무가 반복되는데 그 환상적인 아름다움에 눈을 뗄 수 없다. 한편, 이 작

품의 종막에는 여러 버전이 있는데 솔로르의 환상인 '그림자의 왕국'에서 끝나는 작품이 있는가 하면 신전이 붕괴하는 작품도 있다(현재는 이 버전이 많다).
관련 용어→니키야(p.29), 솔로르(p.88)

▼**라 스칼라 극장 발레단**
(La Scala Theatre Ballet)
이탈리아 밀라노에 본거지를 둔 발레단. 1778년 라 스칼라 극장의 개장과 함께 설립되었다. 19세기 전반에 마리 탈리오니, 파니 엘슬러, 카를로타 그리지 등의 스타 무용수가 잇따라 객원 무용수로 공연했다. 그러나 19세기 후반 발레가 쇠퇴하면서 오페라 상연이 우선시되었다. 1960년대 부속 발레학교 출신 카를라 프라치의 인기가 높아지고 파리 오페라 극장 발레단의 루돌프 누레예프가 종종 객원 무용수로 공연하면서 서서히 인기가 회복되었다. 그 후, 알렉산드라 페리, 로베르토 볼레와 같은 국제적인 스타를 배출했다. 최근에는 예술 감독 교체를 둘러싼 해프닝이 있었지만 2016년 프레데릭 올리비에리가 예술 감독으로 취임했다. 20년에는 마뉴엘 레그리가 취임했다.

▼**라 실피드**(La sylphide)
19세기 로맨틱 발레를 대표하는 작품. 결혼식을 앞둔 스코틀랜드의 농부 제임스 앞에 실피드(공기의 정령)가 나타나 그의 마음을 빼앗는다. 그의 약혼녀 에피는 결혼식 준비를 하는 중에도 마음이 딴 데 가있는 듯한 제임스를 걱정한다. 그때 마녀 매지가 등장해 손금을 봐주고 '에피를 행복하게 할 사람은 건(남몰래 에피를 짝사랑하는 친구)'이라고 하자 소동이 벌어

진다. 결혼식이 시작되었을 때 또 다시 실피드가 나타나(제임스의 눈에만 보인다) 슬픈 얼굴로 결혼반지를 빼앗아 날아가 버리자 그는 신부를 두고 그녀를 쫓아간다. 숲을 찾아온 제임스는 실피드를 안으려고 하지만 잘 되지 않는다. 그때 매지가 등장해 실피드를 붙잡을 수 있는 베일을 건넨다. 하지만 이 베일에는 독이 묻어 있었다. 베일로 실피드의 몸을 감싸는 순간 등에 달린 날개가 떨어지며 그녀는 제임스의 품안에서 숨을 거둔다. 절망하던 그는 멀리서 결혼식을 올리는 에피와 건의 모습을 목격한다.

결혼식 당일 신부를 두고 떠난 제임스를 두고 '무슨 짓이야?!'라는 의견을 늘 듣지만 그를 유혹하는 실피드 역시 흥미로운 캐릭터이다. 그를 희롱하는 듯 보였다가도 어린아이처럼 순수한 모습으로 놀리는 듯한 행동을 보이거나 갑자기 울음을 터트리고 사라지는 등……부끄러운 것인지 대담한 것인지 알 수 없는 매력으로 제임스의 마음을 사로잡는다. 이런 경쟁자가 등장한다고 생각하면 오싹하다! 아버지 필리포의 안무로 마리 탈리오니가 초연(1832년)했는데 이를 바탕으로 1972년 라코트가 새롭게 안무한 버전이 파리 오페라 극장을 중심으로 상연되었다. 또 1836년의 부르농빌 버전도 지금까지 덴마크 로열 발레단에서 상연되고 있다.

관련 용어→제임스(p.126)

▼라코트(Pierre Lacotte)
→피에르 라코트(p.163)

▼레 실피드(Les Sylphides)
미하일 포킨이 안무한, 주로 발레 뤼스의 상연으로 널리 알려진 작품. 스토리가 없는 작품으로 시인 한 명과 순백의 로맨틱 튀튀로 몸을 감싼 실피드(공기의 정령)들이 등장해 쇼팽의 녹턴, 마주르카, 프렐류드, 왈츠 등에 맞춰 다양한 춤(바리에이션, 파 드 되, 앙상블, 전원)을 선보인다. 여러 명의 무용수가 등장해 춤을 출 때의 아름다운 포메이션이 인상적이다. 원래는 1907년 포킨이 러시아에서 〈쇼피니아나〉라는 이름으로 만든 작품이었지만 두 번의 개정을 거쳐 09년 발레 뤼스의 〈레 실피드〉로 파리에서 상연되었다. 당시에는 파블로바, 카르사비나, 니진스키와 같은 호화 캐스트로 상연되었다고 한다. 러시아에서는 지금도 〈쇼피니아나〉로 부르는 경우가 있다.

▼레그리(Manuel Legris)
→마뉴엘 레그리(p.59)

▼레오타드(leotard)
레슨이나 리허설 때 착용하는 댄스웨어. 학생들은 선생님이 몸을 사용하는 방식을 제대로

레이몬다 인물 관계도

볼 수 있게 레오타드와 타이즈만 입고 연습하는 경우가 많지만 성인의 경우, 바지나 스커트를 걸치거나 니트나 티셔츠를 입기도 하고 레그워머를 신는 등 컨디션에 맞게 겹쳐 입기도 한다. 많은 댄스웨어 브랜드가 있으며 레오타드의 디자인, 색상, 무늬, 소재 등도 다양하다! 캐미솔 타입, 퍼프 슬리브, 홀터넥, 긴소매 등의 다양한 디자인이 있으며 네크라인의 디자인, 등의 노출 정도, 소매 길이에 따라 분위기가 달라지기도 한다. 최근에는 꽃무늬, 체크무늬, 레이스 등 무늬가 있는 레오타드도 많아 고르는 즐거움이 더욱 커졌다.

▼ 레이몬다 (Raymonda)

아름다운 처녀를 두고 다투는 사랑 이야기. 13세기의 프랑스가 무대. 백작 부인의 조카 레이몬다는 십자군 기사인 장 드 브리앙과 약혼했다. 출정한 그가 돌아오기를 기다리는 그녀의 꿈에 성의 수호신 '백부인'이 나타나 장의 환상을 불러내고 레이몬다는 그와 춤을 춘다. 그런데 그 꿈속에서 레이몬다는 수수께끼의 사라센인에게 뜨거운 사랑의 고백을 받으며 눈을 뜬다. 시간이 흘러 장의 귀환을 축하하는 파티 준비가 한창일 때 꿈에서 나온 사라센인 기사 압데라흐만이 가신을 이끌고 찾아온다. 그는 레이몬다에게 구애하며 부와 권력을 과시하지만 그녀는 이를 거절한다. 압데라흐만이 그녀를 유괴하려던 때 장이 돌아와 그와 결투를 벌인다. 결투에서 승리한 장과 레이몬다와의 성대한 결혼식이 거행된다.

3막의 결혼식 장면에서 추는 그랑 파 드 되는 갈라 공연에서도 자주 상연된다. 하지만 이 작품의 재미는 완전히 다른 타입의 두 남성(우아하고 늠름한 남성과 열정적이고 강인한 남성) 사이에서 흔들리는 레이몬다의 모습. 압데라흐만을 싫어하면서도 그 매력에 끌리지만 마지막에는 장을 선택하고 단호하게 그를 거절한다. 그 과정에서 그녀는 1막의 꿈 많은 소녀에서 3막의 씩씩하고 강한 여성으로 인간적인 성장

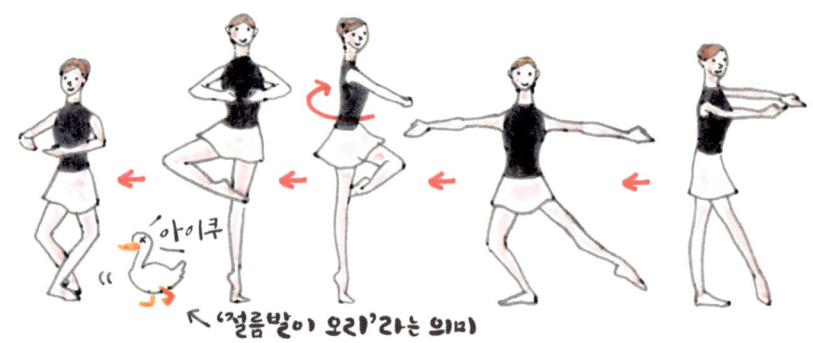

을 이룬다. 글라주노프의 드라마틱한 음악도 작품을 한층 빛내준다. 초연은 프티파가 안무(1898년)한 작품으로 이후, 바이노넨, 라브롭스키, 누레예프, 그리고로비치 등의 버전이 있다.

▼레임 덕(lame duck)

앙 드오르(외회전)로 하는 피케 턴을 영어로는 '레임덕'이라고 부르기도 한다. '절름발이 오리'를 의미하는 말로, 한쪽 다리를 교대로 축 이동하며 회전하는 모습이 오리가 다리를 절며 걷는 모습과 비슷하다고 하여 이렇게 불리게 되었다고 한다. 앞쪽 다리를 탄듀로 준비한 후 톰베해 플리에로 착지하는 동시에 다른 한쪽 다리를 알 라 스공드로 뻗는다. 알 라 스공드로 뻗은 다리로 중심을 이동해 피케하고 플리에한 다리를 빠르게 르트레로 모아 회전한 후 5번 플리에로 만든다. 보통은 연속해서 수행한다. 대표적인 안무로는 〈백조의 호수〉 2막, 오데트의 바리에이션 마지막에 레임 덕을 하며 대각선 방향으로 진행하는 안무가 있다.
관련 용어→피케 턴(p.163)

▼레페토(Repetto)

1947년 프랑스에서 탄생한 슈즈 및 댄스웨어 브랜드. 로즈 레페토가 개업했다. 그녀는 안무가 롤랑 프티의 어머니로, 프티의 권유로 파리 오페라 극장 옆 작은 아틀리에에서 댄스용 슈즈 디자인을 시작했다. 56년에는 배우 브리지트 바르도의 의뢰로 타운 슈즈(일상용 구두)로도 신을 수 있는 '발레리나 슈즈'를 만들었으며 그녀가 주연한 영화 〈그리고 신은 여자를 창조했다〉에 등장하면서 큰 인기를 끌었다. 현재는 가방과 기성복 등도 만들고 있으며 파리 오페라 극장 발레단의 에투알 도로테 질베르를 광고 모델로 기용하기도 했다. 포인트 슈즈의 종류는 '라 바야데르', '루스카', '카를로타' 등이 있다. 2005년부터 프랑스 공과대학과 협력해 소음과 고통을 경감하는 새로운 포인트 슈즈를 개발하고 있다고 한다.

▼레프 이바노프
(Lev Ivanovich Ivanov)

러시아의 무용수, 안무가, 예술 감독. 1850년 학생 신분으로 황실 극장(지금의 마린스키 발레단)에서 데뷔해 52년 입단. 82년 무대 감독이 되었으며 85년부터 프티파가 이끄는 발레단에서 제2발레 마스터(예술 감독)가 되었다. 85년 50세가 넘은 나이에 안무를 시작했다. 92년 병환 중인 프티파를 대신해 〈호두까기 인형〉을 안무했다. 94년 차이콥스키 추모 기념 공연에서 〈백조의 호수〉의 2막을 안무해 대성공을 거두었다. 95년 프티파가 안무한 전막 중 2막과 4막을 안무했다. 1901년 세상을 떠났다.

이바노프는 '프티파의 제자'라는 인상이 강하

지만 〈호두까기 인형〉의 눈의 정령의 춤, 〈백조의 호수〉 2막과 4막과 같이 작품의 백미라고 할 만한 파트를 안무했다. 두 작품 모두 코르 드 발레의 아름다운 포메이션과 음악이 환상적으로 어우러지며 눈을 뗄 수 없는 아름다움을 선사한다. 다만, 이바노프 자신이 많은 기록을 남기지 않았기 때문에 '제자'라기보다는 '공동 안무'라고 부르는 것이 좋을 정도의 재능에도 불구하고 그의 생애에 대해서는 잘 알려져 있지 않은 듯하다.

▼로맨틱 발레
(romantic ballet)

19세기 전반(특히, 1830~40년대)에 유행한 '낭만주의' 문학의 특징을 바탕으로 만든 발레를 가리킨다. 현재까지 남아 있는 작품으로는 〈지젤〉과 〈라 실피드〉가 있다. 여성 무용수는 길이가 긴 로맨틱 튀튀를 입고(당시로서는 이것도 길이가 짧았지만) 요정이나 정령 등 인간이 아닌 존재를 연기했다. 포인트 슈즈를 신고 발끝으로 서서 춤을 추는 것도 특징으로, 인간 같지 않은 부유감을 연출했다. 또 남성은 손에 넣을 수 없는 요정이나 정령에 마음을 빼앗겨 결국 현실 세계에서 불행해진다는 설정이 많다.

▼로맨틱 튀튀(romantic tutu)

주로 여성 무용수가 입는 의상의 한 종류. 19세기 전반의 로맨틱 발레 작품에 사용되었던 의상으로 튈을 겹쳐서 풍성하게 만든 스커트에 길이는 정강이 중간 또는 발목까지 오는 종류를 가리킨다. 17세기 여성 무용수의 의상은 발끝이 겨우 보일 정도였으나 여성 무용수들도 앙트르샤 등의 도약을 하게 되면서 조금씩 스커트 길이가 짧아졌다. 원래는 흰색으로 요정, 정령, 망령을 나타내는 의상이었지만 최근에는 색상이나 배역에 관계없이 튈 소재의 길이가 긴 튀튀를 모두 '로맨틱 튀튀'라고 부른다(시골 소녀의 의상이나 조젯 소재를 사용한 의상은 제외). 참고로, 19세기의 튀튀는 불에 타기 쉬운 소재로 만들어져 가스등을 사용하던 당시

「지젤의 윌리들」

풍성한 로맨틱 튀튀가 아름답게 겹쳐진다

무대 조명에 의해 의상에 불이 붙어 목숨을 잃은 무용수도 있었다고 한다.
관련 용어→클래식 튀튀(p.142)

▼로미오와 줄리엣
(Romeo and Juliet)

셰익스피어의 희곡을 바탕으로 만든 발레 작품. 이탈리아 베로나의 몬테규 가문과 캐퓰릿 가문은 사망자가 나올 정도로 심하게 대립했다. 캐퓰릿 가문의 딸 줄리엣은 아직 어린 티를 벗지 못한 소녀로 부모가 정한 약혼자 패리스를 소개받아도 감흥이 없다. 어느 날 밤, 캐퓰릿 가에서 열린 가장 무도회에 몰래 숨어든 몬테규 가문의 로미오는 줄리엣을 만나 한순간에 사랑에 빠진다. 줄리엣의 침실 발코니에서 사랑을 속삭이던 두 사람은 다음 날 신부를 찾아가 비밀 결혼식을 올린다. 다음 날, 또다시 두 가문이 대립하고 줄리엣의 사촌 티볼트의 도발에 넘어간 머큐쇼가 목숨을 잃는 비극이 일어난다. 로미오는 분노한 나머지 티볼트를 죽이고 추방당한다. 슬픔에 빠진 줄리엣에게 아무것도 모르는 부모는 패리스와의 결혼을 명령한다. 고민하던 그녀는 신부를 찾아가 가사 상태로 위장할 수 있는 수면제를 이용해 죽은 것처럼 위장해 로미오에게 가려는 계

획을 꾸민다. 약을 마신 줄리엣이 정말 죽었다고 생각한 가족들은 슬픔에 빠진다. 그녀의 부고를 들은 로미오가 찾아와 관에 누운 그녀를 보고 절망하며 그 자리에서 약을 마시고 스스로 목숨을 끊는다. 그때 눈을 뜬 줄리엣이 로미오가 죽은 것을 알고 스스로 목숨을 끊어 로미오의 뒤를 따라간다.

이 이야기에서 눈여겨 볼 만한 부분은 줄리엣의 성장이다. 유모가 타이를 정도로 어린아이 같던 줄리엣이 로미오와의 첫사랑, 비밀의 결혼, 연인과의 이별 그리고 죽음을 통해 크게 성장한다. 간혹 사람은 사랑을 통해 '내가 사랑을 위해 이런 용기를 낼 수 있다니'라는 생각이 들 만큼 뜻밖의 자신을 발견할 때가 있다. 전막을 통해 줄리엣은 세 가지 중요한 선택을 한다. 하나는 로미오를 사랑해 부모 몰래 비밀 결혼식을 하는 것, 다음은 로미오를 되찾기 위해 유모에게도 비밀로 하고 죽은 것처럼 위장하는 것이다. 마지막은 로미오의 죽음을 알고 세상을 살아갈 의미가 없다며 스스로 목숨을 끊는 것이었다. 이야기는 비극으로 향해 가지만 사랑을 통해 '자신이 원하는 인생'

에 대해 생각하고 희생을 치르더라도 자신이 바라는 길을 선택하는 줄리엣의 모습에 감동받는 사람이 많을 것이다. 이 작품의 라브롭스키 버전은 1956년 런던에서 볼쇼이 발레단에 의해 상연되었다. 당시 울라노바가 연기한 줄리엣이 큰 충격을 주며 맥밀런 버전, 크랑코 버전이 탄생하는 원동력이 되었다. 그 밖에도 노이마이어, 누레예프 버전 등의 많은 버전이 있다.

▼로빈스(Jerome Robbins)
→제롬 로빈스(p.126)

▼로조(Tamara Rojo)
→타마라 로조(p.143)

▼로트바르트(Rothbart)
〈백조의 호수〉의 악마. 오데트와 다른 딸들을 백조로 바꾼 후 밤에만 인간의 모습으로 돌아갈 수 있게 허락하고 연금 상태를 강요한다. 또 오딜을 오데트와 똑같이 변신시켜 왕자를 유혹하게 한 후 두 사람의 사랑을 갈라놓으려고 한다. 그렇게까지 해서 오데트에게 건 '사랑을 맹세한 상대가 나타나면 풀리는 저주'를 지키려고 하는 로트바르트는 애초에 왜 딸들을 백조로 바꾼 것일까? 그런 저주를 걸 만큼 로트바르트가 사랑을 믿지 않는 이유는? 이런 의문에 대한 답은 극중에는 전혀 나타나지 않는다. 대체 무슨 이유로 그렇게까지 원한을 품은 걸까……그 이유를 상상해보는 것도 재미있다. 누레예프 버전(파리 오페라 극장 발레단)에서는 수수께끼에 싸인 미모의 가정교사와 로트바르트가 동일 인물이라는 설정. 맥켄지 버전(아메리칸 발레 시어터)에서는 나무와 동화된 로트바르트가 자신에게 마법을 걸어 섹시한 미남으로 변신한다.
관련 용어→백조의 호수(p.72)

▼로파트키나
(Ulyana Lopatkina)
→울리야나 로파트키나(p.115)

▼롤랑 프티(Roland Petit)
프랑스의 무용수, 안무가, 예술 감독으로 20세기를 대표하는 안무가 중 한 명. 1940년 파리 오페라 극장 발레단에 입단하지만 4년 후 20세의 나이로 퇴단해 독립했다. 45년 샹젤리제 발레단을 설립. 48년에는 파리 발레단을 세웠다. 자신이 안무한 작품의 주역을 맡아 연기했다. 46년 〈젊은이와 죽음〉, 49년에는 자신의 뮤즈이자 아내 지지 장메르 주연의 〈카르멘〉 등을 안무했다. 65년에는 파리 오페라 극장 발레단을 위해 〈노트르담 드 파리〉를 안무했다. 한동안 프리랜서로 활동하며 영화와 리뷰 작업도 했지만 72년 마르세유 발레단(후의 국립 마르세유 롤랑 프티 발레단으로 개칭)의 예술 감독으로 취임. 74년 〈아를의 여인〉, 75년 〈코펠리아〉, 79년 〈박쥐〉 등의 많은 명작을 안무했다. 마르세유 시청 문화 담당과의 대립으로 98년 사임하고 제네바로 이전. 2011년 87세를 일기로 세상을 떠났다.
아내이자 뮤즈였던 지지 장메르와의 금슬이 좋았던 것으로도 유명하다. 두 사람이 만난 것은 무려 9세 무렵. 파리 오페라 극장 발레학교의 동창이었던 것이다. 뛰어난 각선미로 유명한 지지에게 어울리도록 프티의 작품 속 의상은 길이가 짧고 섹시한 디자인이 다수였고! 〈카르멘〉이나 〈박쥐〉의 의상은 아름다운 다리의 소유자였기에 소화할 수 있었던 의상이다.

▼루돌프 누레예프
(Rudolf Nureyev)
20세기를 대표하는 천재 무용수 중 한 명. 소련의 바시키르 공화국에서 춤을 배우고 1955년 17세에 바가노바 무용학교(지금의 바가노바 발레 아카데미)에 편입해 졸업 후 키로프 발레단(지금의 마린스키 극장 발레단)에 입단했다. 61년 파리 공연 당시 망명에 성공하며 소련에서 망명한 최초의 무용수로 큰 화제가 되었다. 이후 서구에서 활약하며 남성 무용수가 주역이 되는 시대를 이끌었다. 62년 명프리마 마고 폰테인과의 파트너십(20세 가까운 나이 차)으로 화제를 모았다. 두 사람은 17년간 파트너로 활동했다. 또 영국 로열 발레단의 객원 무용수로 참여했으며 빈 국립 가극장 발레단, 오스트레일리아 발레단 등 다양한 나라의 컴퍼니에서 공연했다. 83년부터 89년까지 파리 오페라 극장 발레단의 예술 감독을 지냈다. 후에 '누레예프 세대'라고도 불린 실비 길렘, 마뉴엘 레그리 등의 많은 신진 무용수를 기용했다. 또 자신의 안무(개정 안무) 작품 〈레이몬다〉, 〈잠자는 숲속의 미녀〉, 〈신데렐라〉, 〈라 바야데르〉 등을 잇달아 상연하고 로빈스, 포사이스 등의 작품도 레퍼토리에 추가했다. 93년 54세의 나이로 세상을 떠났다.

누레예프가 등장하면서 그때까지 여성 무용수 중심이었던 발레계에서 남성 무용수가 각광을 받게 되었다. 사실 누레예프에게는 '각광'이라는 표현보다 그 압도적인 존재감과 카리스마로 관객의 눈과 마음을 뺏으며 발레의 역사를 다시 썼다고 하는 편이 정확할 것이다. 마고 폰테인과의 파트너십으로 유명하지만 70년대 후반부터는 모리시타 요코를 파트너로 세계를 순회했다.

▼르티레(retiré)

프랑스어로 '끌어 올린'이라는 의미. 축 다리의 무릎 앞쪽 또는 뒤쪽에 무릎을 구부린 나간 다리의 발끝을 대고 선 형태를 가리킨다. 피루엣의 형태가 르티레이다. '파세'와 혼동하기 쉬운데 파세는 '통과한다'는 의미로 움직임을 나타내는 말이다. 르티레는 하나의 포지션 즉, 형태를 가리킨다. 아 테르나 를르베 또는 푸앵트에서도 르티레를 유지하려면 강한 축을 의식해야 한다. 축 다리는 발꿈치가 아니라 발끝에 중심을 싣고 올라서서 몸을 끌어올려 축을 곧게 정렬한다. 또 양다리 모두 확실히 앙 드오르해서 골반이 기울어지지 않도록 주의해야 한다. 르티레가 안정되면 피루엣도 훨씬 쉽게 돌 수 있다.
관련 용어→파세(p.148)

▼를르베(relevé)

프랑스어로 '들어 올린'이라는 의미으로 발끝으로 서는 것을 말한다. 아 테르에서 발꿈치를 들어 드미 푸앵트(몸을 쭉 뻗은 상태) 또는 완전히 푸앵트한 상태를 가리킨다. 바 레슨 처음부터 센터 레슨의 마지막까지 무용수는 를르베를 반복하며 몸의 축을 조정함으로써 안정적으로 춤을 추기 위해 노력한다. 처음에는 발꿈치를 들기 어렵고 발등이 나오지 않아도 레슨이나 연습을 통해 발바닥을 단련하다보면 아름다운 를르베를 만들 수 있다.
관련 용어→드미 푸앵트(p.38), 발바닥(p.71)

▼리놀륨(linoleum)

발레 스튜디오에 까는 바닥재의 일종. 전에는 주로 목재 바닥이 많았으나 잘 미끄러지고 강도를 조정하기 어려운 점 때문에 최근에는 리놀륨을 주로 사용한다. 리놀륨은 아마인유, 송진, 코르크가루, 안료 등으로 만들어져 적당한 탄력성이 있다. 포인트 슈즈를 신고 춤을 추거나 큰 점프를 하는 무용수에게 바닥의 소재는 무척 중요하다! 너무 딱딱하거나 부드러우면 필요 이상으로 체력을 소모해 금세 지치거나 부상으로 이어질 우려가 있다. 제조사에 따라 미끄러움의 정도나 단단한 정도가 다르

므로 새 스튜디오에 시공할 때는 신중히 선택해야 한다. 스튜디오를 빌릴 때도 바닥 소재를 고려해 선택하는 경우가 많다.

▼리프트(lift)
파 드 되에서 남성 무용수가 여성 무용수를 들어 올리는 포즈의 총칭. 리프트에는 여성이 남성의 어깨에 올라앉는 방식, 남성이 양손으로 여성의 몸을 지지하며 들어 올리는 방식, 남성이 한손으로 여성을 들어 올리는 방식 등 다양한 종류가 있다. 또 여성을 들어 올렸을 때의 형태도 아라베스크나 한쪽 다리를 알 라 스공드로 들거나 몸이 젖히는 등의 포즈가 있다. 남성은 여성을 들어 올릴 수 있는 강한 근력이 필요하다. 여성 역시 공중에서 포즈를 유지하기 위해서는 강한 체간이 필요하다.

▼리허설(rehearsal)
본 공연 전에 이루어지는 연습을 말한다. 발레의 경우는 보통 클래스 레슨으로 몸을 풀어준 후 예술 감독, 안무가, 발레 마스터, 발레 미스트리스 등의 지도 아래 리허설을 거듭하며 안무를 외우고 춤을 터득한다.
관련 용어→클래스 레슨(p.142)

일본 신국립 극장 발레단
수석 무용수
요네자와 유이
LONG INTERVIEW

어떻게 하면 더 아름답게 춤을 출 수 있을까?
매일 도전을 멈추지 않는
수석 무용수의 발레 라이프에 대해 들어본다!

수석 무용수로서 기쁨을 느끼는 순간, 고민거리,
무용수로서의 성장을 위해 꾸준히 노력하고 있는 것은 무엇일까?
요네자와 유이의 평소 생활에 대해 들어보았다.

약점을 찾아내 곰곰이 생각하는 것을 좋아한다

사랑과 행복으로 충만한 오로라 공주, 씩씩하고 호기심 많은 신데렐라, 기쁨과 슬픔을 숨기지 않고 표현하는 줄리엣…… 요네자와 유이는 언제나 그녀들의 개성을 담은 연기로 배역에 생명을 불어넣는다. 그녀의 춤에서는 마음의 소리가 들려오는 듯하다. 또한 음 하나하나 놓치지 않고 표현하는 섬세한 테크닉으로 많은 팬들을 매료시킨다.

이런 매력은 모두 레슨을 거듭하며 다양한 과제를 극복하고 몸에 익혀진 것. 매일 어떻게 과제를 마주하고 극복하는 것일까?

"내가 못하는 것을 찾아내 곰곰이 생각하는 것을 좋아한다. 그건 마치 끝이 없는 다림질을 하는 느낌이다. 주름 하나를 펴면 이번에는 다른 곳에 주름이 잡히고 그걸 펴면 또 다른 곳에 주름이 생기는……그런 느낌. 하지만 우리 몸은 굉장히 유동적이다. 포기하지 않고 시간을 들여 정성껏 주름을 펴다보면 흐름이 바뀌면서 이내 과제를 극복할 수 있는 방법을 알게 된다."

벽에 부딪친다는 건 더 발전할 수 있는 가능성이 있다는 것

하지만 '이게 옳은 길이다!'라는 확신이 들기까지는 시간이 걸릴 것 같은데?

"시간이 걸린다. 그렇기 때문에 프로일수록 기초가 중요하다고 생각한다. 과제를 만나면 포기하지 않고 더 아름답게 보일 수 있는 방향으로 스스로 흐름을 만들어야 한다. 그러려면 기초적인 훈련의 축적이 중요하다."

끊이지 않는 과제와 도전과 실패의 날들의 반복. 그게 힘들어서 '발레를 그만두자'라는 생각까지 한다고 들었다.

"나도 한때는 진짜 그만두려고 생각했다. 하나를 해결하면 또 다른 높은 벽이 나타나는 것이다. 그 벽이 은퇴할 나이가 되어도 사라지지 않는다고 생각하니 눈앞이 캄캄해지는 듯했다. 하지만 앞으로도 끊임없이 나타나는 벽에 부딪친다는 것은 반대로 말하면 '무한한 기회가 있다'라는 뜻이기도 하다. 더욱 발전할 수 있는 가능성이 있다는 사실을 깨달은 것이다. 그때부터 '내가 못하는 것이 있다는 건 굉장히 좋은 일이다'라고 생각하게 되었다."

현재의 생활에 만족하는가?

"글쎄……충실감은 있지만 만족감은 없다. 부정적인 의미가 아니라 부족한 것을 계속 채우면서 살고 싶기 때문이다. 그런 마음이 있기 때문에 나는 분명 더 좋은 무용수가 될 수 있을 것이라고 생각한다."

2013년부터 수석 무용수로 승격되었는데 어떤 변화가 있는가?

"코르 드 발레일 때도 중앙에서(주역으로) 춤을 추는 지금도 책임감은 변함없다. 다만, 수석 무용수가 되면서 춤추는 분량이 늘고 연기 면에서 요구되는 세심함이 더욱 커진 기분이 든다. 내면을 춤으로 표현하기 위해서는 스스로 '어떻게 살 것인가'라는 질문을 던지지 않을 수 없었다."

"발레는 서양에서 탄생했다. 외국 무용수가 타고난 골격을 어떻게 사용해 춤을 추는지를 자세히 보고 일본인인 내 몸으로 발레를 할 때 어디까지 가능할 것인지, 어떻게 하면 할 수 있을지를 생각하며 끊임없이 조정한다."

"리허설에서 선생님에게 지적받은 것은 다음 레슨 때까지 소화한다. 물론, 다음 레슨에도 완벽할 수는 없겠지만 계속해서 노력하는 자세가 중요하다고 생각한다."

춤을 통해 '어떻게 살 것인가'라는 질문과 마주하고 있다

특히, 실감했던 작품이 있는가?
"〈백조의 호수〉 2막에서 오데트와 왕자가 만나는 장면을 처음 추었을 때 너무나 기뻤다. '드디어 사랑하는 사람을 만났다, 이 사람이라면 나를 구해줄지도 몰라'라는 생각에. 하지만 두 번째 추었을 때는 참을 수 없이 슬퍼졌다. '이렇게 사랑하는 사람을 만났는데 왜 나는 인간이 아니라 백조인 걸까'라고. 분명 내 안에서 무언가가 달라진 듯했다. 춤에 대한 해석이 바뀌었다고 생각한다."

역시 초연과 재연 때는 감정의 변화가 큰 것인가?
"다른 작품에서도 초연과 재연은 상당히 다르다. 초연 때는 뭐든 필사적이었던 것 같다. 그런 자세가 좋을 때도 있다. 재연은 이미 '어떻게 추면 될지'를 알고 있기 때문에 오히려 더 어렵다. 또 나만의 표현이라는 것이 요구되는 것도 재연이 아닐까 생각한다."

그런 이유에서도 파트너십은 역시 중요한 것인가?
"그렇다, 나는 춤을 출 때 파트너와 마음이 통하는 순간을 무척 좋아한다. 바딤(바딤 문타기로프)과 종종 춤을 추는데, 그와 무대에서 춤을 출 때면 오직 단 둘이서만 다른 장소에 갔다 온 것 같은 느낌이 드는 순간이 있다. 너무 깊이 몰입해 현실로 돌아오기까지 시간이 걸릴 정도이다. 바딤과 춤을 추면, 그런 일이 벌어진다."

리허설 때는 '아직도 선생님에게 지적을 많이 받는다'던데?
"리허설 때는 일거수일투족, 모든 것에 주의를 받는다. 다리를 뻗는 순간의 발끝이나 몸의 방향 그리고 동작 하나하나까지 거의 모든 것이다. 하지만 나는 그런 주의를 듣지 않게 되면 정말 끝이라고 생각한다. 리허설은 다른 출연자들도 있고 시간도 한정되어 있기 때문에 선생님이 지나치듯 한 말 한 마디까지 전부 포착해 다음 리허설까지 소화하는 것이 우리의 의무라고 생각한다."

"발레의 가장 좋은 점은 대사가 없기 때문에 전 세계 사람들과 같은 것을 공유할 수 있다는 것이다. 국제적이라는 점이 정말 멋지다고 생각한다."

자신의 성격을 '업다운은 있지만 전환이 빠르다'고 말하는 요네자와. 어떻게 스스로를 제어하며 도전을 계속할 수 있는 것인가?

"클래식 발레를 하다보면 어느 정도 스스로를 제어해야 한다고 생각한다. 그렇다고 지나치게 얽매이지는 않는다. 나는 늘 매사를 규정하지 않으려고 한다. 예를 들어, 본 공연 직전에 평소와 다른 일이 생기는 경우가 있다. 그런 때에도 '오늘이 본 공연인데 어떡하지' 하고 당황하지 않고 '뭐, 이런 일도 있는 거지' 정도로 생각하고 넘긴다. 좌절하기도 하지만 끙끙 앓는다고 해결되는 일도 아니니 연습이나 하자, 라고 금방 마음을 바꿔먹는다."

마지막으로 '발레를 좋아하는 이유'에 대해 들어보았다!

나는 포인트 슈즈를 신고 춤추는 것을 정말 좋아한다! 포인트 슈즈를 신고 춤을 추는 것만으로 새도 되고, 요정도 되고, 인간이 아닌 다른 존재도 되어볼 수 있어 일상과는 다른 세계와 만나는 느낌이 든다. 포인트 슈즈를 개발해 주신 분께 감사드린다. 포인트 슈즈는 정말이지 멋진 표현 방법이다.

"전에는 파트너와는 춤을 통해 소통하면 된다고 생각했다. 하지만 최근에는 젊은 파트너들과 연기할 기회가 늘면서 '이렇게 해보자'라는 식으로 대화를 통해 소통하는 것도 필요하다는 것을 배우고 있다."

일본 아이치 현 출신. 쓰카모토 요코 발레 스튜디오에서 발레를 배웠다. 국내외 다수의 콩쿠르에서 입상하고 2006년 미국으로 건너가 새너제이 발레단에 입단. 10년 솔리스트로서 일본 신국립 극장 발레단에 입단. 〈파고다의 왕자〉에서 첫 주역을 맡은 이후 〈백조의 호수〉, 〈호두까기 인형〉, 〈돈키호테〉, 〈지젤〉, 〈불새〉 등 다수의 작품에서 주역을 연기했다. 13년 수석 무용수로 승격. 14년 나카가와 에이노스케 상, 17년에는 예술선장 문부과학대신 신인상을 수상했다.

포인트 슈즈는
정말 멋진 표현 방법이다.

무용수가 자신의 몸과 대화하는 소중한 시간……

여성 무용수들의 클래스 레슨을 견학!

평일 오전, 도쿄 하쓰다이에 있는 신국립 극장 연습실에 무용수들이 클래스 레슨을 받기 위해 모였다. 이 날은 여성 무용수들만 참가하는 클래스. 보통은 솔리스트급 남녀 무용수들의 혼합 클래스 또는 솔리스트와 코르 드 발레로 나뉜 클래스 등 요일별로 다르다고 한다. 레슨 시간은 1시간 15분 남짓.
레슨을 지도하는 선생님은 전 수석 무용수 출신의 유카와 마미코 씨. 바 레슨 중간부터 '플리에는 더 부드럽게', '발끝이 바닥에서 떨어지지 않게', '골반을 들어 올리고'라며 계속 주의를 준다. 레슨이 진행될수록 요네자와 씨는 몸을 더 곧게 세우고 움직임은 더욱 크게 보였다. 곧게 뻗은 축, 아무리 복잡하고 빠른 동작에도 흔들림 없는 강한 상체. 그럼에도 불필요한 힘이 들어가지 않아 움직임은 부드럽고 아름답다.
요네자와 씨는 '클래스 레슨은 그날의 컨디션을 확인하는 시간이다. 예를 들어, 발목이 좀 이상하다 싶을 때는 발목이 떨어지기 쉬운 방향에 주의하거나 허벅지를 들어 올려 조정한다. 또 자신의 약한 부분을 극복하는 시간이기도 하다.'라고 말했다. 그 말 그대로, 레슨 중의 요네자와 씨는 진지하기 그지없는 모습. 기초를 중시하고, 자신의 몸 상태에 귀를 기울이며 집중하는 모습이 인상적이다.
센터 레슨에 들어가면, 앙셴망은 더욱 복잡해진다. 무용수들은 자신의 순서가 아닐 때에도 중간에 그룹에 참여해 2번, 3번 다시 연습한다. 또 다른 무용

수들의 동작을 곰곰이 관찰하는 사람도 많았다. '자신이 좋아하는 무용수가 몸을 쓰는 방식을 잘 보고 따라 해보는 것이다. 나는 데라다 아사코 씨나 다마이 루이 씨가 상체를 우아하게 쓰는 방식을 좋아해서 자세히 보며 연구한다.'고 말하는 요네자와 씨. 회전 콤비네이션에서는 무용수들이 저마다 회전축을 조정하는 모습을 볼 수 있었다. 알레그로는 동작이 복잡해서 시작 전에는 '엣'하고 쓴웃음을 짓다가도 일단 춤추기 시작하자 대부분 완벽하게 소화해 냈다. 아무리 템포가 빨라도 앙 드오르를 유지하며 춤추는 모습에서 눈을 뗄 수 없었다.

1시간 15분에 걸쳐, 몸을 곧추세우고 축을 유지하며 춤을 춘 무용수들은 그 후, 리허설로 향했다.

TIME TABLE

요네자와 씨의 하루

7:00	기상
10:00 ~ 11:15	클래스 레슨
11:45 ~ 14:00	리허설
14:00 ~ 14:45	휴식
14:45 ~ 17:30	리허설
17:30 ~	트레이닝 또는 몸 풀기
19:00 ~	목욕 또는 저녁 식사
00:00	취침

본 공연이 있는 날은 클래스 레슨 후 특별 연습을 하기도 14시경부터 본 공연 준비를 시작해 19시 공연이 시작되고 공연을 마치면 몸을 풀고 목욕탕에 들렀다 집에 온다 단순한 생활이다(웃음)!

요네자와 유이의 진짜 모습

인터뷰를 통해 프로 발레 무용수로서 자신의 생각을 들려준 요네자와 씨. 그 밖에도 그녀의 평소 모습을 알 수 있는 재미있는 일화를 많이 들려주었다.

매일 목욕탕에 다닌다♡

"목욕탕의 커다란 탕에 몸을 담그고 멍하니 있는 것을 무척 좋아한다. 몸의 피로는 물론 좋지 않은 감정까지 모두 씻어내는 장소이다. 가끔 울고 싶을 만큼 힘들 때도 있지만 탕에 몸을 담그면 기분이 풀린다. 목욕탕에서 친해진 분들이 발레를 보러 와주실 때도 있다. 그야말로 가릴 것 없는 사이이다(웃음)."

지금 신는 포인트 슈즈는 우연히 만나게 된 것!

"신국립 극장 발레단에 들어갈 때까지 포인트 슈즈는 줄곧 같은 것만 신었다. 그런데 발레단에서 색이 맞지 않으니 바꾸라는 것이었다. 다리가 예쁜 친구에게 '네가 신는 포인트 슈즈는 어떤 거야?'라고 물었더니 '그리쉬코의 마야'라며 한 켤레를 선물해 주었다. 그걸 신고 무대에 섰는데 정말 좋았다. 결국 지금까지도 마야를 신고 있다."

길렘의 고독과 강인함을 정말 좋아한다.

"어릴 때 자주 콩쿠르에 나갔는데 집을 떠나기 전 늘 보던 것이 실비 길렘의 다큐멘터리 비디오였다. 아름다운 몸은 물론이고 혼자 힘으로 살아가는 느낌이 정말 멋지게 느껴졌다. 그녀의 고독과 강인함이 좋아서, 볼 때마다 나도 강해질 수 있다는 기분이 들어 힘이 되었다."

주변에서 놀랄 정도로 잘 먹는다

"토마토, 낫토, 잔멸치, 달걀은 거의 매일 먹는 것 같다. 어릴 때부터 먹었기 때문에 '이걸 먹으면 괜찮다'는 안심감이 있다. 본 공연 전에도 잘 챙겨먹는다. 지난번에도 내가 가져온 커다란 주먹밥을 보고 (무용수인)기무라 유리 씨가 '그걸 다 먹어요?'라고 놀랐을 정도. 닭튀김을 3개나 넣은 주먹밥이었다(웃음)."

메이크업과 의상은 여전히 연구가 필요하다!

"입단했을 무렵, 무대 연습 때마다 선생님에게 메이크업과 의상에 대한 지적을 100번도 넘게 들었던 것 같다(웃음). '내가 가장 아름답게 보일 수 있는 방법이 있다'라고 하셨다. 그 이후, 튀뛰의 길이나 꽃이나 소매를 다는 위치를 살짝 바꾸는 것만으로 인상이 바뀐다는 것을 배웠다. 메이크업은 같은 대기실을 쓰는 모토지마 미와 씨나 오노 아야코 씨에게 배우고 있다."

요즘은 심플한 레오타드를 선택한다

"전에는 꽃무늬가 들어간 귀여운 레오타드도 좋아했지만……나이를 먹으면서 체형도 바뀌었기 때문에 어울리는 것도 바뀐 듯하다. 차코트의 프리드 시리즈나 YUMIKO, 엘레베 댄스웨어의 레오타드를 좋아한다. 요즘은 주로 무늬가 없고 심플한 것을 고른다. 또 최근에는 데콜테가 드러나는 것을 입으려고 한다."

▼마고 폰테인(Margot Fonteyn)

영국 로열 발레단이 낳은 20세기를 대표하는 발레리나 중 한 명. 영국에서 태어나 상하이에서 자랐다. 영국으로 돌아와 1934년 발레학교에 입학했으며 같은 해 빅 웰스 발레단(지금의 영국 로열 발레단)에서 첫 무대를 경험하고 잇달아 주요 역할을 맡게 된다. 〈잠자는 숲속의 미녀〉의 오로라 공주를 단골로 맡았으며 프레더릭 애슈턴의 뮤즈로 많은 작품의 초연 공연에 출연했다. 은퇴를 예상하던 42세 무렵, 갈라에서 처음으로 합을 맞춘 루돌프 누레예프(당시 23세)와의 만남으로 새로운 경지를 개척했다. 두 사람의 파트너십은 널리 유명세를 탔으며 애슈턴은 두 사람을 위해 〈마르그리트와 아르망〉을 안무했다. 마고는 그 후, 누레예프와 함께 15년 넘게 현역으로 활동했다. 91년 세상을 떠났다.

마고와 20세 가까이 차이가 나는 누레예프와의 운명적인 만남은 지금도 전설로 회자된다. 기품이 넘치는 마고의 춤과 러시아 발레다운 화려한 누레예프의 춤은 기적과도 같은 화학 반응을 보여주었다고 한다.

▼마네쥬(manege)

'회전목마'를 의미하는 말로, 무대 위에서 원을 그리며 도는 동작. 주역급 여성 바리에이션의 마지막에 자주 나오는 피케 턴으로 시계 방향으로 큰 원을 그리며 도는 움직임을 말한다. 코다에서 남성이 크게 도약하며 역시 시계 방향으로 돌기도 한다. 템포가 빠른 음악에 맞춰 일정한 리듬으로 돌거나 뛰는데……중간에 지치거나 마음이 급해지면 음악에 맞추지 못하고 형태가 무너진다. 또 코너를 돌 때는 특히, 원심력에 지지 않는 강한 축이 필요하다. 참고로, 무대 위를 대각선으로 진행하는 것은 '디아고날'이라고 한다.

▼마농(Manon)

아베 프레보의 소설 《마농 레스코》를 바탕으로 만든 드라마틱 발레. 안무는 케네스 맥밀런(1974년 초연). 18세기 초의 프랑스. 아름다운 처녀 마농에게 한눈에 반한 노부호 무슈 G.M.은 그녀의 오빠인 레스코에게 여동생을 만나게 해달라고 청한다. 한편, 젊은 신학생 데 그리외와 사랑에 빠진 마농은 그와 함께 도망친다. 데 그리외의 집에서 사랑을 나누

는 두 사람. 하지만 그가 자리를 비운 사이 레스코가 G.M.과 함께 등장해 마농에게 모피와 보석을 선물한다. 야심가였던 그녀는 사랑을 버리고 호화로운 애인 생활을 선택한다. 어느 날, 두 사람은 다시 만난다. 사랑과 부 사이에서 고민하던 마농은 데 그리외에게 사기도박을 시켜 도피 자금을 만들려고 한다. 하지만 G.M.에게 들켜 레스코가 사살당하고 마농은 유형지로 추방된다. 데 그리외는 남편으로 위장해 그녀를 따라간다. 데 그리외는 마농에게 치근대는 간수를 살해하고 두 사람은 루이지애나의 늪지로 도망친다. 몸과 마음이 모두 피폐해진 마농은 데 그리외의 품에서 죽음을 맞는다.

데 그리외의 집에서 사랑을 나누는 장면의 '침실의 파 드 되'와 마지막으로 두 사람이 도망치는 '늪지의 파 드 되'는 마농의 본성을 그린 명장면이다. 부를 쫓으면서도 진실한 사랑을 원하는 그녀의 진심이 장난치듯 사랑을 나누는 파 드 되를 통해 느껴진다. 늪지에서는 마침내 사랑을 선택한 그녀가 그의 품에서 격렬히 몸부림치며 죽어간다. 몇 번이나 데 그리외의 가슴으로 뛰어들었다가 떨어지고 끌려가면서도 일어나는 놀라운 리프트를 통해 생과 사랑에 대한 갈망이 표현된다.

▼마뉴엘 레그리(Manuel Legris)

프랑스 출신의 무용수, 안무가, 예술 감독. 1980년 파리 오페라극장 발레단에 입단해 83년 수제이던 때, 당시 예술 감독이던 누레예프에 의해 〈레이몬다〉 주연으로 발탁되었다. 86년 베자르의 〈아폴로〉를 초연한 후 안무가에 의해 에리크 부 안과 함께 에투알로 임명되었지만 누레예프가 임명을 취소하는 사건이 있었다. 6개월 후, 〈레이몬다〉의 뉴욕 공연에서 다시 에투알로 임명되었다. 프리미에 당쇠르를 건너뛴 승진이었다. 이상적인 당쇠르 노블로서 실비 길렘, 엘리자베스 플라텔, 모니크 루디에르, 오렐리 뒤퐁 등 유명한 여성 무용수의 파트너를 맡았다. 고전 작품의 정통파적인 왕자 역할은 물론 〈카멜리아의 여인〉이나 〈오네긴〉 등의 드라마틱 발레, 로빈스나 프티 또 킬리안 등의 현대 작품까지 폭넓게 소화했다.

2009년 정년을 맞아 파리 오페라극장 발레단을 은퇴. 이듬해에 빈 국립 발레단의 예술 감독으로 취임. 레퍼토리 강화와 무용수 육성에 힘썼으며 16년에는 자신의 첫 안무 작품 〈해적〉, 18년에는 〈실비아〉를 상연했다. 2020년에 빈 국립 발레단을 퇴임하고, 동년 12월부터 라 스칼라 극장 발레단에 예술감독으로 취임했다.

2006년 12월부터 2007년 3월까지 일본 NHK에서 방영된 '슈퍼 발레 레슨'에서 오페라극장 발레단의 젊은 무용수들을 열정적으로 지도하는 모습을 보여주었다. 그런 그의 지도자로서의 재능은 예술 감독을 지낸 빈 국립 발레단에서 꽃을 피우며 무용수들의 실력을 크게 향상시켰다. 발레단 무용수들의 SNS를 보면 그가 얼마나 인망이 있는 감독인지 알 수 있다.

관련 용어→당쇠르 노블(p.32)

▼마리 탈리오니(Marie Taglioni)

최초의 '실피드(요정)'로 알려진 전설적인 무용수. 1804년 이탈리아의 유명한 무용가 집안에서 태어났다. 아버지 필리포에게 발레를 배우고 22년 빈에서 첫 무대에 올랐다. 27년 파리 오페라극장에서 데뷔하면서 대스타가 되었다. 〈라 실피드〉(32년)는 로맨틱 발레의 이미지를 확립한 작품으로, 마리의 가장 유명한 배역이 되었다. 37년부터 상트페테르부르크를 비롯한 유럽 각국을 순회한다. 47년 은퇴해 59년부터 70년까지 파리 오페라극장의 무용 감독을 맡았다. 84년 세상을 떠났다.

지금까지 남아 있는 판화에는 진주 목걸이나 팔찌를 착용한 마리의 초상이 그려져 있는데 당시 진주는 무척 귀한 액세서리였다고 한다. 마리와 그녀의 라이벌이기도 했던 스타 3인방이 등장하는 작품 〈파 드 카트르〉의 판화에서도 그녀만 진주를 착용하고 있는 것을 보면 그녀가 얼마나 특별한 스타였는지 알 수 있다.

▼마리우스 프티파(Marius Petipa)

지금도 상연되고 있는 많은 고전 작품을 탄생시킨 19세기를 대표하는 명안무가. 1818년 프랑스의 발레 가문에서 태어나 주로 부친의 발레단과 함께 각지를 순회했다. 안무는 20세 무렵부터 시작했다. 47년 러시아로 건너가 황실 극장(지금의 마린스키 발레단)에 입단. 무용수로 춤을 추며 점차 안무가로서도 두각을 나타냈다. 처음 성공을 거둔 것은 62년의 〈파라오의 딸〉로, 이후 〈돈키호테〉, 〈라 바야데르(바야데르카)〉 등을 안무하고 프랑스의 발레 〈파키타〉, 〈코펠리아〉, 〈지젤〉, 〈해적〉 등을 개정했다. 90년부터 차이콥스키의 발레 음악을 사용한 안무를 개시. 90년 〈잠자는 숲속의 미녀〉, 92년 〈호두까기 인형〉(병환 때문에 중간부터 제자인 이바노프에게 맡겼다), 95년에는 이바노프와 공동으로 〈백조의 호수〉(재연)를 안무했다. 이들 작품으로 전막 형식의 그랑 발레를 완성시켰으며 그랑 파 드 되의 형식을 확립하고 디베르티스망을 도입했다. 1903년 발레단의 예술 감독을 은퇴. 10년에 세상을 떠났다.

프티파가 없었다면 발레는 지금 우리가 보고 있는 것과는 다른 것이었을지도……라고 해도 과언이 아닐 만큼 큰 영향을 미친 안무가이다. 40세가 넘어서야 안무가로서 대성한 그는 그때까지 간직해온 아이디어를 방출하듯 단숨에 많은 작품을 만들었다. 2018년은 프티파 탄생 200주년이었다.

관련 용어→그랑 파 드 되(p.22), 디베르티스망(p.39)

▼마린스키 발레단
(Mariinsky Ballet Company)

러시아 상트페테르부르크에 있는 마린스키 극장을 거점으로 하는 발레단. 그 기원은 1738년 설립된 황실 무용학교(지금의 바가노바 발레 아카데미)로 거슬러 올라가며, 그 학교 출신 무용수들이 소속된 황실 발레단으로 발전했다. 19세기에는 디들로, 페로, 생 레옹 등이 예술 감독을 맡아 이름을 알렸으나 1869년 마리우스 프티파가 주임 안무가로 취임하면서 확고한 명성을 얻게 되었다. 오늘날 고전이 된 많은 명작들이 이 시대에 프티파와 그의 제자 이바노프에 의해 안무 또는 개정되었다. 19세기 후반부터는 파블로바, 니진스키 등의 위대한 무용수를 배출. 러시아 혁명으로 다수의 무용수가 떠나기도 했지만 1920년대부터 바이노넨, 라브로프스키, 그리고로비치 등에 의한 명작이 탄생했다. 또 명교사 아그리피나 바가노바가 바가노바 메소드를 확립하면서 뛰어난 무용수를 배출하게 되었다. 60년대 이후는 무용수들(누레예프, 마카로바, 바실리니코프 등)의 잇따른 망명으로 발레단의 실력이 세계에 널리 알려지게 되었다. 70년대부터는 베자르, 프티 그리고 80년대부터는 발란신, 맥밀런 등의 작품도 레퍼토리에 추가되었다. 35년부터 91년까지 키로프 발레단이라는 이름으로 알려졌지만 91년 극장의 명칭 변경으로 마린스키 발레단으로 돌아갔다. 2008년부터는 유리 파테예프가 무용 감독을 맡고 있다.

마린스키를 설명할 때는 '우아한', '기품 있는', 단정한' 같은 형용사가 사용된다. 화려하지만 요란하지 않고 섬세하게 빛나는 다이아몬드와 같은 기품을 지녔다. 최근에는 컨템포러리 작품의 상연도 늘고 있다.

▼마쓰야마 발레단 (Matsuyama Ballet)
일본 도쿄 아오야마에 본거지를 둔 발레단. 1948년 시미즈 마사오가 단장, 마쓰야마 미키코가 예술 감독으로 창립. 58년 마쓰야마 미키코가 안무한 〈백모녀〉로 첫 중국 공연을 성공시켰으며 이후로도 중국을 찾아 공연을 계속했다. 간판 무용수인 모리시타 요코와 시미즈 데스타로가 74년 바르나 국제 발레 콩쿠르에서 각각 금상과 동상을 수상하며 주목을 모았으며 세계 정상급 무용수가 객원 무용수로 참가해 모리시타 요코와 춤을 추었다. 88년부터는 젊은 무용수들을 육성하는 '더 재팬 발레'를 개최. 현재는 시미즈 데스타로가 총대표를 맡아 〈백조의 호수〉, 〈코펠리아〉, 〈로미오와 줄리엣〉 등의 고전 작품의 새로운 연출 및 안무를 계속하고 있다. 모리시타 요코가 현역 무용수로 활동하는 동시에 단장을 맡고 있다.

▼마야 플리세츠카야
(Maya Plisetskaya)

러시아 출신의 무용수, 안무가, 예술 감독. 20세기를 대표하는 발레리나의 한 사람으로 가혹한 운명에 맞서 극복해낸 여성. 명문 예능인 가문에서 태어나 모스크바 무용학교에 입학하지만 스탈린 시대의 압정에 의해 가족을 잃는다. 1943년 볼쇼이 발레단의 솔리스트로 입단해 빠르게 승진하며 62년 프리마가 되었다. 〈백조의 호수〉의 오데트와 오딜, 〈빈사의 백조〉, 〈돈키호테〉의 키트리를 단골로 맡았다. 극장 간부에 저항한 일도 많았으나 59년 미국 공연 이후 외국 발레단의 객원 무용수로 출연하는 일이 늘면서 국제적인 명성을 얻었다. 65년경, 독자적으로 제작한 〈카르멘 조곡〉(알베르토 알론소 안무)은 정치적 이유로 여러 번 상연이 중단될 위기에 처하기도 했으나 결국 성공해 그녀의 대표작 중 하나가 되었다. 72년부터는 〈안나 카레니나〉 등의 안무도 개시. 83년에는 로마 가극장 발레단의 예술 감독, 87년에는 스페인 국립 발레단의 예술 감독을 지냈다. 93년에는 볼쇼이 극장에서 무용 생활 50주년을 축하하는 갈라 공연을 개최했다. 80세가 넘어서까지 현역으로 활동하다 2015년 89세를 일기로 세상을 떠났다.

플리세츠카야는 정치적 압력, 인종에 대한 박해(그녀는 유대인이었다), 발레단과의 충돌 등과 투쟁하는 생애를 보냈다. 그러나 무대 위에서의 모습은 아름답고 강인한 그야말로 '고고한 무희'의 인상. 〈빈사의 백조〉에서는 그녀의 삶을 투영한 듯 죽음이라는 운명에 필사적으로 저항하는 강인한 백조의 모습을 선보였다.

▼마이요 (Jean Christophe Maillot)
→장 크리스토프 마이요 (p.125)

▼마일피드 (Benjamin Millepied)
→벤자민 마일피드 (p.74)

▼마임 (mime)
발레에는 대사가 없기 때문에 때때로 '마임'이라고 불리는 대사를 대신한 제스처가 들어간다. 예를 들어, 머리 위에서 양손을 빙글빙글 돌리는 동작은 '춤추자(떠들썩하게 즐거보자)'라는 의미이며, 손등을 뺨에 대고 반대쪽 뺨까지 쓰다듬는 동작은 '아름답다'는 의미, 손가락 2개를 세워 머리 위로 들고 반대쪽 손을 심장에 대는 포즈는 '맹세한다'는 의미이다. 특히, 긴 마임이 들어간 것이 〈백조의 호수〉 2막의 오데트 공주와 왕자가 만나는 장면. 오데트는 마임을 사용해 자신의 처지와 백조로 바뀌게 된 이유 또 저주가 풀리는 방법 등을 설명한다.

▼마츠 에크 (Mats Ek)
스웨덴 출신의 무용수이자 안무가. 아버지는 영화배우, 어머니는 안무가, 형은 무용수인 예술가 집안에서 태어났다. 1973년부터 쿨베리 발레단에서 활약하며 76년 첫 안무 작품 〈장교의 부하〉를 발표. 〈베르나르다의 집〉(78년) 등으로 주목을 받았으며 82년 안무한 참신한 해석의 〈지젤〉로 부동의 명성을 얻게 되었다. 77년부터 공동으로, 85년부터는 단독으로 예술 감독을 맡았으며 93년 발레단을 떠나 프리랜서로 활동. 함부르크 발레단을 위해 〈잠자는 숲속의 미녀〉(96년)를 안무했으며 파리 오페라극장 발레단을 위해 〈아파르트망〉(2000년) 등을 안무했다. 또 미하일 바리시니코프와 아나 라구나를 위해 〈플레이스〉(07년), 실비 길렘을 위해 〈아듀(Bye)〉(11년) 등 개인을 위해 안무한 작품도 많다. 2013년에는 스웨덴 로열 발레단의 240주년을 기념해 대작 〈줄리엣과 로미오〉를 발표해 화제를 모았다. 16년 은퇴를 발표했다.

고전 작품의 참신한 해석으로 현대 사회의 어두운 일면을 드러내고 비판 정신을 담은 작품을 다수 발표했다. 많은 등장인물들이 아슬아슬한 정신 상태로 살아가다 급기야 극단적인 파괴성을 드러낸다. 〈지젤〉에서는 과격한 성격의 지젤이 정신병원에 들어가고 〈잠자는 숲속의 미녀〉에서는 가출 소녀가 파멸로 향하며 〈베르나르다의 집〉에서는 억압 상태에서 무너지는 가족을 그렸으며 〈아파르트망〉에서는 왜곡된 현대 사회를 유머러스하게 풍자했다. 은퇴를 발표했지만 파리 오페라극장 발레단의 2018~19시즌 2편의 신작을 안무한다는 발표가 있어 향후 동향이 주목된다.

▼마카로바(Natalia Makarova)
→나탈리아 마카로바(p.25)

▼마키 아사미 발레단
(Asami Maki Ballet)

일본 도쿄 나카노에 본거지를 둔 발레단. 모체가 된 것은 1933년 일본 발레계의 창시자격 인물인 다치바나 아키코가 설립한 다치바나 발레 연구소와 다치바나 아키코 발레단. 56년 다치바나 아키코의 딸 마키 아사미의 이름으로 마키 아사미 발레단을 설립. 초대 예술 감독은 다치바나 아키코이지만 71년부터는 마키 아사미가 취임. 고전 전막 작품부터 발란신, 프티 등의 근현대 작품 그리고 일본인 작곡가의 악곡을 사용한 창작 작품 등 폭넓은 레퍼토리를 가지고 있다. 구사카리 다미요, 사카이 하나 등의 저명한 무용수를 배출했다. 94년 미타니 교코가 예술 감독으로 취임. 마키 아사미는 99년부터 2010년까지 신국립 극장 발레단의 예술 감독을 지냈다.

▼만화

일본에는 발레 만화가 많다! 만화를 통해 역사적인 인물과 작품에 대해서도 배울 수 있고 발레를 추는 것이 얼마나 어려운지도 알 수 있다. 작가별로 대표적인 작품을 소개한다.
◆야마기시 료코
《아라베스크》,《무희―테르프시코레》,《흑조―블랙 스완》,《목신의 오후》,《빌리》,《언령》
◆아리요시 교코
《스완(SWAN)》(본편의 속편으로 모스크바 편, 독일편이 있다), 번외편《마이아(Maia)》,《니진스키 우화》
◆하기오 모토

《플라워 페스티벌》
◆마키무라 사토루
《두 다 댄싱!(DoDaDancin'!)》, 속편《두 다 댄싱! 베네치아 국제편》
◆소다 마사히토
《스바루》, 속편《MOON―스바루 홀로서기》
◆조지 아사쿠라
《댄스 댄스 당쇠르》
◆Cuvie
《화려한 무대》
또 2013년 개최되어 반향을 일으킨 기획전 '발레 만화~영원한 아름다움~'을 계기로 1965년경 대담한 전개로 인기를 얻은 발레 만화가 다니 유키코가 다시 주목을 받으며 17년 명작《발레성》(릿토샤)이 복간되었다.

▼말라코프(Vladimir Malakhov)
→블라디미르 말라코프(p.78)

▼매튜 본(Matthew Bourne)

영국 출신의 무용수, 안무가, 예술 감독. 22세에 라반 운동무용센터(지금의 라반)에 입학해 발레를 배웠다. 1987년 어드벤처스 인 모션 픽처스(AMP)를 설립하고 예술 감독이자 안무가로서 다수의 작품을 만들었다. 〈호두까기 인형〉(92년), 〈백조의 호수〉(95년), 〈신데렐라〉(97년), 〈더 카 맨〉(2000년) 등 고전 작품의 새로운 해석이 특기였다. 그 중에서도 〈백조의 호수〉는 큰 성공을 거두었으며 런던 웨스트엔드와 뉴욕 브로드웨이에도 진출해 롱런을 기록했다. 2002년 새로운 컴퍼니 '뉴 어드벤처스'를 설립. 자신의 대표작을 비롯해 〈잠자는 숲 속의 미녀〉(12년), 〈빨간 구두〉(16년) 등의 신작도 발표했다.

날카로운 눈빛의 거친 백조와 가죽 바지 차림의 어딘지 수상한 흑조. 둘 다 남성 무용수가 맡아 강인한 연기를 선보였으며 고뇌하는 왕자가 그런 모습에서 구원을 찾는다는 설정의 〈백조의 호수〉는 크게 히트했다. 또 고아원 소녀가 주인공인 〈호두까기 인형〉, 제2차 세계대전 시대의 런던을 무대로 한 〈신데렐라〉, 60년대 미국의 자동차 수리공장을 무대로 한 〈더 카 맨〉(카르멘) 등 예상을 뒤엎는 설정과 해석으로 고전 작품에 새로운 생명을 불어넣으며 늘 관객들에게 신선한 놀라움을 안겨주었다.

관련 용어→아담 쿠퍼(p.96)

▼맥밀런(Kenneth MacMillan)
→케네스 맥밀런(p.139)

▼맥켄지(Kevin McKenzie)
→케빈 맥켄지(p.139)

▼머피(Graeme Murphy)
→그램 머피(p.24)

▼메소드(method)

'유파(流派)'를 의미하는 말. 다도나 꽃꽂이에 유파가 있듯 발레에도 다양한 유파가 있다. '유파'를 사전에서 찾아보면 주로 학계나 예술계에서 생각이나 방법 또는 경향이 비슷한 사람이 모여서 이룬 무리라고 되어 있는데…… 쉽게 말해 각각의 메소드에는 '아름답다'고 생각하는 이상형이 있으며 그것이 미묘하게 다르다. 이 '미묘'하다는 것이 포인트이다. 발레는 어느 메소드든 같은 몸의 사용법(끌어올리거나 앙 드오르하는), 같은 포지션(5가지 발의 포지션, 포르 드 브라), 같은 스텝을 사용한다. 하지만 각각의 메소드가 전하고자 하는 '아름다움'에 따라 팔의 각도, 얼굴의 방향, 다리를 드는 방법 등의 뉘앙스가 조금씩 달라진다. 또 포르 드 브라의 번호, 스텝의 명칭과 추는 방식이 메소드에 따라 다른 경우도 있다. 대표적인 바가노바 메소드, RAD 메소드 외에 파리 오페라 극장 메소드, 볼쇼이 메소드, 체케티 메소드, 부르농빌 메소드 등이 있다.

관련 용어→RAD(p.174), 바가노바 메소드(p.68)

▼모리스 베자르(Maurice Béjart)

프랑스 출신의 무용수, 안무가, 예술 감독. 20세기 이후의 발레계에 큰 영향을 미친 안무가. 철학자였던 아버지 밑에서 태어나 7세 때 어머니를 여의었다(어머니에 대한 사랑이 베자르 버전 〈호두까기 인형〉의 주제가 되었다). 14세에 댄스 레슨을 시작해 1950~52년 쿨베리 발레단과 스웨덴 로열 발레단에서 춤을 추었다. 54년 에투알 발레단을 결성했으며 57년 모리스 베자르 파리 발레 시어터가 되었다. 〈고독한 남자를 위한 심포니〉로 안무가 활동을 시작했다. 59년 브뤼셀 모네 극장의 의뢰로 안무한 〈봄의 제전〉이 대성공을 거두자 거기에 출연한 무용수를 모아 이듬해 20세기 발레단을 결성. 60년에 안무한 〈볼레로〉를 비롯해 베토벤의 〈제9번 교향곡〉(64년), 〈로미오와 줄리엣〉(66년), 〈바크티〉(68년), 〈미래를 위한 미사〉(83년) 등 잇따라 화제가 된 신작을 발표. 87년 거점을 스위스 로잔으로 옮겨 베자르 발레 로잔으로 명칭을 바꾸고 〈중국의 이상한 관리〉(92년) 등의 신작을 계속 발표했다. 92년 영감의 원천이자 연인이었던 무용수 조르주 돈이 세상을 떠났다. 97년 〈발레 포 라이프〉를 발표해 조르주 돈과 그와 같은 해 세상을 떠난 프레디 머큐리에게 헌정했다. 2007년 〈80분간의 세계 일주〉를 안무하던 중 80세를 일기로 세상을 떠났다. 길 로먼이 이를 계승해 같은 해 초연되었다.

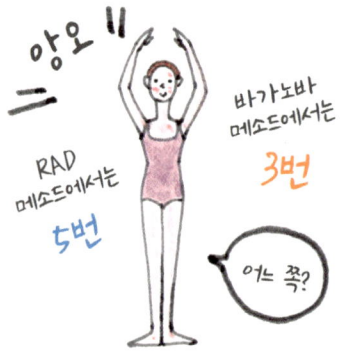

베자르의 생명을 불사르는 듯한 축제적인 분위기로 가득한 작품부터 마음속의 열정과 관능을 끄집어내는 듯한 작품, 생과 함께 하는 죽음을 예감케 하는 작품 등을 보면 '지금 이 순간 살아 숨 쉬는 나'를 느낄 수 있다. 일본 문화에도 조예가 깊은 안무가로 도쿄 발레단을 위해 〈가부키〉(86년)와 〈M〉(93년)을 안무했다.

▼모리시타 요코(森下 洋子)

일본의 무용수로, 유명한 스타 무용수의 파트너가 되어 세계적으로 활약한 일본인 무용수의 선구적 존재. 히로시마에서 태어나 3세부터 발레를 시작해 초등학교 6학년 때 혼자 도쿄로 상경. 다치바나 아키코를 사사하고 발레단에 기숙하며 통학과 레슨에 힘쓰는 한편 잡지나 TV 등에도 출연했다. 고등학교를 졸업한 후 두 번의 미국 유학을 거쳐 1971년 마쓰야마 발레단에 입단. 74년 바르나 국제 발레 콩쿠르에서 금상을 수상한 것을 계기로 파리 오페라 극장 발레단, 아메리칸 발레 시어터(ABT) 등 세계의 다양한 발레단에 객원 무용수로 출연. 76년 ABT의 갈라 공연에서 함께 〈해적〉을 연기한 것을 계기로 루돌프 누레예프의 파트너가 되어 각국을 순회하는 갈라 공연에 함께 출연했다. 78년에는 마고 폰테인의 투어에 참가. 81년에는 베자르가 그녀를 위해 안무한 〈라이트〉에 조르주 돈과 출연했다. 시미즈 데쓰타로와의 파트너십으로도 유명하다. 시미즈는 그녀를 위해 다수의 작품을 안무했다. 70세를 넘었는데도 불구하고 지금도 여전히 현역으로 춤을 추며 마쓰야마 발레단의 단장을 맡고 있다.

해외에서 활약하는 일본인 무용수가 많지 않던 시절, 바르나에서 금상을 수상하고 명무용수와 명안무가 그리고 여러 발레단으로부터의 출연 제의가 끊이지 않고 일본의 발레단에 소속되어 있으면서도 세계 각지에서 크게 활약한 스타 무용수이다. 자서전 《발레리나의 열정》에는 조르주 돈의 추천으로 베자르 작품에 출연한 일, 누레예프와의 리허설 등 그녀가 체험한 여러 사건들이 담겨 있다.

▼모스크바 음악 극장 발레단
(Stanislavski & Nemirovich-Danchenko Moscow Academic Music Theatre ballet)

러시아 모스크바에 거점을 둔 발레단으로, 모스크바의 볼쇼이 발레단과 인기를 양분하고 있다. 정식 명칭은 '스타니슬랍스키&네미로비치-단첸코 기념 국립 모스크바 음악 극장 발레단'이다. 스타니슬랍스키와 단첸코 모두 저명한 연극인으로 연극적인 발레 작품에 중점을 두었다. 1941년부터 부르마이스터가 예술 감독을 맡았으며 그가 새롭게 연출한 〈백조의 호수〉가 세계적으로 알려지며 발레단도 주목을 받았다. 2008년의 필린, 06년에는 젤렌스키가 예술 감독을 맡았으며 17년부터는 로랑 일레르가 예술 감독으로 취임했다.

▼목신의 오후(Afternoon of a Faun)

발레 뤼스에서 니진스키가 처음 안무해 큰 화제를 불러일으킨 작품(1912년 초연). 무더운 여름날의 오후, 바위 위에서 나른하게 앉아있던 목신(반은 인간, 반은 야수인 신)은 님프(정령)들이 목욕하는 모습을 보게 된다. 목신을 본 님프들이 도망치고 미처 도망가지 못한 한 님프에게 목신이 구애를 하지만 그 역시 구애를 받아들이지 않고 도망쳐버린다. 그녀가 떨어뜨린 베일을 주운 목신은 그것을 바위에 깔아두고 스스로를 위로한다.

충격의 라스트신뿐 아니라 얼굴과 다리를 옆으로 향한 포즈, 앙 드오르를 없앤 스텝, 도약과 회전이 거의 없는 안무 등 많은 점에서 찬반양론을 불러일으켰다. 이 작품은 많은 안무가들의 창작 의욕을 자극해 세르주 리파르, 제롬 로빈스, 장 크리스토프 마이요 등에 의한 버전이 탄생했다. 그 중에서도 개성 있는 작품은 티에리 말랑당이 안무한 버전으로 거대한 티슈박스 위에서 팬티 한 장만 입은 남자가 대량의 티슈에 둘러싸인 관능적이면서도 유머와 아이러니가 느껴지는 작품이다.

▼무대 감독

무대에서 상연할 때의 현장 책임자. 본 공연은 물론 게네랄프로베나 드레스 리허설까지 포함해 공연의 순조로운 진행을 위해 중요한 역할을 맡는 '책임자'이다. 예술 감독이나 안무가와 논의해 최종 이미지를 파악한 후 무용수, 음향, 조명, 장치 등을 담당하는 부문과 연계해 각 부문이 순조롭게 진행되고 작품이 이상적인 상태로 상연될 수 있도록 지시하고 조정한다. 문제 상황에 대한 판단을 포함해 극장에 들어섰을 때부터의 모든 판단은 기본적으로 무대 감독이 맡는다. 프로 무대는 물론이고 발표회에도 무대 감독이 있다.

▼무대 메이크업

발레 공연에서의 무대 메이크업은 일반적인 연극의 메이크업에 비해 짙은 편이다. 멀리 떨어진 객석에서 봐도 누가 춤을 추고 있는지 금방 알 수 있도록 이목구비를 뚜렷이 표현한다. 또 춤을 추면 땀 때문에 화장이 지워지기 때문에 땀에도 지워지지 않는 무대용 화장품을 사용한다. 도란(dohran, 유성의 분)을 바르고 노즈 섀도우로 콧대를 뚜렷이 만들어 준 후 하이라이트를 사용해 음영을 연출한다. 눈가에는 발색이 좋은 아이섀도우, 눈두덩이에는 음영을 넣고, 아이라인은 길게, 눈썹과 눈 밑에는 이중으로 라인을 그려 넣고, 입술은 라인을 진하게 그리는……등 독특한 포인트가 몇 가지 있다. 다만, 스튜디오 퍼포먼스와 같이 무대가 크지 않은 경우는 객석이 가깝기 때문에 평소와 비슷하게 메이크업하는 경우도 있다.

▼무대 상수·하수

무대 용어의 하나. 객석에서 무대를 바라봤을 때 오른쪽이 '상수' 왼쪽이 '하수'이다. 양쪽을 동시에 부르는 경우는 '무대 상·하수'라고도 한다.

▼미하일 바리시니코프

(Mikhail Baryshnikov)
라트비아에서 태어나 소련(러시아)과 미국을 중심으로 활약한 20세기를 대표하는 스타 무용수 중 한 명. 안무가이자 예술 감독이기도 하다. 1967년 키로프 발레단(지금의 마린스키 발레단)에 입단해 수석 무용수 고속 승진. 74년 26세에 망명해 아메리칸 발레 시어터(ABT)를 중심으로 활동한다. 나탈리아 마카로바, 겔시 커크랜드 등과의 파트너십으로 유명해졌으며 그의 장기인 〈돈키호테〉의 바질, 〈지젤〉의 알브레히트 등 다수의 고전 작품에 출연했다. 또 트와일라 타프가 안무한 〈푸시 컴스 투 셔브(Push comes to shove)〉 등 컨템포러리 댄스에도 도전. 78년 1년간 뉴욕 시티 발레에 입단했지만 80년 ABT로 돌아가 예술 감독 겸 수석 무용수로 활동했다. 안무와 연출도 맡았다. 89년 ABT를 떠난 후로는 컨템포러리 작품을 중심으로 활약. 05년에는 젊은 예술가를 육성하는 '바리시니코프 아트 센터'를 설립. 최근에는 두 편의 일인극에도 출연했다. 17년 '제29회 다카마쓰노미야 기념 세계문화상(Praemium Imperiale) 연극·영상 부문'을 수상. 〈돈키호테〉에서는 익살스러운 바질을 연기하며 초절정 기예를 아낌없이 선보였다. 한편 〈호두까기 인형〉의 왕자는 타고난 기품과 함께 로맨틱한 분위기를 자아낸다. 그런 미샤(바리시니코프의 애칭)의 연기력은 영화에서도 발휘되었다. 특히, 유명한 것이 영화 〈사랑과 갈채의 나날〉과 〈백야〉로, 〈사랑과 갈채의 나날〉에서는 ABT의 스타 무용수 역할을 연기했으며 〈백야〉에서는 자신과 같이 미국으로 망명한 무용수 역할을 맡았다. 〈백야〉의 11회전 피루엣과 탭 댄스 장면이 특히 유명하다. 또 금지된 곡을 틀어놓고 즉흥적으로 춤추는 장면은 가슴을 에는 분노와 슬픔으로 가득하다.

▼미하일 포킨(Michel Fokine)

러시아의 무용수, 안무가, 예술 감독. 1898년 황실 발레단(지금의 마린스키 발레단)에 입단해 1905년부터 안무를 시작했다. 같은 해 모던 댄스의 선구자로 불린 이사도라 던컨의 공연을 보고 큰 영향을 받았다. 발레 작품을 개혁하고 싶다는 강한 열망을 품은 포킨은 극장과의 대립으로 디아길레프의 발레 뤼스에 안무가로 참여한다. 〈레 실피드(〈쇼피니아나〉의 개정)〉, 〈세에라자드〉, 〈불새〉, 〈장미의 정령〉, 〈페트루슈카〉 등 발레 뤼스 초기의 걸작은 모두 포킨의 작품이다. 하지만 디아길레프와도 결별하고 14년 상트페테르부르크로 돌아간다(일시적으로 발레 뤼스로 돌아가기도 했다). 20년에는 미국으로 건너가 자신의 발레단을 만들기도 하고 프리랜서로 활동했으며 41년에는 발레 시어터(지금의 아메리칸 발레 시어터)의 수석 안무가를 맡기도 했다. 21년 뉴욕에 학교를 창립했다. 42년 세상을 떠났다.

▼미하일롭스키 극장 발레단
(Mikhailovsky Theatre Ballet)

러시아 상트페테르부르크에 본거지를 둔 발레단. 1933년 극장 전속 '말르이 발레단'으로 발족했다. 실험적인 작품이 장기인 발레단으로 점차 레퍼토리를 확대했다. 2007년 파루크 루지마토브가 예술 감독을 맡은 후 11년에는 안무가 나초 두아토가 취임했다. 현재는 미하일 메세러가 수석 발레 마스터를 맡고 있으며 루지마토브가 예술 고문이 되었다. 명칭이 여러 번 바뀌었는데 91년에는 레닌그라드 국립 발레단이라는 이름으로 일본을 방문하기도 했으며 15년부터는 정식 명칭인 미하일롭스키 극장 발레단으로 일본을 방문했다.

▼바 레슨(barre lesson)

발레 레슨은 보통 1시간 반 정도에 걸쳐 이루어진다. 처음 40분 정도의 시간을 들여 하는 것이 바 레슨이다. '바'라고 하는 가로로 긴 막대를 잡고 몸의 축을 확인하며 근육을 풀어준다. 간단한 워밍업 후에 한손으로 바를 잡고 (초심자 클래스에서는 양손으로 잡기도) 고관절을 풀어주는 플리에, 발바닥의 근육을 깨우는 탄듀와 주테를 한 후, 롱 드 잠브 아 테르나 퐁듀로 고관절을 돌리며 가동 범위를 넓히고 프라페로 다리를 빠르게 움직이는 동작을 한 후 마지막으로 그랑 바트망으로 다리를 크게 차올려 본격적으로 춤을 출 준비를 한다. 메소드

바 레슨의 대강의 흐름

에 따라 약간의 차이는 있지만 세계 어디서든 프로나 아마추어 모두 대부분 이런 순서로 바레슨을 진행한다. 그 후, 바에서 손을 떼고 스튜디오 중앙으로 나와 춤을 추는 센터 레슨이 진행되는데 바 레슨을 소홀히 하면 '춤을 추기 위한 준비'가 제대로 되지 않아 센터 레슨에서 만족스럽게 춤을 추지 못한다. 시간을 들여 정성껏 몸을 풀어주고 근육을 깨우는 중요한 과정이다.

관련 용어→센터 레슨(p.87), 앙셴망(p.103)

▼바가노바 메소드
(Vaganova method)

러시아 바가노바 발레 아카데미의 교육법. 1897년 마린스키 발레단에 입단한 아그리피나 바가노바는 1915년 프리마(수석) 발레리나로 승격된 바로 이듬해 은퇴하였다. 그녀는 1916년부터 발레 학교의 교사를 시작해 20년에는 황실 연극학교(1738년 설립, 후의 레닌그라드 무용학교, 지금의 바가노바 발레 아카데미)로 옮겨 세묘노바나, 율라노바, 두진스카야, 코르파코바 등 훗날 명프리마가 된 학생들을 지도했다. 그녀는 독자적인 교육법을 만들고 34년 이를 집대성한 《클래식 발레의 기초》라는 책을 출간했다. '바가노바 메소드'는 발레가 탄생한 이탈리아, 프랑스, 러시아의 좋은 특징을 혼합해 부드럽고 우아한 상체와 강하고 역동적인 움직임을 도입해 화려하고 우아한 메소드를 완성했다. 그녀가 세상을 떠나고 6년 후인 57년 레닌그라드 무용 학교는 '바가노바 기념'이라는 명칭을 채용했으며 그것이 지금의 바가노바 발레 아카데미가 되었다. 지금도 바가노바 메소드는 세계 각지에서 사용되고 있다.

관련 용어→메소드(p.64)

▼바리시니코프
(Mikhail Baryshnikov)
→미하일 바리시니코프(p.66)

▼바리에이션(variation)

독무를 가리키는 말이다. 그랑 파 드 되의 일부로 남녀의 아다지오 이후 남성 바리에이션, 다음으로 여성의 바리에이션이 이어진다. 갈라 공연, 콩쿠르, 발표회에서는 바리에이션만 추기도 한다. 또 〈에스메랄다〉에서 탬버린을 들고 추는 여성 바리에이션과 같이 전막 상연은 많지 않지만 바리에이션이 인기가 있어 자주 상연되는 종목도 있다. 'VA'라고 줄여서 표기하기도 한다.

▼바질(Basil)

〈돈키호테〉의 주인공. 연인 키트리를 두고 다른 여자에게 한눈을 파는 바람둥이. 하지만 토라진 키트리가 다른 남성과 사이좋게 지내는 것을 보자 곧장 그녀에게로 돌아가는 것을 보면 결국 바질은 키트리에게 푹 빠져 있다. 결혼 반대에도 비관하지 않고 기지를 발휘해 극복하고자 하는 밝은 성격으로 키트리와 잘 어울리는 한 쌍이다. 바질 역으로 유명한 무용수는 미하일 바리시니코프, 구마가와 데쓰야, 카를로스 아코스타, 레오니드 사라파노프 등……실생활에서도 인기가 많을 듯한 무용수들이 많다.

관련 용어→키트리(p.143), 돈키호테(p.36)

▼바츨라프 니진스키
(Vatslav Nizhinskii)

우크라이나 출신의 전설적인 무용수이자 안무가. 폴란드인 부모 밑에서 태어나, 상트페테르부르크의 황실 무용 학교에 입학해 학창 시절부터 주목을 받았다. 졸업 후에는 마린스키 극장에 입단해 선배 명프리마들의 파트너로 활약. 1909년부터 연인이자 흥행사인 디아길레프의 '발레 뤼스' 공연에 참가했다. 11년 의상 문제로 마린스키 극장에서 해고되어 발레 뤼스 활동에 집중하게 되었다. 〈세에라자드〉의 황금 노예, 〈장미의 정령〉, 〈페트루슈카〉의 주인공 등을 맡았으며 앙트르샤 디스도 가능했다는 뛰어난 도약 기술로 많은 관객을

매료시켰다. 12년부터는 안무가로서도 활약. 관능적인 〈목신의 오후〉(12년), 앙 드오르를 없앤 〈봄의 제전〉(13년) 등 센세이셔널한 안무로 찬반양론을 불러 일으켰다. 13년 그의 팬이었던 귀족의 딸이자 무용수였던 로몰라 드 풀츠키와 전격 결혼해 격노한 디아길레프가 그를 해고했다. 이후 자신의 발레단을 세우기도 하고 일시적으로 발레 뤼스 공연에 복귀하기도 했지만 점차 광기에 사로잡히며 요양 생활에 들어갔다. 19년, 30세 무렵에 스위스의 리조트 호텔에서 춤을 춘 것을 마지막으로 두 번 다시 춤을 추지 않았다고 한다. 정신병원 입·퇴원을 되풀이하다 50년 61세에 신부전으로 세상을 떠났다. 무용수로서나 안무가로서 니진스키는 늘 스캔들을 달고 다니는 존재로 사람들을 놀라게 하고, 한편으로는 열광시켰다. 전설적인 천재 무용수였기 때문에 오랫동안 활동했을 것으로 생각하지만 그가 프로 무용수로서 활약한 것은 불과 10년 남짓. 뛰어난 재능을 가진 그가 슬픈 운명에 휘말려가는 일생을 그린 작품으로 노이마이어가 안무한 〈니진스키〉가 있다. 그의 사생활(디아길레프와의 관계, 화려한 인기, 정신병을 앓은 형, 전쟁, 부정을 저지른 아내 로몰라 등)과 그가 맡은 역할 그리고 안무 작품이 한데 얽히며 점차 광기로 치닫는 그의 심경을 그린 걸작이다.

관련 용어→세르게이 디아길레프(p.85), 발레 뤼스(p.69)

▼바트리(batterie)

공중에서 양다리를 맞부딪치거나 교차시키는 동작의 총칭. 대표적인 스텝으로 앙트르샤, 브리제, 카브리올 등이 있다. 바튜(공중에서 양다리를 맞부딪치는 동작)가 들어간 경우가 많은데 바튜가 들어가면 스텝의 난이도가 올라간다.

관련 용어→앙트르샤(p.104), 카브리올(p.137)

▼바트망(battement)

다리를 부딪치는 것을 의미하는 프랑스어(battre)에서 파생되었다. 양다리를 맞부딪치는 것이 아니라 한쪽 다리를 휘두르듯 빠르게 바닥에 미끄러뜨리거나 공중으로 던지는 동작을 가리킨다. 특히, 후자의 의미로 사용되는 경우가 많으며 바 레슨 초반에 하는 '바트망 데가제(글리세)'는 한쪽 다리를 빠르게 뻗어 발끝이 바닥에서 살짝 떨어질 정도까지 차올린다. 또 바 레슨 마지막에 하는 '그랑 바트망'은 동작이 큰 바트망으로 고관절부터 다리를 크게 던지는 동작이다. '던진다'고는 해도 당연히 무릎이나 발끝이 구부러지는 것은 NG! 그러려면 근육을 제대로 사용해 앙 드오르를 유지해야 한다. 센터 레슨에도 이런 동작이 들어간다.

▼발란신(George Balanchine)
→조지 발란신(p.127)

▼발레 뤼스(Ballets Russes)

1909년 파리를 찾아온 흥행사 디아길레프가 조직한 발레단의 명칭. '러시아의 발레'라는 의미의 프랑스어이지만, 러시아 국내에서 공연을 한 적은 없으며 러시아의 발레를 알리기 위해 조직된 단체였다. 처음에는 시즌 오프 중인 무용수들을 모아 여름휴가 기간 중에만 활동했던 발레단으로(인기가 높아지면서 시스템이 변경된다) 거점 극장 없이 순회공연에 중점을 둔 당시로서는 드문 투어 컴퍼니였다. 첫 번째 공연이 큰 성공을 거두며 발레가 쇠퇴한 당시의 파리에서 발레를 부활시켰다. 뛰어난 안목과 시대를 앞서가는 재능을 가진 디아길레프는 러시아에서 계승된 〈잠자는 숲속의 미녀〉 등의 역사적 작품부터 최첨단 미술과 패션을 도입한 세련된 작품 또 찬반양론을 불러일으킨 참신하고 화제성 넘치는 작품까지 폭넓은 장르의 작품을 상연해 사람들의 관심을 끌었다. 화려한 스타 무용수가 추는 예측할 수 없는 최신 예술 작품은 사람들을 열광시켰다. 디아길레프가 갑자기 세상을 떠나며 활동을 중단하기까지의 20년간 발레 뤼스는 수많은 무용수, 안무가, 미술가, 디자이너, 음악가들이 재능을 꽃피웠으며 때로는 논쟁을 불러일으키며 시대의 총아로 자리매김했다. 29년의 해산 이후 '발레 뤼스 드 몬테카를로'가 결성되었지만 디아길레프의 부재로 안정적인 운영이 어려웠던 탓에 분열. 전 세계로 흩어진 단원들에 의해 발레 문화가 세계 각국으로 전파되는 계기가 되었다.

발레 뤼스에 얽힌 수많은 일화가 존재한다. 하늘을 날아 사라지는 듯한 니진스키의 도약, 화제를 불러일으킨 그의 안무 작품, 찬반양론이 일 때마다 극장 앞에 생기던 장사진, 피카소, 샤넬, 로랑생의 의상과 미술, 스트라빈스키, 프로코피에프의 신곡 등 마치 기적과 같이 모든 분야의 재능 있는 인재들이 발레 뤼스로 모여들었다. 그 열광을 상상하는 것만으로 '당시에 태어났으면 얼마나 좋았을까!' 하는 생각이 들 정도이다. 발레 뤼스가 존재하지 않았다면 발레계는 물론 패션이나 문화도 지금과는 달랐을 것이다.

▼발레 마스터(ballet master) /발레 미스트리스 (ballet mistress)

원래는 현직 '예술 감독'을 나타내는 말이었지만 현대에는 다른 의미로 쓰이고 있다. 일상적인 레슨이나 리허설 등의 현장 책임자로, 예술 감독의 오른팔과 같은 보좌적인 역할을 맡는다. 리허설 때는 안무가나 연출가를 보조하고 그들이 부재중일 때는 대신 지도도 한다.

남성은 '발레 마스터' 여성은 '발레 미스트리스'로 불리며 프랑스어로는 남녀 모두 '메트르 드 발레(maître de ballet)'라고 불린다.

▼발레 슈즈(ballet shoes)

발레라고 하면 포인트 슈즈! 라는 인상이 강하지만 평소의 레슨에서는 반드시 발레 슈즈를 신고 연습한다. 발레 슈즈는 가죽이나 천으로 만들어진 부드러운 슈즈이다. 포인트 슈즈만큼 바닥이 두껍지 않기 때문에 발바닥의 감각을 확실히 느끼며 춤을 출 수 있어 프로나 아마추어 가리지 않고 발레를 추기 위해 필요한 발바닥의 근육을 단련하는데 도움이 된다. 발바닥을 제대로 사용하기 위해서는 발에 잘 맞는 슈즈를 신어야 한다. 가죽을 덧댄 솔(밑창)은 두 종류가 있는데, 아치 부분이 분리되어 있는 스플릿 솔(split sole)과 분리되지 않은 풀 솔(full sole)이 있다. 풀 솔이 발바닥을 더 확실히 사용해야만 발에 맞게 밀착되기 때문에 효과적으로 발바닥을 단련할 수 있다. 스플릿 솔은 자연스럽게 발바닥에 밀착되기 때문에 아치 부분이 아름답게 보인다. 소재는 전부 천으로 만들어진 것, 앞부분만 가죽, 전체가 가죽으로 만들어진 세 가지 종류가 있으

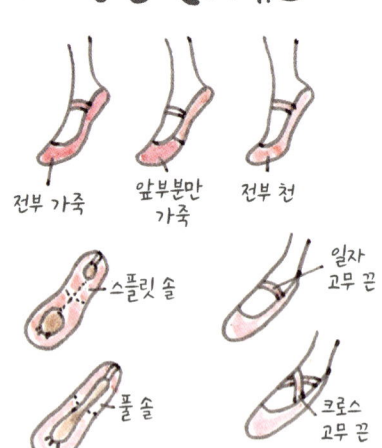

다양한 발레 슈즈

전부 가죽 / 앞부분만 가죽 / 전부 천

스플릿 솔 / 일자 고무 끈
풀 솔 / 크로스 고무 끈

며 각자 발에 잘 맞는 타입을 고르면 된다. 또 고무 끈이 달린 방식에도 차이가 있다. 참고로, 평상시 신는 타운 슈즈 중에도 '발레 슈즈'라고 부르는 종류가 있는데 레슨 때 신는 발레 슈즈와는 전혀 다른 것이다.
관련 용어→발바닥(p.71)

▼발레 피아니스트
(ballet pianist)

발레 레슨은 레슨용으로 편곡한 곡에 맞춰 연습하는데, 그런 식으로 음악을 편곡하는 것이 발레 피아니스트이다. 레슨 피아니스트라고도 부른다. 레슨에 피아니스트가 참여하는 경우, 피아니스트는 교사가 지시하는 앙셰망에 맞춰 그 자리에서 즉흥적으로 곡을 변주한다. 원곡은 발레 작품의 곡이나 유명한 클래식 음악, 디즈니 음악, 영화음악 등 다양하다. 이런 곡을 원곡대로 연주하는 것이 아니라 앙셰망의 내용과 길이 또 클래스의 수준에 맞게 변주한다. 풍부한 레퍼토리는 물론이고 동작 및 포지션의 명칭을 포함한 발레 지식과 춤의 호흡 그리고 타이밍 등의 전문적인 지식이 요구되는 직업이다.
관련 용어→앙셰망(p.103)

▼발바닥

클래식 발레에서 유연하고 강한 발바닥은 무척 중요하다. 발레 무용수는 손끝과 마찬가지로 발끝도 섬세하게 움직여 감정을 표현한다.

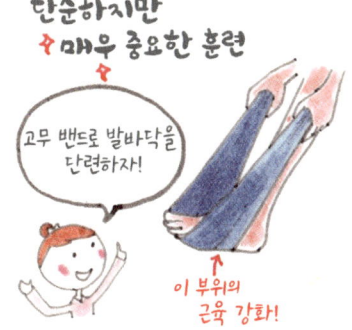

그것도 딱딱한 포인트 슈즈를 신고, 다양한 기술을 소화하면서 말이다. 그래서 무용수는 늘 발바닥 근육인 '족저근'을 단련한다. 발레 슈즈와 포인트 슈즈를 신고 하는 평소의 레슨은 물론 부드러운 고무 밴드나 고무공을 이용해 발바닥의 섬세한 근육을 자극하고 단련한다. 단순해 보이는 훈련이지만 아 테르(àterre)에서 드미 푸엥트(demi-pointe)를 거쳐 푸엥트(pointe)로 이르는 과정이 부드러울수록 기술은 물론 표현력까지 향상시킬 수 있다.
관련 용어→아 테르(p.95), 드미 푸앵트(p.38)

▼발표회

발레 교실이나 스튜디오에서 연습 성과를 발표하는 자리……라고 한 마디로 표현하기 어려울 만큼 그 내용은 물론 규모, 빈도, 금액까지 주최자에 따라 달라진다. 홀을 빌리거나 전막 작품을 상연하는 경우도 있는가 하면 개별적인 바리에이션, 앙상블, 파 드 되를 결합한 콘서트 형식도 있으며 여기에 전막 작품의 일부를 추가해 상연하기도 한다. 규모가 크지 않은 발레 교실의 경우는 다른 발레 교실과 합동으로 발표회를 열기도 한다. 그 밖에 넓은 스튜디오를 빌려 간단한 의상을 입고 춤을 선

보이는 '스튜디오 퍼포먼스'도 있다.
관련 용어→돈(p.36)

▼**백조의 호수**(swan lake)
'차이콥스키 3대 발레'의 하나. 20세 생일을 맞은 지그프리트 왕자는 어머니로부터 '내일 열릴 무도회에서 미래의 신부를 찾으라'는 말을 듣고 청춘 시절과의 이별이라는 생각에 낙담한다. 사냥을 나간 숲의 호숫가에서 한 쌍의 백조를 겨누었을 때, 그 백조가 아름다운 여성으로 변신하는 것을 목격한다. 놀란 왕자 앞에 나타난 그녀는 자신이 악마 로트바르트의 저주에 걸려 백조의 모습으로 바뀐 오데트 공주이며 밤에만 인간의 모습으로 돌아갈 수 있

다는 것 그리고 영원한 사랑을 맹세하는 사람을 만나면 저주가 풀린다는 사실을 털어놓았다. 슬픈 운명의 그녀에게 매료된 왕자는 사랑을 맹세하고 다음 날 무도회에 와달라고 부탁한다. 무도회 날, 왕비는 왕자에게 신부 후보들을 소개하지만 왕자는 오데트를 기다리며 마음이 들떠있다. 그때, 변장한 악마 로트바르트와 그의 딸 오딜이 찾아온다. 왕자는 오데트와 똑같이 변장을 하고 나타난 오딜에게 속아 청혼을 한다. 그러자 악마들이 본성을 드러내고 크게 웃으며 사라진다. 왕자는 급하게 호숫가로 가서 오데트에게 용서를 구하는데 로트바르트가 나타나 그를 방해하면서 싸움이 벌어진다. 이후의 결말은 크게 둘로 나뉜다. 싸움이 한창일 때 오데트가 호수

에 몸을 던지고 왕자도 그 뒤를 따라 사후 세계에서 맺어진다(그 강한 사랑에 악마는 소멸한다) 이야기. 또 하나는 왕자가 로트바르트를 쓰러뜨리고 두 사람이 맺어지는 이야기이다.
선율을 듣는 순간, 춤이 떠오를 만큼 관람 기회가 많은 작품이다. 볼거리도 풍성한데 특히, 오데트와 오딜이 1인 2역으로 출연하는 경우, 그 상반된 연기에서 눈을 뗄 수 없다! 방금 전까지 가련한 백조를 연기했던 사람이라고는 생각할 수 없을 만큼 강인한 매력으로 왕자를 유혹하는 흑조의 모습을 보면 '인간에게는 선과 악의 양면이 존재한다'는 것이 묘하게 납득이 간다. 오딜의 32회 푸에테 앙 투르낭은 몇 번을 보아도 가슴이 뛰는 명장면이다. 그 밖에도 어릿광대의 초절정 기예, 백조들의 정연하고 아름다운 군무, 각국의 춤으로 구성된 디베르티스망 등 주목할 만한 포인트가 가득하다.
관련 용어→오데트(p.112), 오딜(p.137), 지그프리트(p.130), 로트바르트(p.47)

▼ **밸런스**(balance)
푸앵트든 드미 푸앵트든 발끝으로 서는 상태를 유지하는 것은 쉬운 일이 아니다. 두 다리로 서는 것도 힘든데 무용수들은 때로는 한쪽 다리로 서서 균형을 유지해야 한다. 이런 동작이 가능하려면 전신을 컨트롤할 수 있는 근력이 필요하다. 하지만 근육에 힘을 줘서 균형을 잡으면 호흡이 멎기 때문인지 춤이 무겁게 느껴지고 표정도 굳기 쉽다. 무용수들은 위에서부터 한 줄의 실로 꿴 듯이 중심축을 의식하며 춤을 춘다. 몸을 계속 위로 끌어올리고 있기 때문에 가만히 있어도 몸의 선이 곧고 부드럽게 보인다. 오로라 공주가 4명의 왕자와 춤추는 '로즈 아다지오'에서는 애티튜드로 균형을 유지하는 장면이 유명하다. 왕자들이 잇따라 오로라 공주의 손을 잡지만 공주는 그 손을 놓고 계속 균형을 유지하다 다시 왕자의 손을 잡는다. 간혹 경이로운 균형 감각을 지닌 무용수는 끝까지 왕자의 손을 잡지 않고 혼자 균형을 유지하기도 한다. 그럴 때면 박수갈채가 쏟아지지만 한편으로는 왕자들이 조금 심심해 보인다.

▼버밍엄 로열 발레단
(Birmingham Royal Ballet)

영국 버밍엄에 본거지를 둔 발레단. 원래는 하나의 컴퍼니였다가 1946년 둘로 나뉘며 자매 컴퍼니 관계가 된 지금의 영국 로열 발레단(RB)과 버밍엄 로열 발레단(BRB)의 기원이다. ※영국 로열 발레단과 버밍엄 로열 발레단의 자세한 변천 과정은 영국 로열 발레단 항목을 참조(p.109). BRB는 투어 컴퍼니로서 국내외의 순회공연에 중점을 둔 발레단. 74년부터는 피터 라이트가 예술 감독으로 취임해 레퍼토리를 확대하며 RB의 자매 컴퍼니로서만이 아닌 개성 있는 컴퍼니로 성장했다. 95년부터는 데이비드 빈틀리가 예술 감독으로 취임해 자신의 안무 작품을 상연했으며 2019년 퇴임을 발표했다. 20년에 카를로스 아코스타가 취임했다.

관련 용어→영국 로열 발레단(p.109)

▼베자르 발레 로잔
(Bejart Ballet Lausanne)

스위스 로잔에 본거지를 둔 발레단. '모리스 베자르 발레단'이라고도 불린다. 20세기를 대표하는 안무가 중 한 사람인 모리스 베자르가 설립한 발레단으로, 전신은 1960년 결성된 '20세기 발레단'이다. 파리에서 활동하던 베자르는 59년 벨기에 브뤼셀에서 상연한 〈봄의 제전〉의 성공을 계기로 당시 출연한 무용수들과 함께 브뤼셀의 모네 극장을 거점으로 하는 20세기 발레단을 설립했다. 예술 감독인 베자르의 작품이 레퍼토리의 대부분을 차지하며 여러 나라를 순회하며 국제적인 명성을 얻었다. 명작 〈볼레로〉는 설립한 해에 탄생했다. 70년에는 댄스학교 무드라를 설립(92년부터는 루드라 베자르 발레스쿨). 87년 스위스 로잔으로 본거지를 옮겨 베자르 발레 로잔으로 개칭. 92년 컴퍼니의 무용수를 30명 정도로 축소했다. 이후 〈중국의 이상한 관리〉, 〈발레 포 라이프〉, 〈뤼미에르〉 등을 만들었다. 2007년 베자르가 〈80분간의 세계 일주〉를 만들던 중 세상을 떠나자 컴퍼니 소속 무용수 길 로멍이 그를 계승했다.

▼베자르(Maurice Béjart)
→모리스 베자르(p.161)

▼벤자민 마일피드
(Benjamin Millepied)

프랑스 출신의 무용수, 안무가, 예술 감독. 15세 때 스쿨 오브 아메리칸 발레에 입학하기 위해 미국으로 건너갔다. 학교 공연에서 제롬 로빈스에 의해 주역으로 발탁되어 95년 뉴욕 시티 발레단(NYCB)에 입단. 2002년 수석 무용수로 승격. 무용수로 활약하면서 01년부터 안무를 시작해 국내외 발레단에 작품을 제공했다. 10년 영화 〈블랙 스완〉의 안무를 담당하고 출연까지 하면서 지명도를 높였다. 11년 NYCB를 퇴단해 12년부터 자신의 댄스 집단 'L. A. 댄스 프로젝트'를 설립. 그와 병행해 14년 37세에 파리 오페라극장 발레단의 예술 감독으로 취임했으나 1년 반 만에 퇴임. 현재는 자신의 아티스트 활동에 전념하고 있다.

마일피드의 예술 감독 취임과 퇴임은 발레계를 뒤흔든 큰 화제가 되었다. 영화 〈마일피드~파리 오페라극장에 도전한 남자〉는 취임 1년 동안의 이야기를 담고 있다. 늘 참신한 시도를 멈추지 않던 그는 전통적인 계급 제도를 부정했다. 그로 인해 빛을 보지 못했던 젊은 무용수가 두각을 드러내기도 했지만 거센 반발에 부딪혀 조직으로서의 균형이 위태로워졌다. 또 밤낮으로 쫓기는 예술 감독으로서의 책임감과 마일피드 자신의 창의성이 충돌하면서 고뇌하는 모습도 그려져 있다. 그와 오페라극장이 안고 있던 문제는 '구태의연한 조직과 젊은 예술가의 의욕과 열정이 충돌한 것'이라고만 평가할 수는 없다. 오랜 역사를 지닌 예술이 변화하는 과정에서 무엇을 잃고, 무엇을 남기며, 누가 어떤 과정을 거쳐 그 변화를 이끌어나가야 할지를 고민하게 하는 계기가 되었다고 생각한다.

▼별사탕 요정(sugar plum fairy)
〈호두까기 인형〉의 2막, 과자의 왕국에서 클

라라를 맞이하는 여왕. 별사탕 요정의 바리에이션은 첼레스타라는 악기를 사용한 음악으로, 금속제의 맑은 음색이 특징이다. 그 음악에 맞춰 춤을 추는 별사탕 요정의 춤에서는 섬세한 아름다움이 느껴진다. 흔히, 별사탕의 요정이라고 불리지만 실은 '드라제의 요정(la Fée Dragée)'이라고 한다. 드라제란, 아몬드에 색색의 설탕 옷을 입힌 과자로 프랑스에서는 축하할 일이 있을 때 나눠주는 것이라고 한다. 그리고 보니 안무에 있는 섬세한 발놀림이 부드럽게 날리는 설탕 가루를 표현한 것처럼 느껴지기도 한다.
관련 용어→호두까기 인형(p.170)

▼복근

발레를 출 때 내전근과 마찬가지로 중요한 근육이 복근이다. 복근이 약하면 몸을 끌어올릴 수 없기 때문에 자세를 유지하기 어렵다. 춤을 출 때 축이 무너지면 어떤 테크닉도 소화할 수 없는 것이다. 복근은 등 근육에 비해 근육이 얇기 때문에 단련하기가 쉽지 않고 근력이 약해지면 복부가 무너져 등이 말리거나 반대로 휘기도 한다. 또 복근이 있는 부위에는 장기를 감싸고 있는 뼈가 없기 때문에 복근이 지지해주지 못하면 갈비뼈가 튀어나오거나 골반이 틀어져 춤을 추기 힘들다. 발레에 필요한 것은 바로 이런 '코어' 근육이기 때문에 꾸준히 복근을 단련해 평소에도 바른 자세로 지내는 습관을 들이면 자연히 근력을 키울 수 있다.
관련 용어→풀업(p.152)

▼복수

발레 작품에는 복수심에 사로잡힌 등장인물이 다수 등장한다. 그들의 마음속에는 '분한' 감정이 들끓는다. 져서 분하고, 배신당해 분하고, 초대받지 못해 분한……지금까지 쌓아온 것이 무너졌을 때 복수라는 방식을 택한 등장인물들을 소개한다. 먼저 〈스파르타쿠스〉의 크라수스와 그의 애인 아이기나. 스파르타쿠스에게 붙잡혔지만 목숨을 구걸해 간신히 살아남은 크라수스는 복수를 결심하고 애인을 이용해 목적을 달성한다. 은혜를 원수로 갚는다는 것은 바로 이런 것이 아닐까! 다음으로 〈해적〉의 비르반토가 있다. 콘라드가 여자에 눈이 멀어 노예들을 풀어주려 한다는 생각에 노예 상인인 란케뎀과 손을 잡고 콘라드가 사랑하는 여인을 유괴한다. 란케뎀은 그녀를 노예로 팔 수 있으니 손해 볼 것 없지만 비르반토가 분노를 품은 상대는 콘라드. 직접 콘라드에 맞서지 않는 점이 비겁하다……. 슬픈 복수를 선택하는 〈로미오와 줄리엣〉의 로미오. 친구 머큐쇼를 잃은 슬픔에 급기야 티볼트를 찔러 죽이고 그것이 비극으로 이어지고 만다. 마지막으로 복수라고 하면 〈잠자는 숲속의 미녀〉의 카라보스가 떠오른다. 오로라 공주에게 저주를 걸어 복수하는 이유가 '생일 파티에 초대받지 못했기 때문에'……현실에서도 있을 법한 일이다! 한편으로는 이해가 된다며 의외로 인기 있는 캐릭터이다.

▼볼레로(Boléro)

모리스 라벨이 작곡한 〈볼레로〉는 여러 안무가의 버전이 있지만 최근 가장 유명한 것은 모리스 베자르가 안무한 작품이다. 붉은 원탁 위에 선 '멜로디'가 천천히 몸을 움직이면 그·그녀의 손의 움직임을 스포트라이트가 따라간다. 양팔을 몸 앞에 모으고 양 손바닥을 아래로 향한 포즈로 크게 플리에하며 몸을 위아래로 계속 움직인다. 조명이 조금씩 밝아지며 주위에 앉아 있던 '리듬'들이 일어나 멜로디 가까이로 모여든다. 음악이 고양될수록 멜로디의 움직임이 격렬해지며 리듬들을 부추긴다. 리듬들도 격렬히 움직이며 멜로디를 더욱 자극한다. 클라이맥스에는 전원의 흥분이 정점에 달하고 마침내 멜로디는 모든 생명을 불태운 듯 쓰러지며 조명이 꺼진다.

〈볼레로〉는 원래 무용수인 이다 루빈슈타인의 의뢰로 작곡되어 니진스카(니진스키의 여동생)에 의해 안무된 작품이었다. 스페인 술집의 탁자 위에서 집시 여성이 남성들을 유혹하며 춤을 춘다는 스토리로, 그 설정은 베자르 버전에서도 활용되었다. 원래 멜로디 역할은 여성만 맡았는데 조르주 돈의 등장으로 남성 무용수도 멜로디를 출 수 있게 되었다. 드문 경우이지만, 마르시아 하이데와 리처드 크레이건 두 사람이 추기도 했다. 무용수의 개성에 따라 뉘앙스가 바뀌는 작품이다. 격렬한 춤을 통해 강한 생명력이 느껴지기도 하고 관능적인 흥분이 느껴지거나 죽어가는 이의 허무한 감정이 느껴지기도 한다. 어느 무용수의 〈볼레로〉가 마음에 와 닿을지 꼭 비교해보기 바란다.

▼볼쇼이 발레단(Bolshoi ballet)

러시아 모스크바에 본거지를 둔 발레단. 1776년 사설 연극 무용단으로 공연을 시작한 것이 기원이다. 80년 페트로프스키 극장이 건설되고 그 부속 발레단이 되었으나 5년 후에 소실. 1825년 지금의 볼쇼이 극장이 설립되어 발레단의 이름도 볼쇼이가 붙여졌다. 69년 프티파가 안무한 〈돈키호테〉로 성공을 거두었으나 이 발레단이 진가를 발휘한 것은 20세기에 들어서면서부터이다. 특히, 러시아 혁명으로 수

도가 모스크바로 이전된 1917년부터 눈에 띄는 발전을 이루었다. 1902년 프티파의 제자였던 알렉산드르 고르스키가 예술 감독으로 취임해 지금도 이어지는 역동적이고 극적인 작품이 장기인 발레단의 특징을 형성했다. 마린스키 극장에서 스타 무용수와 안무가들이 이적했다. 64년 유리 그리고로비치가 예술 감독 및 주임 안무가로 취임. 〈스파르타쿠스〉(68년), 〈폭군 이반〉(75년), 〈황금시대〉(82년) 등 그의 안무 작품의 특징인 다수의 남성 무용수를 기용한 장대한 스케일의 작품이 이후 '볼쇼이의 특징'으로 자리 잡았다. 95년 그리고로비치가 퇴임한 후 자주 예술 감독이 바뀌었으며 2011년에는 전 수석 무용수 세르게이 필린이 취임했다. 내부 알력으로 필린이 습격을 당하는 사건이 발생하면서 논란이 되었다. 13년 블라디미르 우린이 총재를 맡고 16년부터는 마하르 바지예프가 예술 감독을 맡고 있다.

볼쇼이의 장기인 작품과 무용수의 춤을 보고 있으면 '화려하다', '박력 있다', '강인하다', '에너지가 넘친다' 같은 형용사가 떠오른다. 이는 마찬가지로 러시아를 대표하는 마린스키 발레단과는 정반대의 개성이다. 어느 무대에서든 관객들에게 넘치는 에너지를 선사하는 발레단이지만 최근에는 '다양한 사건사고'로 인해 힘든 상황을 보내고 있는 듯하다. 13년 예술 감독 필린이 황산 테러를 당하는 사건이 일어나고 범인이 발레단의 무용수였다는 사실이 밝혀지면서 발레단 내부의 알력 다툼이 세간에 알려지기도 했다. 게다가 17년에는 상연 예정이었던 루돌프 누레예프의 자전적인 작품이 첫 공연 3일 전에 중지를 발표하기도(후에 무사히 초연되었다). 더는 아무 일도 일어나지 않기만을 바란다.

▼봄의 제전(The Rite of Spring)

1913년 초연된 발레 뤼스의 작품으로, 스트라빈스키가 작곡한 음악에 니진스키가 안무했다. 태고의 러시아에서 봄의 도래를 축하하는 의식이 열리고 사람들은 대지에 대한 감사를 담아 춤을 춘다. 깊은 밤, 태양신에게 제물로 바칠 처녀가 선택되고 그녀는 온 힘을 다해 춤을 추며 제물로 바쳐진다. 니진스키는 발레에 있어 상식과도 같은 앙 드 오르 대신 안짱다리로 대지를 두드리며 추는 안무로 거센 찬반양론을 일으켰다(극장에서는 야유가 쏟아졌다고 한다). 7회 정도 상연되었다가 봉인되어 오랫동안 사라진 안무였지만 87년 밀리센트 허드슨이 복원해 조프리 발레단에 의해 상연되었다. 많은 안무가들을 매료시킨 테마와 음악이다. 스트라빈스키의 음악은 불협화음으로 가득해 듣고 있으면 온몸에 흥분과 불안이 퍼지며 내부에서부터 열기가 끓어오른다. 니진스키 버전과 함께 모리스 베자르 버전의 동명의 작품도 유명하다. 색색깔의 심플한 레오타드를 입은 남녀가 등장해 인간의 본능적인 야생성과 관능을 나타내는 듯한 약동적인 춤을 선보인다. 살아있는 제물을 바치는 장면은 발정기 사슴의 교미에서 영감을 얻었다고 한다. 또 실제 무대에 흙을 쌓은 피나 바우쉬 버전, 무대 위에서 제물로 바쳐진 처녀의 옷을 폭력적으로 벗기는 프렐조카주 버전, 상투를 튼 사무라이가 등장하는 에크 버전 등의 다양한 버전이 있다.

▼봉 튀튀(bon tutu)

리허설 때 착용하는 스커트 부분만으로 된 간이 튀튀(한국에서는 일반적으로 연습용 튀튀라고 한다). 클래식 튀튀용과 로맨틱 튀튀용이 있으며 본 공연 때는 사용하지 않는다(캐주얼한 행사에서 사용되는 경우가 있다). 튀튀의 유무에 따라 예를 들어, 옆 사람과의 위치가 달라지거나 파드 되를 출 때 상대와의 거리감이 달라지기 때문에 봉을 착용하고 확인한다. 또 혼자 추는 경우에도 튀튀를 착용하면 회전 감각이나 다리를 들어 올리는 각도에 따라 보이는 방식 등을 확인하기 위해서도 사용한다.

▼부르농빌
(August Bournonville)
→오귀스트 부르농빌(p.110)

▼부상

무용수들은 평소에도 몸을 제대로 사용하고 관리하는 일을 소홀히 하지 않지만 그럼에도 부상을 입는 경우가 있다. 잘못된 방식으로 몸을 사용하는 버릇이 굳어져 부상을 입기도 하고 지나치게 몸을 혹사하다 누적된 피로로 인해 다칠 때도 있다. 또 고난이도 점프나 리프트에 실패해 예기치 않은 부상을 입는 경우도 있다. 어떤 경우든 큰 부상으로 이어지기 전에 전문가의 진단을 받는 것이 중요하다. 그러다보니 발레단에는 전속 스포츠 의사나 재활치료사 또는 필라테스 등의 강사를 두는 곳이 많다. 또 중압감이 큰 직업이다 보니 정신 건강을 관리하는 정신과 전문의를 둔 컴퍼니도 있다.

▼블라디미르 말라코프
(Vladimir Malakhov)

우크라이나 출신의 무용수, 안무가, 예술 감독. 모스크바 클래식 발레단에 최연소 솔리스트로 입단. 바르나와 모스크바 등 유명한 국제 콩쿠르에서 수상했다. 1992년 러시아를 떠나 빈 국립 가극장 발레단, 캐나다 내셔널 발레단에서 활동하다 95년 아메리칸 발레 시어터에 수석 무용수로 참가해 활동의 폭을 넓혔다. 99년부터는 안무도 시작해 빈 국립 발레단을 위해 〈라 바야데르〉를 개정 연출. 2002

년부터 14년까지 베를린 국립 발레단의 예술 감독을 지냈다.

꿈꾸는 듯한 시선, 늘씬하고 유연한 몸, 가벼운 도약과 우아한 몸짓……말라코프는 왕자 역이 잘 어울리는 당쇠르 노블이다. 하지만 컨템포러리 작품에서도 그의 개성은 빛을 발하며 늘 '아름다운 모습'을 보여준다. 지도자로서도 뛰어나다고 알려져 있으며 그가 레슨하는 내용이 담긴 DVD도 다수. 클래스 레슨이나 바리에이션을 지도할 때도 자상하고 유머가 넘치며 열정적이다. 자발적으로 여성 역을 연기하기도 하는 등 성별을 초월한 아름다움에 놀라움을 금할 수 없다.

관련 용어→당쇠르 노블(p.32)

▼블락(Bloch)

1930년대부터 댄스 슈즈를 만들어온 오스트레일리아의 슈즈 브랜드. 음악과 춤을 좋아하는 창시자 제이콥 블라이 고향의 발레 교실을 방문했을 때 포인트 슈즈 때문에 힘들어하는 학생을 보고 그녀를 위해 좋은 슈즈를 만들겠다는 약속을 한 것이 시초. 1932년 약속대로 첫 포인트 슈즈가 완성되고 그 평판이 널리 알려지게 되었다. 30년대 후반, 발레 뤼스 드 몬테카를로(발레 뤼스 해산 후 결성된 컴퍼니)가 오스트레일리아를 자주 방문한 것을 계기로 그들을 위한 슈즈를 만들면서 성공을 거두었다. 지금은 슈즈 외에 댄스웨어도 제조하고 있다. 포인트 슈즈의 종류는 '세레나데', '소나타', '슈프리마', '유러피안 발란스' 등이 있으며 플랫폼의 넓이와 박스의 너비 등이 다양하다.

▼빈 국립 발레단
(Wiener Staatsballett)

오스트리아 빈에 거점을 둔 발레단. 과거에는 빈 국립 가극장 발레단이라는 명칭으로 불리었다. 매년 개최되는 '빈 필하모니 신년 음악회'에서 발레를 추는 것은 빈 국립 발레단의 무용수이다. 2010년 파리 오페라극장 발레단의 에투알로 활약한 마뉴엘 레그리가 예술 감독으로 취임해 고전부터 현대 작품까지 레퍼토리를 강화, 발레단 내의 계급 정리(수석 무용수 임명), 무용수 육성에 힘쓰며 발레단의 수준을 끌어올렸다. 2020년 레그리가 예술 감독을 퇴임하고 안무가 마틴 슐래퍼가 취임했다.

▼빈사의 백조
(La Mort du Cygne)

안나 파블로바, 알리시아 마르코바, 마야 플리세츠카야, 울리야나 로파트키나 등의 전설적인 무용수들이 대표작으로 연기해온 작품. 초연은 1907년, 미하일 포킨이 생상스의 〈동물 사육제〉 중 한 곡을 사용해 파블로바를 위해 안무했다. 한 마리의 백조가 등장해 크게 날갯짓하며 섬세한 파 드 브레 쉬비(pas de bourrée suivi)를 선보인다. 죽기 직전의 백조는 고통에서 벗어나기 위해 필사적으로 날갯짓하다 지쳐서 머리를 떨구기를 반복하다 끝내 쓰러져 숨을 거둔다. 거의 대부분 파 드 브레 쉬비로 움직이며 백조 특유의 팔 동작과 부드러운 상반신의 표현이 인상적이다. 무용수에 따라 해석이 다른데, 최후의 순간 운명을 받아들이고 고요하게 죽음을 맞는 백조가 있는가 하면 죽음에 맞서며 끝까지 필사적으로 발버둥치는 백조도 있다.

▼빈틀리(David Bintley)
→데이비드 빈틀리(p.33)

▼사사키 다다쓰구
(佐々木 忠次)

발레와 오페라 프로듀서이자 흥행사. 발레 및 오페라의 흥행 회사를 거쳐 프리랜서로 활동을 시작해 프로듀서나 무대 감독으로 무대 예술에 관여했다. 도쿄 발레 학교의 공연 무대 감독을 맡은 후 제작에도 참여했으며 학교가 도산한 것을 계기로 발레단 운영을 결심. 64년 도쿄 발레단을 설립하고 도쿄 발레 학교를 부속시켰다. 이후, 발레단의 무용수를 육성하며 66년부터는 다수의 해외 공연을 성공시키며 베자르, 노이마이어 등 저명한 안무가의 작품을 상연. 81년 일본 무대 예술진흥회(NBS)를 설립하고 수많은 오페라와 발레 초청 공연을 성공시켰으며 많은 무용수를 초빙한 무대를 상연. 76년에는 스타 무용수를 모은 '세계 발레 페스티벌'을 기획했으며 지금도 3년에 한 번씩 상연되는 인기 있는 갈라 공연으로 자리 잡았다. 2015년 세상을 떠났다.

일본에서 세계적인 무용수들의 무대를 볼 수 있게 된 것은 사사키 씨의 공적이 크다. 많은 무용수와 안무가들과 신뢰 관계를 쌓아온 그는 다양한 나라의 컴퍼니와 무용수들이 일본을 찾는 기반을 닦았다. 세계 최고의 무대를 일본에 소개하기 위해 타협하지 않고 애써온 그의 행보는 사후에 출간된 평전 《고독한 축제 사사키 다다쓰구 발레와 오페라로 세계와 맞선 일본인》(오이와케 히데코, 문예춘추)에 자세히 쓰여 있다.

▼사시미(刺身) [일본 발레 용어]

일본에서 코르 드 발레 등 많은 인원이 등장해 정렬하는 방식을 가리킨다. 살짝 겹쳐지도록 대각선으로 정렬한 모습이 접시 위에 비스듬히 놓인 생선회 같다고 하여 이렇게 불리게 되었다.

▼사타넬라(Satanella)

갈라 공연, 콩쿠르, 발표회에서 종종 상연되는 〈사타넬라〉의 파 드 되나 바리에이션. 체사레 푸니가 작곡한 '베니스 카니발'에 마리우스 프티파가 안무한 작품의 일부이다. 머리에 검은색 깃털을 단, 장난기 넘치는 여성(중간까지 가면을 쓰고 있다)과 그녀에게 푹 빠져 쫓아다니는 남성이 함께 춤을 추는데 과연 무슨 내용일까? 그녀의 이름은 사타넬라, 그 이름의 유래는 '사탄' 즉, 악마이다. 그렇지만 사타넬라의 몸짓과 표정은 유머가 넘치고 사랑스럽기까지 하다. 그런 그녀에게 반한 학생이 약혼자까지 버리고 그녀를 쫓는다는 것이 원래 이야

기로, 밝은 음악과 함께 희극적인 요소가 강한 작품이다.

▼ 삼각관계

극적인 스토리가 많은 발레 작품에는 남녀의 삼각관계를 그린 작품도 많다. 게다가 제 발로 두 여성 사이에 끼어 고뇌하는 남성이 다수! 대표적인 등장인물로 〈라 바야데르〉의 솔로르, 〈지젤〉의 알브레히트, 〈라 실피드〉의 제

임스가 있다. 솔로르는 사랑하는 사람이 있지만 상사(와 같은 존재)의 딸과의 혼담도 거절하지 못하고 사랑과 출세 사이에서 고민한다. 알브레히트는 결혼을 앞둔 상태에서 신분을 속이고 다른 여성과의 밀애를 즐기다(해석에 따라 다르디) 약혼자의 존재가 밝혀지자 갈팡질팡한다. 제임스는 공기의 요정에게 마음을 빼앗겨 결혼식 전날 밤 약혼자를 두고 떠나버린다. 다들 마지막에는 나름대로 벌을 받는다.

▼ 샤세(chassé)

프랑스어로 '쫓다'를 의미하는 말이다. 큰 포즈로 연결하기 위한 동작으로, 미끄러지는 듯한 움직임이 특징이다. 한쪽 다리를 플리에하며 앞쪽으로 미끄러지듯 내밀고 다른 한쪽 다리로 쫓아가며 5번으로 모아 점프한 후 5번으로 착지한다. 예를 들어, 피루엣 전에 '샤세에서 톰베, 파 드 브레하고 피루엣'과 같이 이동한 후 회전하는 경우 등에 사용된다. 이때 앞쪽 다리는 크게 미끄러지며 확실히 이동한다.

▼ 샹즈망(changement)

도약의 동작 중 하나. 5번 플리에에서 수직으로 도약해 공중에서 좌우 다리를 교차하고 다시 5번 플리에로 착지한다. 도약한 위치와 착지 위치가 같아야 하는데 상체의 힘이 강하지 않으면 공중에서 몸이 흔들려 착지 위치를 벗어나고 만다. 상체를 확실히 끌어올려 축을 곧게 세워야 한다. 또 매회 5번으로 확실히 착지하는 것도 중요하다(이것도 어려워서 3번이나 4번이 되기 쉽다……). 카운트에 맞춰 16회 또는 32회 연속으로 하는 경우가 많다.

▼ 성인 발레

성인들이 취미로 배우는 발레를 '성인 발레'라고 한다. 취미라고는 해도 발레에 푹 빠지면 마음만은 프리마 발레리나! 주1회 레슨이 2, 3회로 늘면서 레슨웨어도 늘어나고 포인트 슈즈에도 관심을 갖기 시작하면서 집에서도 근력 운동을 하거나 스트레칭을 하다보면 어느새 발표회에 참가하거나 일반 레슨에 리허설까지 정신없는 나날을 보내기도……직장, 가사, 공부와 병행해 발레 수업을 듣는 생활이 쉽지 않지만 그만큼 충실감을 느낀다는 사람도 많다.

사랑스럽고 쾌활한 세 친구

▼세 바보

〈로미오와 줄리엣〉에서 로미오가 친구 머큐쇼와 벤볼리오와 함께 원수 캐플릿가의 파티에 몰래 숨어드는 장면이 있다. 그들은 '구경삼아 한 번 가보자' 같은 가벼운 마음으로 다소 흥분한 모습을 보인다. 이때 세 사람이 추는 안무는 '죽마고우인 남자아이들이 장난치는 듯한' 사랑스러운 모습이다. 발레 팬들은 이 장면에서 춤추는 세 사람을 종종 애정을 담은 표현으로 '세 바보'라고 부른다. 바보라니 너무하다고 생각하는 사람도 있겠지만, 이 장면에서 볼 수 있는 세 사람은 워낙 스스럼없는 사이이기 때문에 어떤 바보 같은 짓을 해도 서로 웃어넘길 수 있는 자유로움이 넘친다. 맥밀런 버전에서는 처음에는 '정말이지, 무슨 짓이냐'고 쓴웃음을 짓는 로미오지만 머큐쇼와 벤볼리오의 부추김에 넘어가 중간부터는 완전히 장난꾸러기 모드로. 크랭코 버전은 머큐쇼의 익살스러운 면모가 돋보이는 안무이다. 이런 우정이 부럽다는 생각이 드는 동시에 이후에 일어날 비극이 더욱 가슴 아프게 다가온다.

관련 용어→로미오와 줄리엣(p.45)

▼세계 발레 페스티벌 (The World Ballet Festival)

1976년부터 3년에 한 번, 여름에 일본에서 개최되는 대규모 갈라 공연. 세계적인 스타 무용수들이 집결해 4시간 이상에 걸쳐 다양한 공연(대부분 솔로 또는 파 드 되)을 선보인다. 거의 모든 공연 티켓이 매진되며 회장은 뜨거운 열기로 가득한 축제 분위기. 출연자는 기본적으로 수석 무용수급으로 구성되며 50세 가까운 거장 무용수가 있는가 하면 중견급 또는 최근 수석 무용수가 된 신진 무용수까지 40명 가까운 스타가 총출동한다. 출연자 중에는 아직 지명도는 높지 않지만 뛰어난 실력을 지닌 무용수가 출연하기도 한다. 2009년 당시 아직 아메리칸 발레 시어터의 솔리스트였던 다닐 심킨은 발레 페스티벌에 출연한 것을 계기로 일약 스타로 발돋움했다. 그의 춤을 본 관객들의 우레와 같은 박수갈채는 그야말로 안목이 높은 관객들이 모인 발레 페스티발이기에 가능한 일이었다.

관련 용어→퍼니 갈라(p.149)

▼세계 발레의 날(World Ballet Day)

발레 팬들이 매년 고대하는 날이 있다. 바로 10월 첫 번째 목요일의 '세계 발레의 날' 이벤트! 이 날은 '세계 발레의 날' 공식 웹사이트 또는 페이스북을 통해 22시간에 걸쳐 여러 발레단의 일상(클래스 레슨, 리허설, 인터뷰 등)이 릴레이 형식으로 생중계된다. 2014년 시작된 이래 해마다 참가 단체가 늘면서 최근 수년 동안은 다섯 곳의 컴퍼니가 메인으로 등장한다. 최근 (2017년 기준) 일정을 보면 한국 시간으로 오전 11시부터 시작해 오스트레일리아 발레단→볼

쇼이 발레단→영국 로열 발레단→내셔널 발레 오브 캐나다→샌프란시스코 발레단으로 이어진다. 또 중간에는 여러 나라의 발레단(2017년에는 일본 신국립 극장 발레단이 참가)이 자신의 컴퍼니를 소개하는 녹화 영상이 제공된다. 평소 무대에 선 모습밖에 볼 수 없었던 무용수들의 일상을 볼 수 있기 때문에 팬들로서는 더없이 탐나는 생중계이다.
관련 용어→클래스 레슨(p.142), 리허설(p.49)

▼세레나데(serenade)

조지 발란신이 차이콥스키의 〈현악 오케스트라를 위한 세레나데 C장조〉를 사용해 안무한 앱스트랙트 발레(1934년 초연). 원래는 스쿨 오브 아메리칸 발레의 학생들을 위해 안무한 작품이었다고 한다. 연한 하늘색의 로맨틱 튀튀를 입은 코르 드 발레의 물결치는 듯한 앙상블이 아름다운 작품이다. 스토리는 없지만 세 가지 파드 되가 들어가 있으며 각각에 등장하는 여성 무용수는 '왈츠 걸', '러시안 걸', '다크 엔젤'이라고 불리며 관객들의 상상력을 자극하는 흥미로운 부분도 있다. 이 작품의 리허설 도중 지각한 학생과 바닥에 넘어진 학생이 있었는데 그런 해프닝까지 작품의 안무에 담겨 있다. 이 작품을 주로 상연하는 뉴욕 시티 발레단의 공식 유튜브 채널에는 수석 무용수인 애슐리 바우더가 〈세레나데〉에 대한 해석과 춤추는 방법 그리고 볼거리에 대해 이야기하는 영상이 올라가 있다(영어).
※영상 제목은 'NYC Ballet's Ashley Bouder on Balanchine's SERENADE'

▼세르게이 디아길레프
(Sergei Diaghilev)

20세기 발레계에 큰 영향을 미친 발레 뤼스를 20년간 이끌었던 흥행사. 러시아의 지방 귀족 가문에서 태어나 학창 시절에 알게 된 레온 박스트 등의 예술가들과 1899년 미술 잡지를 발행. 파리에서 회화전이나 음악 콘서트 등을 성공시킨 후 1909년 파리 샤틀레 극장에서 발레 뤼스의 공연을 상연했다. 안나 파블로바, 타마라 카르사비나, 바츨라프 니진스키 등 러시아의 뛰어난 무용수들과 미하일 포킨의 새로운 안무 작품을 파리에 소개해 대성공을 거두었다. 그 후로 무용수, 안무가, 미술가, 작곡가 등의 새로운 인재를 발굴해 전설적인 무대를 탄생시켰다. 때로는 지나치게 참신한 연출로 논란을 일으켰는데 디아길레프는 그런 논란을 교묘히 선전에 이용했다. 시대를 읽는 후각의 소유자이자 뛰어난 안목으로 인재를 불러 모으는 능력을 가졌지만 충돌도 많았다. 니진스키, 레오니드 마신 등과 연인 관계를 맺기도 했으나 그들이 여성과 결혼하자 격노해 해고했다. 유럽 각국은 물론 미국, 남미에서도 순회공연을 하는 나날을 보내다 29년 요양하던 베네치아에서 돌연 세상을 떠났다.

디아길레프 한 사람의 재능으로, 발레 뤼스는 기적과 같은 20년을 보냈다. 그가 재능을 발굴해낸 예술가들은 손에 꼽기도 어려울 정도이다. 안무가로는 니진스키, 포킨, 니진스카, 마신, 발란신 등이 있으며 작곡가로는 스트라빈스키, 프로코피예프, 드뷔시, 라벨 등이 있고 미술과 의상에서는 박스트, 피카소, 마티스, 브라크, 로랑생, 샤넬, 키리코 등…역사적으로 이름을 남긴 예술가들이 디아길레프와 인연을 맺으며 발레 뤼스에 참여해 재능을 떨쳤다. 피카소는 디아길레프가 미술과 의상을 의뢰했을 무렵, 아직 가난하고 이름 없는 화가였다고 한다. 또 코코 샤넬은 늘 자금 부족에 시달리던 그를 후원한 부호 미시아 세르가 소개했다고 한다.

관련 용어→흥행사(p.172)

▼**세르게이 프로코피예프**
(Sergei Prokofiev)
우크라이나 출신으로 수많은 발레 음악을 만든 작곡가. 발레 뤼스에 참여하면서 발레 음악 작곡을 시작했다고 한다. 디아길레프의 의뢰로 〈어릿광대〉(1921년), 〈방탕한 아들〉(29년)을 작곡했으며 이후, 대표작인 〈로미오와 줄리엣〉(38년), 〈신데렐라〉(45년)를 작곡했다. 참고로, 동시기에 활약한 스트라빈스키와는 좋은 라이벌 관계였다고 한다.

▼**세컨드 솔리스트**
(second soliste)
무용수의 계급의 하나로, 퍼스트 솔리스트와 퍼스트 아티스트의 중간 계급에 해당한다. 드미 솔리스트라고도 불린다. 주역 이외의 역할에서 솔로를 추기도 하는데 소규모의 앙상블을 맡는 경우가 많다. 군무를 겸임하기도 한다. 발레단에 따라 솔리스트로만 불리기도 한다. 파리 오페라극장 발레단에서는 '수제'라고 부른다.

관련 용어→계급 제도(p.20)

▼**섹스 앤 더 시티**
(Sex And The City)
1998년부터 2004년에 걸쳐 미국에서 방영된 TV 드라마. 'SATC'라고 줄여 부르기도 한다. 이 드라마는 발레와 깊은 관련이 있다. 우선, 주인공 캐리를 연기한 사라 제시카 파커는 뉴욕 시티 발레단의 부속 발레 학교인 스쿨 오브 아메리칸 발레 출신. 그리고 시즌 6에서 캐리의 연인으로 나오는 러시아 출신의 아티스트 알렉산드르 페트로프스키를 연기한 것이 미하일 바리시니코프! 발레를 추는 장면은 없지만 캐리와의 첫 데이트 날 밤, 택시를 쫓아 달리며 크게 점프하는 장면에서 변함없는 높은 도약에 기뻐한 팬들이 많았을 것이다. 또 캐리와 맥도날드에서 손을 맞잡고 춤을 추는 장면은 로맨틱했다.

관련 용어→미하일 바리시니코프(p.66)

▼ **센터 레슨**(center lesson)

발레 레슨은 보통 1시간 반 정도에 걸쳐 진행된다. 그 1시간 반 동안에는 정해진 과정이 있다. 먼저, 40분 정도의 바 레슨으로 본격적으로 춤을 출 준비를 하고, 스튜디오 중앙에서 양팔을 벌린 상태로 춤을 추는 센터 레슨으로 진행된다. 대강의 흐름이 있는데 먼저, 탄듀를 중심으로 한 앙센망으로, 양팔을 벌린 상태로 몸의 축을 확인한다. 다음은 천천히 큰 동작으로 추는 아다지오, 피루엣 등의 회전 기술을 집어 넣어 춤을 춘다. 계속해서 아상블레, 주테 등의 작은 도약을 넣은 알레그로가 이어지고 마지막에는 큰 도약으로 구성된 그랑 왈츠를 춘다. 초급부터 상급까지 클래스에 따라 수준 차이는 있지만 바나 센터에서의 레슨 구성은 기본적으로 동일하다. 상급 클래스는 그랑 왈츠 이후에 푸에테 앙 투르낭 등의 회전 기술을 연습하기도 한다.

관련 용어→바 레슨(p.67), 앙센망(p.103)

▼ **세에라자드**(Shekherazade)

〈천일야화〉의 이야기를 발레로 만든 작품. 안무는 미하일 포킨으로, 발레 뤼스에 의해 초연되었다(1910년). 무대는 국왕 샤리아르의 하렘. 왕이 사냥을 나간 사이 하렘의 여성들은 파티를 벌인다. 왕의 애첩 조베이데는 아름다운 금빛 의상을 걸친 노예와 사랑을 나눈다. 그때 돌연 왕이 돌아온다. 조베이데의 배신에 분노한 왕은 노예와 여성들을 모두 죽인다. 조베이데는 용서를 빌지만 자신의 운명을 깨닫고 스스로 목숨을 끊는다.

이국적이고 관능이 넘치는 작품이다. 초연 당시 니진스키가 황금 노예를 연기했다. 노출이 많은 의상으로 요염한 매력을 뽐내는 조베이데는 황금 노예와 뒤엉켜 파 드 되를 춘다. 분노한 왕이 부하를 시켜 모두를 참살하는 장면은 장절하다.

▼소도구

스토리가 있는 발레에는 다양한 소도구가 등장한다. 〈백조의 호수〉에는 왕자가 생일 선물로 받는 활, 〈잠자는 숲속의 미녀〉의 로즈 아다지오에서 오로라 공주가 들고 있는 꽃, 〈돈키호테〉에서는 키트리의 부채와 바질의 기타, 〈신데렐라〉에는 청소용 빗자루, 〈에스메랄다〉의 탬버린 등 무용수는 이런 소도구를 들고 춤을 추거나 던지기도 하고 서로 주고받기도 한다. 소도구를 들고 춤추는 것은 사실 굉장히 어렵다! 떨어뜨려서도 안 되고 지나치게 의식하는 것처럼 보여서도 안 되기 때문에 많은 연습이 필요하다.

다. 분명 성인은 아니지만 악인도 아니다. 우유부단한 성격으로 줏대 없이 흔들리다 결국 후회하며 괴로워한다. 고전 발레 작품에 이렇게까지 보편적인 감각을 가진 주인공은 많지 않을 것이다. 그렇게 생각하면 솔로르는 무척 흥미로운 역할이 아닐 수 없다.
관련 용어→라 바야데르(p.40)

▼솔로르(Sorol)

〈라 바야데르〉의 남자 주인공. 솔로르에 대해 '저 역할만은 정말이지 좋아할 수가 없다'는 발레 팬들도 많다. 사랑하는 연인을 버리고 출세를 위해 상사(와 같은 존재인 태수)의 딸과 약혼을 하는 것이다. 게다가 결혼식에는 전 연인이 슬픈 얼굴로 그의 앞에서 춤을 추지만 거북한 표정으로 외면한다. 급기야 그녀가 계략에 빠져 목숨을 잃자 죄책감에 사로잡혀 현실 도피를 선택하는 결말……확실히 '잘못된' 선택만 하는 악역이나 다름없는 역할이다. 하지만 그가 안고 있는 고민은 보편적이기도 하다. 현실에서도 궁극의 선택을 해야 하는 경우가 있다. 사랑과 사회적 지위 모두를 얻고 싶어 하는 솔로르는 지극히 '보통의 사람'이

▼수석 무용수(principal)

무용수의 계급 중 하나로, 최상위 계급이다. 대부분의 작품에서 주역 또는 준주역을 맡는다. 발레단에 따라서는 수석 무용수 중에서도 특히, 중요한 역할을 맡는 '리드 수석 무용수'라는 계급도 있다(잉글리시 내셔널 발레단 등). 파리 오페라극장 발레단에서는 '에투알'이라고 부른다.
관련 용어→에투알(p.107), 계급 제도(p.20)

▼수제(sujet)
→세컨드 솔리스트(p.86)

▼쉐네(chaines)

프랑스어로 '사슬'을 뜻하는 말. 정식 명칭은 '쉐네 투르(Chaîne's tours)'이다. 회전 기술의 하나로, 푸앵트 또는 드미 푸앵트로 1번으로 서서 좌우 다리를 교차하며 빙글빙글 회전하며 진행한다. 그 모습이 그야말로 사슬이 엮여 있는 것처럼 보인다! 회전이 빠르기 때문에 연속으로 도는 것이 무척 어렵다. 양다리를 확실히 앙 드오르하고, 양다리의 간격이 벌어지지 않도록, 어깨와 허리의 위치는 수평을 유지하고, 복근과 등 근육으로 상체를 곧게 유지하며, 고개를 확실히 돌릴 것(끝까지 한 점을 보다 빠르게 돌린다)······주의점이 한두 가지가 아니다. 쉐네가 잘 되지 않는 사람을 위해 한 가지 포인트가 있다면 '빙글빙글 급하게 도는' 것이 아니라 '널빤지 한 장을 앞, 뒤, 앞, 뒤······로 젖힌다고 생각하며 회전'하는 것이다. 〈에튀드〉에는 여러 명의 무용수들이 점점 빠른 속도로 쉐네를 도는 장면이 있다.

▼쉬르 르 쿠 드 피에
(sur le cou de pied)

프랑스어로 '발목에'라는 의미('쿠 드 피에'가 발목을 뜻한다)로, 포지션의 하나이다. 축 다리의 복사뼈에 발바닥을 감는 것과 감지 않는 방식이 있다. 발바닥을 감는 경우는 발꿈치가 축 다리의 발목보다 앞쪽, 발끝은 뒤쪽에 위치한다. 감지 않는 경우는, 드방으로 다리를 뻗는 경우는 축 다리의 발목 앞쪽에 나간 다리의 발끝을 둔다. 다리를 데리에로 뻗는 경우는 발목 뒤쪽에 발꿈치를 두고 발끝은 축 다리에서 떨어뜨린다. 어떤 경우든 발끝은 아래쪽을 향하고 나간 다리는 무릎을 바깥쪽으로 구부린다. 퐁듀나 데벨로페 또는 프라페는 쉬르 르 쿠 드 피에를 통과해 실시한다. 앙 드오르가 확실히 되지 않으면 안짱 발이 되기 쉬운 형태이므로 주의해야 한다.

관련 용어→드방(p.39), 데리에(p.33), 낫 발(p.26)

▼슈투트가르트 발레단
(Stuttgart Ballet)

독일 남서부의 도시 슈투트가르트에 있는 발레단. 17세기에 존재한 뷔르템베르크 왕국의 궁정에 설립되었던 왕실 발레단이 기원. 발레사에 이름을 남긴 발레 마스터 장 조르주 노베르, 필리포 탈리오니 등이 18~20세기 초에 걸쳐 이 발레단의 초석을 쌓았다. 하지만 이 발레단이 널리 유명해진 것은 1961년 당시 34세였던 존 크랭코가 예술 감독으로 취임한 이후부터였다. 12년에 걸쳐 크랭코는 마르시아 하이데, 리처드 크레이건 등의 명무용수를 육성하는 동시에 명작 〈로미오와 줄리엣〉(62년), 〈오네긴〉(65년), 〈말괄량이 길들이기〉(69년)를 포함한 다수의 작품을 안무했다. 73년 크랭코가 세상을 떠난 이후, 미국인 안무가 글렌 테틀리가 예술 감독으로 취임. 한스 반 마넨, 베자르 등의 작품을 레퍼토리에 추가하는 동시에 발레단의 우베 숄츠를 상임 안무가로 임명했다. 96년부터는 리드 앤더슨, 2018년부터는 타마스 데트리히가 취임해 크랭코의 작품을 계승하면서 신진 안무가들의 작품도 기용해 세계 각국에서 공연을 하고 있다.

▼스완힐다(Swanhilda)

〈코펠리아〉의 주인공. 다른 여성에게 한눈을 파는 프란츠를 질투하면서도 그 여성에 대한 호기심을 참지 못해 코펠리우스의 집에 몰래 숨어든다……호기심이 왕성하고 무척 활발한 성격의 소녀이다. 친구도 많은 그녀는 아마 친구들 사이에서도 리더 역할을 할 듯하다. 친구들을 데리고 몰래 숨어든 그녀는 코펠리아가 인형이라는 것을 알게 되자 우쭐대는 면모를 보이기도 한다. 하지만 프란츠가 위기에 빠졌을 때는 기지를 발휘하는 등 명석한 모습도 보여준다. '날 두고 다른 여자에게 한눈을 팔다니, 용서 못해!'라고 생각했을 때도 비탄에 빠져 눈물을 쏟거나 화를 내며 그를 몰아세우지 않고 상대 여성을 비난하지도 않았다. 곤란한 상황에서도 한편으로는 그런 상황을 즐기는 듯한 낙관적인 성격의 스완힐다는 자신이 행복해지기 위한 방법을 적극적으로 찾아내는 여성이라는 생각이 든다.
관련 용어→코펠리아(p.140)

▼스타 댄서즈 발레단
(Star Dancers Ballet)

일본 도쿄 아오야마에 있는 발레단. 창설 계기는 1965년 다치카와 루리코(전 고마키 발레단의 무용수)가 안무가 안토니 튜더를 초청해 기획한 공연. 일본의 여러 발레단에 있던 스타 무용수들을 모은 공연으로, 그 성공을 계기로 '스타 댄서즈 발레단'이 탄생했다고 한다. 일본인에 의한 창작 발레를 지향하며 93년부터 상임 안무가로 취임한 스즈키 미노루의 〈호두까기 인형〉, 〈드래곤 퀘스트〉 등의 오리지널 작품을 상연하고 있다. 또 피터 라이트를 예술 고문으로 맞아 그가 연출한 다수의 고전 명작도 레퍼토리에 도입한 것 외에도 발란신이나 포사이스 등의 작품도 상연하고 있다. 03년부터는 오야마 구미가 총감독으로 취임했다.

▼스트뉴(soutenu)

프랑스어로 '떠받치다'라는 의미. 스트뉴는 이동하지 않고 하는 동작과 이동하면서 하는 동작의 두 가지 종류가 있다. 첫 번째는 축 다리는 플리에로, 탄듀로 뻗은 다리(다리를 올리는 경우도 있다)를 재빨리 축 다리에 붙여 5번 를르베로 만드는 동작이다(아 테르의 경우도 있다). 바 레슨 때 자주 등장한다. 두 번째는 축 다리는 플리에로, 다른 다리는 탄듀로 뻗고(다리를 올리는 경우도 있다) 축 다리를 5번 형태로 나간 다리 쪽으로 재빨리 붙여 5번 를르베로 1회전한다. 이것은 스트뉴 앙 투르낭이라고도 불리며 축 다리를 나간 다리 앞쪽으로 가져와 안쪽으로 회전(앙 드당)하는 경우와 축 다리를 나간 다리 뒤쪽으로 가져가 바깥쪽으로 회전(앙 드오르)하는 경우가 있다. 바 레슨은 물론 센터 레슨에서도 자주 등장하는 동작이다.
관련 용어→탄듀(p.143), 를르베(p.48), 아 테르(p.95)

▼스트라빈스키(Igor Stravinsky)
→이고르 스트라빈스키(p.118)

▼스파르타쿠스(Spartacus)

기원전 1세기의 로마 제국을 무대로 한 이야기. 사령관 크라수스가 이끄는 로마 군의 침략으로 포로가 된 스파르타쿠스와 그의 아내 프리기아. 프리기아는 노예 시장에서 크라수스에게 팔린다. 크라수스가 연회 자리에서 프리기아에게 구애하자 그의 애인 아이기나가 질투한다. 연회의 여흥으로 눈을 가린 스파르

타쿠스와 동료들의 결투가 시작된다. 스파르타쿠스는 결투에 승리하지만 동료를 죽였다는 죄책감과 권력자인 크라수스에 대한 분노에 사로잡힌다. 아내를 포함한 노예들을 구출하기 위해 반란군을 조직한 스파르타쿠스는 무리를 이끌고 크라수스의 별장을 덮쳐 그를 붙잡고 프리기아와 노예들을 구출한다. 스파르타쿠스는 목숨을 구걸하는 크라수스를 쫓아내지만 복수심에 불타는 크라수스는 아이기나를 반란군에 잠입시켜 스파르타쿠스의 부하들을 유혹하게 한다. 그 사이, 크라수스는 로마 군을 이끌고 습격해 반란군을 제압. 스파르타쿠스는 장절한 죽음을 맞는다.

이 작품에는 몇 가지 버전이 있는데 오늘날 주로 상연되는 것은 1968년 초연된 유리 그리고로비치 버전이다(위의 줄거리는 그 버전을 바탕으로 한 것). 박진감 넘치는 하차투리안의 음악과 전투 장면에서의 남성 무용수들의 군무가 돋보이는 작품이다. 또 스파르타쿠스와 아내 프리기아, 크라수스와 그의 애인 아이기나 네 사람의 모놀로그(와 같은 움직임)가 들어가 있어 각각의 성격과 심리 묘사도 뚜렷하다. 파 드되에서는 곡예에 가까운 움직임을 도입한 리프트가 많아 볼거리도 가득하다! 스파르타쿠스의 바리에이션은 커다란 도약으로 좌중을 압도한다. 볼쇼이 발레단에서 자주 상연되는 작품으로, 그야말로 볼쇼이 특유의 박력 만점의 무대를 볼 수 있다.

▼ 스플릿(split)

다리를 크게 벌리는 동작. 근육을 늘릴 때 주로 이용되며 앞뒤, 양옆으로 벌리는 두 가지 방법이 있는데 모두 고관절 주변과 대퇴부 근육을 늘이는 것이 목적이다. 앞뒤로 벌리는 경우는 상체의 스퀘어(양쪽 어깨와 골반이 최대한 평행)를 유지하고 배꼽이 정면을 향하도록 해야 하며 양 다리의 무릎도 곧게 펴져야 한다. 상체의 스퀘어가 무너지면 골반의 위치가 기울 수 있으니 주의! 원래는 뒤로 뻗은 다리를 앙 드오르 하는데 이것은 상급자 수준. 이 책의 감수를 맡은 시케 선생에 따르면 '우선 상체를 바로 세우고 뒤로 뻗은 다리의 무릎은 바닥에 붙여도 되니 허벅지 앞쪽을 늘이는데 집중하면 고관절에 도움이 된다. 거기에 익숙해진 후 뒤쪽 다리를 앙 드오르해 무릎이 옆을 보도록 만들면 된다'고 했다. 또 양옆으로 벌리는 스플릿에서는 '엉덩이(좌골)를 내밀어 치골을 바닥에 붙이고 고관절을 앙 드당(내회전)하면 허벅지(내전근)를 늘이는데 효과적'이라고 한다. 처음에는 180도까지 벌리지 않아도 되니 무릎을 펴서 허벅지 근육을 늘이는데 집중하는 것이 중요하다.

▼ 승진 시험

계급 제도를 도입하고 있는 발레단에서 상위 계급으로 승급하기 위한 시험이다. 다만, 모든 발레단에서 시험을 실시하는 것은 아니며 예술 감독이 임명해 승진하는 경우도 있다.

유명한 것은 매년 실시되는 파리 오페라극장 발레단의 승진 시험. 하위 계급인 카트리유부터 에투알 바로 아래 계급인 프리미에(프리미에르)까지는 승진 시험에서 합격한 무용수만이 승진할 수 있다. 각 계급은 대강의 인원수가 정해져 있어 결원의 수만큼만 보충하기 때문에 1~2명 정도의 적은 승진 인원을 둘러싸고 다수의 무용수들이 격전을 벌인다. 공석이 있어도 합격자가 나오지 않는 경우도 있다. 계급별로 남녀가 각각 정해진 과제곡(바리에이션)과 자신이 좋아하는 자유곡 두 가지를 예술 감독, 발레 마스터, 현역 무용수 등으로 구성된 심사위원 앞에서 선보인다. 에투알은 예술 감독이 임명한다.

관련 용어→계급 제도(p.20)

▼시뇽(chignon)

발레를 추는 여성 무용수의 머리 모양으로 '번(bun)'이라고도 한다. 평상시에도 스타일의 하나로 시뇽을 하는 사람은 있지만 그것과는 미묘한 차이가 있다. 발레의 시뇽은 춤추기 쉽도록 머리를 정돈해 묶는 것 외에도 티아라 등의 머리 장식을 하기 쉽게 하는 목적도 있고 무용수의 얼굴을 작아 보이게 하는(그로 인해 전신의 밸런스가 좋아 보인다) 목적이 있다. 그렇기 때문에 시뇽을 크고 둥글게 만들지 않고 머리에 딱 붙게 납작하게 만든다. 시뇽을 만든 후에는 망을 씌워 더욱 납작해지도록 눌러 핀을 꽂는다. 잔머리나 앞머리 등도 남김없이 머리카락을 모두 깔끔하게 정돈한다(작품에 따라 앞머리를 남기기도 한다). 일반적인 레슨 때는 머리카락이 흘러내려 방해가 되지 않으면 되기 때문에 하나로 묶기만 하는 경우가 많다. 다만, 어린 학생들은 특히, 발레 교실에서는 평소에도 제대로 된 시뇽을 하도록 규칙으로 정해져 있는 경우가 있다.

▼시손느(sissonne)

도약 동작의 하나. 두 다리로 점프해 한 다리로 착지한다. 몇 가지 종류가 있다. 시손느 생플은 5번 플리에에서 그대로 두 다리로 점프해 한쪽 다리로 착지하고 다른 한쪽 다리는 쉬르 르 쿠 드 피에 한다. 시손느 페르메는 5번 플리에로 공중에서 양다리를 벌리며 점프하고 한쪽 다리로 착지한 후 공중에 남아 있던 다리를 재빨리 닫는 동작이다. 시손느 우베르트는 5번 플리에로 공중에서 양다리를 벌리며 점프하고 한쪽 다리를 공중에 남겨둔 채 다른 한쪽 다리는 플리에하며 착지한다. 페르메, 우베르트 모두 모든 방향으로 전개한다.

관련 용어→쉬르 르 쿠 드 피에(p.89)

▼신데렐라(Cinderella)

샤를 페로 원작의 유명한 동화를 바탕으로 만든 작품. 어머니를 여읜 신데렐라는 아버지의 재혼으로 함께 살게 된 계모와 이복 언니들에게 괴롭힘을 당한다. 어느 날, 이복 언니들이 무도회에 갈 준비를 하던 중 찾아온 가난한 노파를 신데렐라만이 따뜻하게 대한다. 모두 무도회에 간 사이, 다시 나타난 노파가 본래의 모습인 요정으로 변신한다. 요정은 사계의 정령을 불러내 신데렐라에게 마법을 걸고 12시까지 돌아오라고 당부한다. 호박 마차를 타고 무도회에 등장한 신데렐라를 본 왕자는 그녀에게 첫눈에 반한다. 왕자와 춤을 추다 12시를 알리는 종이 울리자 신데렐라는 급하게 자리를 떠난다. 떨어져 있던 유리 구두를 발견한 왕자는 구두의 주인인 그녀를 찾아다닌다.

이후, 신데렐라의 집에도 유리 구두의 주인을 찾는 왕자 일행이 방문한다. 유리 구두의 주인을 찾는다는 말을 듣고 계모와 이복 언니들은 앞 다퉈 구두를 신으려고 하지만 들어가지 않는다. 그때 신데렐라가 다른 한쪽의 유리 구두를 떨어뜨리면서 왕자는 자신이 찾아 헤매던 상대가 그녀라는 것을 알게 된다. 두 사람은 행복한 미래로 향한다.

착한 신데렐라가 복을 받는다는 결말을 알고 있어도 마음이 따뜻해지는 작품이다. 일본에서도 자주 상연되는 프레더릭 애슈턴 버전은 계모가 등장하지 않고 아버지와 이복 언니들만 나온다. 이복 언니들도 신데렐라를 홀대하기는 하지만 심하게 괴롭히지는 않는다. 신데렐라도 이복 언니들보다 아버지가 자신을 피하는 것에 서글퍼한다. 무도회에 등장하는 장면은 눈부시게 화려하다! 1930년대의 할리우드로 무대를 옮긴 루돌프 누레예프 버전에서는 신데렐라가 할리우드 스타가 된다. 장 크리스토프 마이요 버전에서는 요정이 세상을 떠난 신데렐라의 어머니라는 설정이다. 신데렐라와 왕자의 사랑과 함께 후처에게 학대당하던 아버지가 세상을 떠난 아내를 그리워하는 모습이 그려진다. 그 밖에도 존 노이마이어, 구마가와 데쓰야, 데이비드 빈틀리 버전 등이 있다.

▼ 실비 길렘 (Sylvie Guillem)
발레에 있어 미의 개념을 바꾸었다고 칭해지는 천재 무용수. 프랑스 출신으로, 체조를 배워 올림픽 선수를 지향했을 정도로 실력이 뛰

어났다고 한다. 1977년 12세 당시 체조 연수를 위해 방문한 파리 오페라극장 발레학교에서 당시의 교장 클로드 베시의 눈에 들어 발레로 전향. 81년 파리 오페라극장 발레단에 입단하여 84년 프리미에르 당쇠르로 승진했으나 닷새 후 누레예프에 의해 에투알로 임명되었다. 19세의 어린 나이로 큰 화제를 모았다. 하지만 불과 5년 후 길렘은 영국 로열 발레단의 객원 프린시펄로 전격 이적했다. 오페라극장에 의해 좌우되는 생활이 아닌 자신의 의지로 자유롭게 표현 활동을 하고 싶었기 때문이라고 한다. 이적 후에는 로열 발레단에서의 활동에 얽매이지 않고 여러 나라의 발레단에 객원 무용수로 참가해 공연을 하고 다양한 안무가와 협업하며 활동의 폭을 넓히는 등 국제적으로 활약했다. 98년에는 핀란드 국립 발레단의 〈지젤〉로 안무에도 도전했다. 2000년 이후부터는 점차 고전을 포함한 클래식 작품에서 컨템포러리 작품으로 이행. 15년 50세에 무용수를 은퇴했다.

다리를 180도로 거의 완벽하게 들어 올리는 유연한 신체, 어떤 동작에도 흔들림이 없는 뛰어난 기술 등, 경력 초기에는 유례가 드문 신체 능력으로 주목을 모았다. 발레의 기존 개념에 얽매이지 않는 도전적인 춤은 많은 이들을 매료시키며 그녀를 동경하는 무용수들도 속출했다. 그녀로 인해 세상에서 '아름답다'고 여겨지던 다리를 들어 올리는 높이와 각도의 기준이 바뀌었을 정도이다. 특히, 영국 로열 발레단으로 이적한 후에는 〈시골에서의 한달〉, 〈마농〉, 〈로미오와 줄리엣〉 등의 연극적 발레를 다수 경험함으로써 감정 표현에도 깊이가 풍부해졌다. 많은 안무가들이 그녀를 위해 작품을 만들었는데 모리스 베자르, 마츠 에크, 러셀 말리펀트 등 저명한 안무가와 함께했다. 특히, 베자르와 관계가 깊었으며 그의 〈시시〉와 〈볼레로〉는 길렘의 대명사라고도 불리는 작품이다. 뛰어난 재능 때문에 가까이 하기 어려운 '고고한 무용수'의 이미지가 강했지만 나이가 들면서 유머를 곁들인 유창한 언변으로 이야기하는 인터뷰가 늘면서 팬들에게 기쁨을 주었다.

▼ 실비아(Sylvia)

신화의 세계를 무대로 한 발레 작품. 실비아는 사냥의 여신 다이아나를 섬기는 님프(정령). 양치기 아민타가 그녀에게 사랑을 고백하지만 연애에 흥미가 없는 실비아는 화를 내며 이런 일을 꾸민 사랑의 신 에로스(아무르)를 향해 화살을 쏜다. 하지만 그 화살을 맞고 목숨을 잃은 것은 아민타였다. 충격에 빠진 실비아를 사냥꾼 오리온이 잡아간다. 에로스에 의해 다시 살아난 아민타는 실비아를 찾으러 떠난다. 오리온에게 붙잡힌 실비아는 뒤늦게 아민타

에 대한 사랑을 깨닫고 에로스의 도움으로 도망친다. 다이아나의 신전으로 도망친 두 사람을 쫓아온 오리온이 아민타와 결투를 벌이고 격노한 다이아나에 의해 오리온은 목숨을 잃는다. 분노한 다이아나는 실비아에게도 아민타와 헤어지라고 명령하지만 에로스가 과거 다이아나가 인간을 사랑했던 기억을 떠오르게 만들면서 결국 사랑의 기억을 되찾은 여신은 두 사람을 축복한다.

사랑에 관심이 없던 순결한 실비아. 사랑의 기억을 잃은 다이아나, 사랑에 충실한 아민타. 횡포한 방식으로밖에 사랑을 표현할 줄 몰랐던 오리온⋯⋯사랑에 대한 다양한 감정을 품고 있는 네 사람을 향해 에로스는 교묘한 책략을 꾸며 '사랑의 위대함'을 일깨운다. 다만, 신화의 세계에 익숙하지 않으면 줄거리를 파악하기 힘들어 몰입이 어렵다는 단점이 있다. 그래서 등장한 것이 데이비드 빈틀리 버전의 〈실비아〉이다. 무대를 현실 세계로 옮겨와 불화를 겪는 백작 부부(다이아나와 오리온)와 그런 두 사람을 보며 사랑을 믿을 수 없게 된 가정교사와 시종(실비아와 아민타)가 정원사로 분한 에로스에 의해 신화의 세계로 들어가게 된다는 설정이다. 신화 세계에서는 원래의 스토리를 따라 전개되는데 현실 세계의 설정이 있는 덕분에 관계성에 대한 이해와 공감이 쉬운 작품이다. 1876년 파리 오페라극장 발레단(안무는 루이 메랑트)에 의해 초연되었으며 그 후로도 레프 이바노프, 세르주 리파르, 조지 발란신, 프레더릭 애슈턴, 존 노이마이어 등의 다양한 안무가에 의해 개정되었다.

▼심포닉 발레
(Symphonic Ballet)

'교향적 발레'라고도 불리는 장르이다. 발레를 위해 만들어진 곡이 아닌 연주회용 교향곡을 사용해 안무한 작품군을 가리킨다. 주로, 음악을 시각화한 듯한 안무가 특징으로 스토리는 없다. 이 장르가 일반화된 발단이 된 것은 발레 뤼스의 일원이었던 레오니드 마신. 발레 뤼스의 해산 후 발족한 발레 뤼스 드 몬테카를로를 위해 브람스의 교향곡 제4번을 안무한 〈코레아르티움〉(1993년), 차이콥스키의 교향곡 제5번에 안무한 〈예감〉(33년), 베를리오즈의 〈환상 교향곡〉(36년) 등으로 심포닉 발레를 개척했다. 최근에는 존 노이마이어가 심포닉 발레의 명수로 알려져 있다. 말러 〈제3번 교향곡〉(75년), 〈제4번 교향곡〉(77년) 등 말러의 교향곡에 안무한 일련의 작품은 그의 대표작이기도 하다. 그 밖에도 모리스 베자르의 베토벤 〈제9번 교향곡〉(64년), 우베 숄츠의 베토벤 〈교향곡 제7번〉(91년), 브루크너의 〈교향곡 제8번〉(99년), 트와일라 타프의 베토벤 〈교향곡 제7번〉(2000년) 등이 있다.

▼아 테르(àterre)

프랑스어로 '땅 위에'를 의미하며, 바닥에 발을 붙이고 있는 상태를 말한다. 단순히 서 있는 것이 아니라 잘 단련된 발바닥으로 바닥을 움켜쥐듯 서서 다음 동작을 준비하는 것이다. 무용수는 발바닥의 아치가 잘 발달했다. 평발의 무용수가 있을 수 없는 것이다.

▼아나니아쉬빌리
(Nina Ananiashvili)
→니나 아나니아쉬빌리(p.29)

▼아다지오(adagio)

이탈리아어로 '느리게'라는 의미. 바 레슨의 후반 또는 센터 레슨 초반에 발레 강사가 느린 템포의 음악(아다지오)에 맞춰 앙셰망을 구성한다. 몸이 데워지고 근육이 풀렸을 즈음에 추기 때문에 퐁듀나 데벨로페 또는 캄브레 등이 포함된, 크고 신중하게 몸을 움직이는 앙셰망이 많다. 아다지오에는 또 한 가지 의미가 있는데 그랑 파 드 되의 구성 중 남녀가 함께 추는 파트를 아다지오라고 부른다. 대표적인 것으로 〈백조의 호수〉 2막의 오데트와 왕자의 아다지오가 있다.

관련 용어→앙셰망(p.103), 그랑 파 드 되(p.22)

▼아담 쿠퍼(Adam Cooper)

영국의 무용수. 1989년 영국 로열 발레단에 입단해 94년 수석 무용수로 승격. 95년 발레단 소속으로 매튜 본이 안무한 〈백조의 호수〉에 출연해 왕자가 사랑하는 남성 백조 '더 스완'을 맡으면서 각광을 받았다. 97년 발레단을 떠난 이후, 프리랜서 무용수로 활동하며 안무와 뮤지컬에도 도전했다.

아담 쿠퍼의 이름을 널리 알린 것은 영화 〈빌리 엘리어트〉였다. 성인이 된 주인공 빌리 역할을 맡았다. 출연 시간은 마지막 1분 30초에 불과했지만(게다가 거의 뒷모습) 앞서 이야기한 '더 스완'의 분장과 의상으로 등장해 날아오르는 듯한 커다란 도약 장면을 기억하는 팬들이 많을 것이다.

▼아더 댄시스(Other Dances)

안무가 제롬 로빈스의 1막 작품(1976년 초연). 스토리는 없지만 쇼팽의 음악에 안무한 신선하고 생동감 넘치며 로맨틱하면서도 유머러스한 면도 있는 작품이다. 원래는 나탈리아 마카로바와 미하일 바리시니코프를 위해 안무한 작품이었다고 한다. 그야말로 화려한 오라와 뛰어난 기술을 지닌 두 사람에게 안성맞춤인 작품. 참고로, 중간에 남성 무용수가 솔로 파트에서 실패하는 장면은 연출된 장면! 안무에 포함된 동작이다.

▼아돌프 아당(Adolphe Adam)

19세기에 활약한 프랑스의 작곡가. 〈지젤〉과 〈해적〉의 일부를 포함한 14곡의 발레 음악을 작곡했다. '라이트 모티프'라고 불리는 캐릭터의 성격, 감정, 배경을 표현하는 악구를 반복해 사용하는 기법이 특징이다. 그의 대표작 〈지젤〉의 1막 마지막 장면인 '광란의 장'의 클라이맥스는 듣는 것만으로 상처 받은 지젤이 혼란에 빠져 머리를 헝클어트리며 제정신을 잃어가는 불온한 공기가 전해지는 듯하다.

▼아듀(adieux) 공연

파리 오페라 극장 발레단 소속 무용수의 은퇴 공연을 가리키는 말이다. 특히, 에투알 무용수가 은퇴할 때에는 본인이 희망하는 작품(경력의 집대성이라고도 할 수 있는)이 수일에 걸쳐 상연된다. 마지막 날에는 꽃가루와 '브라보'를 외치는 함성과 함께 커튼콜이 이어지며 무대에 서지 않은 동료 무용수와 가족도 함께 한다. 스포트라이트를 받으며 감격의 눈물을 흘리는 에투알의 모습에 함께 우는 팬들도 다수. 참고로, 파리 오페라 극장 발레단의 정년은 현재 남녀 모두 42세이지만 은퇴 후에도 객원 무용수로 오페라 극장 발레단에 돌아와 춤추는 무용수가 많다.

▼아라베스크(Arabesque)

한 다리로 서서, 다른 한쪽 다리는 뒤쪽으로 곧게 뻗은 포즈. 아라베스크가 나오지 않는 안무가 없을 정도로 대표적인 포즈이다. 단순하지만 아름답게 보이는 것은 지난한 노력의 결과. 우선, 다리의 앙 드오르가 제대로 되지 않으면 무릎이 구부러져 보인다. 억지로 다리를 높이 들어 올리려고 허리의 위치가 틀어지거나 상체가 쏟아지는 것도 NG! 강한 복근과 등 근육으로 상반신을 확실히 지지하고 등을 곧고 길게 유지해야 한다. 또 어깨를 앞으로 내밀거나 턱이 들리거나 고개를 기울이는 것도 아라베스크의 아름다운 라인을 해치는 원인이다. 참고로, 백조의 아라베스크는 날개를

표현하기 때문에 일부러 한쪽 팔을 높이 들기도 한다.
관련 용어→앙 드오르(p.102)

▼**아메리칸 발레 시어터**
(American Ballet Theatre)
미국 뉴욕에 거점을 둔 발레단. 줄여서 'ABT'라고도 부른다. 1940년 '발레 시어터'라는 이름으로, 부유한 가문 출신의 발레리나 겸 여배우 루시아 체이스를 중심으로 창립. 45년부터 80년까지 체이스와 올리버 스미스가 공동으로 예술 감독을 맡아 고전 작품을 비롯해 튜더, 로빈스, 발란신, 트와일라 타프의 작품 등 폭넓은 레퍼토리를 확보했다. 57년 지금의 명칭으로 변경되었다. 70년대는 나탈리아 마카로바와 미하일 바리시니코프가 활약했으며 77년부터는 메트로폴리탄 가극장(MET)의 상임 발레단으로. 80년대는 바리시니코프가 예술 감독으로 취임해 맥밀런의 〈로미오와 줄리엣〉 등 레퍼토리가 더욱 충실해졌다. 92년부터 30년에 걸쳐 케빈 맥켄지가 예술 감독을 맡았다. 2023년 현재는 수잔 자페가 취임했다.
'스타주의' 발레단으로, 유명한 스타 무용수들의 이름을 역사에 새겼다. 구소련에서 망명한 마카로바나 바리시니코프 외에도 훌리오 보카, 알렉산드라 페리, 블라디미르 말라코프, 니나 아나니아쉬빌리, 호세 카레뇨, 앙헬 코레야, 줄리 켄트, 이선 스티펠 등 이름을 나열하기도 어려울 정도! 프레더릭 와이즈먼 감독의 다큐멘터리 영화 〈BALLET 아메리칸 발레 시어터의 세계〉는 무용수들의 리허설 모습은 물론 왕년의 스타 콜파코바가 지도하는 레슨, 신인 무용수와의 계약 등 컴퍼니의 일상을 담아낸 명작이다.

▼**아크람 칸**(Akram Khan)
영국 런던에서, 방글라데시 출신의 부모 밑에서 태어난 무용수이자 안무가. 스리 프라탑 파와르를 사사하고, 인도의 고전 무용인 '카탁'을 배웠다. 14세에 연출가 피터 브룩의 연극 작품에 출연. 그 후, 컨템포러리 댄스를 배우고 18세에 솔로 작품을 발표. 카탁과 컨템포러리 댄스를 융합한 새로운 무용 세계를 창조하고 안무가 시디 라르비 셰르카위, 여배우 줄리엣 비노쉬, 발레 무용수 실비 길렘 등과도 작품을 만들었다.
발레 팬들에게는 실비 길렘과의 콜라보레이션 작품 〈신성한 괴물들〉로 유명하다. 길렘이 적극적으로 추진해 실현되었다고 한다. 카탁, 발레, 컨템포러리 댄스를 융합한 두 사람의 춤은 속도감이 있고 매우 열정적이다. 또 두 사람의 인생과 고민 그리고 소중히 여겨온 가치 등을 대사로 풀어낸다(웃음이 터지는 대목도 적지 않다!). 2016년 잉글리시 내셔널 발레단을 위해 안무한 〈지젤〉이 영국 내셔널 댄스 어워드를 수상했다. 의류 공장을 무대로 한 이민 노동자들의 이야기로 각색한 이야기이다.

화려한 아포테오제!

▼아티스트(artist)

예술 작품을 창작하거나 표현하는 사람을 일컫는 말로, 발레계에서 활동하는 많은 사람들이 아티스트이다. 다만, 발레의 '아티스트'에는 또 한 가지 의미가 있다. 발레 무용수의 계급 중 하나로, 아티스트라는 명칭을 사용하는 발레단이 있다. 예를 들어, 영국 로열 발레단이나 일본의 신국립 극장 발레단에서는 코르 드 발레(군무 무용수)를 아티스트라고 부른다. 같은 계급이라도 발레단에 따라 명칭이 다른 경우가 있어 다소 복잡하게 느껴질 수 있다.
관련 용어→계급 제도(p.20)

▼아포테오제(Apotheose)

전막 작품의 피날레를 가리키는 말로, 우리말의 '대단원'에 해당한다. 이야기가 끝난 후 따라오는 호사로운 서비스라고도 할 수 있다. 《잠자는 숲속의 미녀》로 설명하면 이해가 쉽다. 오로라 공주와 왕자의 그랑 파 드 되가 끝나고 다른 등장인물들이 모여서 군무를 선보인 후 팡파르가 울려 퍼진다. 그 이후가 아포테오제이다. 리라의 정령이 등장하고 오로라 공주와 왕자가 그녀에게 감사를 표한 후 저마다 위치에 서서 포즈를 취한다. 그 포메이션이 마치 한 폭의 호화로운 그림과 같은 그야말로 '대단원'에 걸맞은 인상이다. 다만, 모든 전막 작품에 있는 것은 아니다.
관련 용어→그랑 파 드 되(p.22)

▼악녀

드라마틱한 이야기가 많은 발레 작품에 악역이 빠질 수 없다. 특히, 자유분방하게 살아가는 매력적인 악녀들에게는 저도 모르게 매료되고 만다. 대표적인 악녀로는 〈라 바야데르〉의 감자티가 있다. 사랑하는 사람을 얻기 위해 아버지의 권력을 이용해 억지로 약혼을 하고,

악역이지만 어쩐지 매력적인 여성들

- 악마의 딸 오딜
- 오만한 아가씨 감자티
- 남자를 농락하는 카르멘

그의 연인을 쫓아내려다 실패해 결국 독살해 버리는 악녀이다. 후회하는 모습도 보이지 않고 '내가 행복해지기 위해 한 행동이 뭐가 어때서?'라는 식으로 꿋꿋이 자기 길을 가는 모습이 한편으로는 속이 후련할 정도다(물론, 따라해서는 안 되지만). 그 밖에도 아버지와 함께 순진한 왕자를 속이고 비웃는 오딜, 남자를 유혹하고 농락하는 카르멘도 매력적인 악녀이다.

▼악역

악역이 있어 주인공의 인생이 뒤바뀌고 이야기가 급전개된다. '저 사람이 저런 행동만 하지 않았다면!' 하고 미움 받기 쉽지만 그런 악역의 존재가 꼭 필요하다. 대표적인 악역으로는 〈레이몬다〉의 압데라흐만, 〈지젤〉의 힐라리온, 〈로미오와 줄리엣〉의 티볼트 등이 있다. 다만, 레이몬다를 사랑해 약혼자의 존재도 거들떠보지 않고 돌진하는 압데라흐만에게는 '그의 강인함에 반한' 숨은 팬들도 많은 듯하다. 사랑하는 지젤을 속인 알브레히트를 용서하지 못해 진실을 밝히는 힐라리온을 안타깝게 여기는 사람도 많을 것이다. 로미오와 결투하는 티볼트 역시 가문의 명예를 지키려는 나름의 이유가 있었을 것이다. 그렇게 생각하면 악역의 존재는, 저마다 다양한 이유로 뜻하지 않게 악역이 되어버리고 만다는 것을 보여주는 것일지 모른다.

▼안나 파블로바(Anna Pavlova)

러시아 출신으로, 전 세계에 발레 문화를 전파한 전설의 무용수. 마린스키 극장에 입단해 1906년 25세의 나이로 프리마 발레리나가 되어 〈지젤〉, 〈잠자는 숲속의 미녀〉 등의 주역을 맡았다. 07년에는 안무가 포킨과 함께 〈빈사의 백조〉를 만들었다. 이 작품은 그녀의 장기가 되었다. 이듬해부터 해외 공연을 시작해 한때는 디아길레프가 이끄는 발레 뤼스에도 참여했다. 12년경부터는 런던을 거점으로 자신의 발레 컴퍼니를 결성해 세계 각국을 순회했다. 유럽뿐 아니라 발레가 정착하지 않은 남북미를 비롯해 아시아, 오스트레일리아 등 45개국에 이르는 나라들을 순회했다고 한다. 31년, 순회공연을 갔던 네덜란드에서 49세를 일기로 세상을 떠났다.

파블로바라고 하면 〈빈사의 백조〉을 떠올린다. 마야 플리세츠카야, 울리야나 로파트키나 등 많은 명무용수들이 연기했지만 파블로

강인한 남자

납치해서라도 당신을 곁에 두겠다.

약혼자와 결투로 승부하겠다.

꺅~!!
숨은 팬 다수

압데라흐만

안나 파블로바

바의 사후 20년간은 아무도 맡지 않았다고 한다. 죽기 직전의 백조가 최후의 힘을 짜내듯 날갯짓을 하며 숨을 거두는 애절하면서도 강인함이 느껴지는 장면은 파블로바의 생애를 투영한 듯 보인다. 한편, 파블로바는 일본에 발레 문화를 전파한 사람이기도 하며 22년 첫 일본 공연으로 일대 센세이션을 일으켰다.

▼알레그로(allegro)

이탈리아어로 '경쾌하게'라는 의미. 센터 레슨 중반에 점프 동작을 중심으로 한 앙센망으로 구성되며 빠른 템포의 음악에 맞춰 춤을 춘다. 보통 피루엣(회전) 콤비네이션 후, 근육이 충분히 풀린 후에 넣는다. 샹즈망이나 주테와 같은 가벼운 점프로 시작해 아상블레, 브리제, 파 드 샤 등의 중간 정도의 점프 그 후, 파이, 시손느, 카브리올 등의 큰 점프를 조합하는 구성으로 진행한다. 순발력이 필요하기 때문에 몸을 올바르게 사용하지 않으면 움직이기도 힘들고 음악도 따라가지 못한다. 여러 동작을 사용해 춤을 추기 때문에 외워야 할 앙센망이 많아 기억력도 필요하다. 템포가 느린 아다지오는 좋아해도 알레그로는 꺼리는 사람도 많다.
관련 용어→앙센망(p.103)

▼알렉산드라 페리
(Alessandra Ferri)

이탈리아 출신의 무용수. 영국 로열 발레단의 수석 무용수로 활약하다 1985년 바리시니코프의 권유로 아메리칸 발레 시어터(ABT)의 수석 무용수로 이적했다. 밀라노 라 스칼라 극장 발레단의 수석 무용수로도 활약했다. 2007년 은퇴했지만 2013년 오프 브로드웨이 무대로 복귀. 50세가 넘은 이후에도 무용수로서 끊임없는 도전을 이어가고 있다.

페리는 '발레리나 배우'라고도 불릴 정도로 대사가 들리는 듯한 풍부한 감정 표현이 장기인 무용수이다. 특히, 맥밀런 안무 작품에서 그 재능을 유감없이 발휘했다. 〈로미오와 줄리엣〉의 줄리엣 역이 장기로 사랑스러운 소녀가 슬픈 운명 속에서 강인한 여성으로 성장해가는 모습을 열정적으로 연기했다. 53세에 또다시 ABT에서 줄리엣 역을 맡았다는 소식은 전 세계 발레 팬들을 흥분시켰다.

▼**알렉세이 라트만스키**
(Alexei Ratmansky)
러시아 출신의 무용수이자 안무가. 키예프 발레단, 로열 위니펙 발레단, 덴마크 로열 발레단에서 수석 무용수로 활약하며 2001년부터 안무를 시작했다. 〈더 브라이트 스트림〉, 〈해적〉, 〈돈키호테〉 등 고전 전막 작품의 개정이 장기이며 최근에는 〈휘프트 크림〉 등의 오리지널 작품도 다수 만들었다. 03년부터 볼쇼이 발레단의 예술 감독을 지냈으며 09년부터는 아메리칸 발레 시어터의 상임 안무가로 활약하고 있다. 참고로, 라트만스키 버전의 〈해적〉에서는 알리가 아예 등장하지 않는다!

▼**알롱제(allongé)**
프랑스어로 '길게 뻗은'이라는 의미. 포르 드 브라에서는 손등으로 공기를 누르듯, 천천히 손바닥을 뒤집는다. 그리고 손끝을 더 멀리 뻗는다는 생각으로 계속해서 팔을 부드럽게 뻗어낸다. 다리의 알롱제도 마찬가지이다. 예를 들어, 무릎을 구부린 애티튜드에서 허벅지부터 무릎, 정강이, 발목, 발끝까지 부드럽게 뻗는다. 단번에 쭉 뻗지 않고 누가 발끝을 부드럽게 잡아당기듯 정성껏 신중히 뻗어댄다는 의식이 중요하다.
관련 용어→포르 드 브라(p.150)

▼**알리(Ali)**
〈해적〉의 등장인물. 해적 두목인 콘라드의 충실한 부하로, 다른 동료가 그를 배신했을 때에도 충성심을 보인다. 조연이지만 콘라드와 그의 연인 메도라와 셋이서 추는 파 드 트루아에서는 압도적인 존재감을 보여준다(일본에서는 메도라와 알리와 함께 파 드 트루아를 추는 경우도 많다). 도약과 회전을 결합한 알리의 바리에이션은 뛰어난 테크닉을 갖춘 남성 무용수가 마음껏 실력을 뽐낼 수 있는 기회! 구마카와 데쓰야 버전의 〈해적〉은 그의 장기이기도 했던 알리가 크게 활약하는 내용으로 각색되었다. 늘 두목 콘라드 곁에서 해적들을 이끄는 리더와

같은 존재의 알리는 믿음직스럽고 멋진 남성이다.
관련 용어→해적(p.170)

▼**알리시아 알론소(Alicia Alonso)**
쿠바의 무용수로, 쿠바 국립 발레의 예술 감독. 1940년 발레 시어터(지금의 아메리칸 발레 시어터)에 입단해 60년까지 몸담았다. 48년 알리시아 알론소 발레단을 설립하고 59년 쿠바 국립 발레로 개칭. 지젤과 카르멘 역이 장기였으며 여러 발레단에서 객원 무용수로 활약하며 쿠바를 발레 대국으로 끌어올렸다.
알론소는 젊은 나이에 눈병을 앓아 시력을 잃었지만 계속 춤을 춰온 무용수이다. 75세에 현역에서 물러난 후 완전히 실명했지만 발레에 대한 뜨거운 열정은 여전했다. 95세가 넘은 지금도 후학을 지도하는데 힘쓰고 있다. 그런 그의 열정을 다큐멘터리 영화 〈호라이즌〉을 통해 확인할 수 있다.

▼**알브레히트(Albrecht)**
〈지젤〉의 등장인물. 자신을 로이스라고 칭하며 지젤과 사랑을 나누지만 실은 귀족 출신의 공작 알브레히트. 약혼자와 결혼을 앞둔 상태로 신분을 속이고 사랑을 즐겼다. 지젤과의 사랑은 불장난이었던 것일까? 아니면 진심으로 그녀를 사랑했을까? 무용수에 따라 해석이 다른 역할이다. 전자의 경우, 그녀의 죽음

으로 깊이 후회하는 2막을 어떻게 표현할지가 흥미로운 대목 중 하나이다.
관련 용어→지젤(p.130)

▼앙 드당(en dedans)
다리를 바깥으로 움직이는 앙 드오르에 대해 안쪽으로 움직이는 것을 앙 드당이라고 한다. 흔히 나오는 것은 바 레슨의 롱 드 잠브 아 테르이다. 움직이는 다리를 축 다리 방향으로 움직이는 것이 앙 드당이다. 또 피루엣 등의 회전 기술에서도 축 다리 방향으로 회전하는 앙 드당이 자주 등장한다.

▼앙 드오르(en dehors)
발레의 독특한 신체 사용 방식으로, 영어로는 '턴 아웃'이라고도 한다. 무용수는 양다리를 붙이고 바깥쪽으로 돌려, 무릎과 발끝까지 전부 바깥쪽을 향한 상태를 유지하며 춤을 춘다. 그렇기 때문에 다리를 여러 방향으로 빠르게 움직일 수 있다. 타고난 골격으로 고관절의 가동성이 좋은 사람도 있지만 올바른 방법으로 꾸준히 훈련하면 향상시킬 수 있다. 또 앙 드오르를 유지하려면 허벅지(내전근) 근육을 단련하는 것도 중요하다. 앙 드오르는 무용수의 다리를 길고 아름답게 보이게 한다. 아라베스크를 예로 들면 이해하기 쉬운데, 앙 드오르가 제대로 되지 않으면 무릎이 구부러져 보이고 축을 제대로 세우지 못해 상반신이 무너진다. 또 축 다리를 중심으로 바깥쪽으로 회전하는 것도 앙 드오르라고 한다. 예컨대, 왼쪽 축 다리를 중심으로 오른쪽으로 회전하는 피루엣은 '피루엣 앙 드오르'이다.

▼앙 오(En Haut)
양팔을 들어 올린 포지션. 팔꿈치를 가볍게 구부려 원을 만들고 양 손바닥은 안쪽으로, 손끝은 살짝 떨어뜨린다. 머리 위(정수리 위)까지

발레의 기본 앙 드오르
- 고관절부터 바깥쪽으로 돌린다
- 허벅지를 모으고
- 무릎을 구부리지 않고
- 무릎은 바깥쪽 방향
- 발끝도 바깥쪽
- 엉덩이가 빠졌잖아

억지로 돌리면 부상을 입기 쉽다!
처음엔 이 정도부터 시작

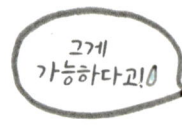

참고로, 누레예프 버전의 〈신데렐라〉에서는 잘못해서 180도 이상 앙 드오르를 해버린 이복 언니가 등장한다

그게 가능하다고!
과연 파리 오페라의 무용수

올리는 것은 잘못된 동작으로 팔과 양 손바닥이 시야에 들어오는 위치까지. 팔꿈치는 귀보다 앞쪽, 손바닥은 이마를 살짝 가리는 위치가 정답이다. 견갑골을 확실히 끌어내리지 않으면 어깨가 들리므로 특히, 주의할 것.

▼앙 파스(en face)

프랑스어로 '정면을 향하다'라는 의미. 그 말 그대로, 객석을 향해 정면으로 선 포지션을 가리킨다. 센터 레슨에서 '앙 파스로 서서 5번 포지션으로 준비'라고 하면 거울을 향해 정면으로 서서 발은 5번으로 만들어 준비한다. 발레에서는 세 가지 방향을 나타내는 명칭으로 앙 파스 외에도 에파세와 크로아제가 있다.
관련 용어→에파세(p.108), 크로아제(p.141)

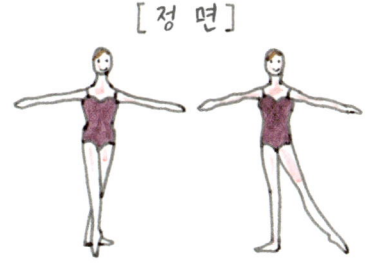

▼앙브아테(emboîté)

프랑스어로 '끼워 넣다'라는 의미를 가진, 양 다리를 교차해 작게 튀어 오르듯 여러 번 교차시키는 동작이다. 대표적인 것은 앙브아테 드 피에. 〈백조의 호수〉 2막의 네 마리 백조(작은 백조)의 춤 후반, 연속 파 드 샤 이후에 나오는 앞뒤로 8번씩 양다리를 교차시키는 동작이 앙브아테이다. 애티튜드 드 방으로 좌우 다리를 교차한 후 프티 애티튜드 데리에로 좌우 다리를 교차하는(프티 주테) 동작이다. 그 밖에도 반회전하며 교차시키는 경우(앙브아테 소테) 등 몇 가지 종류가 있다.
관련 용어→파 드 샤(p.146)

▼앙센망(Enchaînement)

발레 강사가 레슨할 때 몇 가지 동작을 연결해 만드는 짧은 안무를 가리킨다. 발레 강사가 자신이 구성한 앙센망을 말이나 동작을 통해 시범을 보이면 학생들은 그것을 즉석에서 외워 음악에 맞춰 춤을 춘다. 예를 들어, 센터 레슨의 아다지오에서 '5번 포지션으로 준비한 후 데벨로페·드방, 데벨로페·데리에 다음으로 에카르테·드방·데벨로페 그대로 를르베해 오른쪽 대각선 앞쪽으로 톰베·파·드·브레를 한 후 피루엣 그리고 5번으로 돌아와 수 쉬. 왼쪽도 같은 방식으로'와 같이 여러 개의 동작을 조합해 음악에 맞춰 추는 일련의 안무를 지시한다.
관련 용어→아다지오(p.95)

▼앙줄랭 프렐조카주
(Angelin Preljoçaj)

프랑스의 무용수, 안무가, 예술 감독. 머스 커닝햄을 사사했다. 1984년 자신의 댄스 컴퍼니를 설립. 외부 발레단에서 위탁한 안무 작품도 다수이며 리옹 국립 발레단을 위해 안무한 근미래가 무대인 〈로미오와 줄리엣〉(90년)이나 예술 감독이었던 누레예프의 의뢰로 탄생한 파리 오페라 극장 발레단을 위해 안무한 〈르 파르크〉(94년) 등이 있다.

일본에서는 2008년 파리 오페라 극장 발레단

의 〈르 파르크〉 전막이 상연되었다. 소설 《클레브 공작부인(La Princesse de Clèves)》에서 영감을 얻은 작품으로, 프랑스식 정원을 무대로 펼쳐지는 귀족 남녀의 사랑을 그렸다. 키스를 한 상태로 남성의 목에 팔을 감은 여성이 공중에 떠서 회전하는 3막의 '해방의 파 드 되'는 압도적으로 아름답다. 지금은 갈라에서도 주로 공연된다. 아내인 발레리 뮐러와 공동으로 감독한 영화 〈폴리나〉 등 다재다능한 재능을 발휘하고 있다.

▼ 앙트르샤(Entrechat)

공중에서 양다리를 부딪치며 교차시키는 도약 기술. '앙트르샤'라고만 부르는 경우보다 다리를 교차시킨 횟수(대개 3회 이상을 가리키는 프랑스어)와 함께 지칭한다. 다리를 교차시키는 횟수가 짝수일 경우는 양다리로, 홀수일 경우는 한쪽 다리로만 착지한다. 〈잠자는 숲속의 미녀〉 3막의 파랑새, 〈지젤〉 2막의 알브레히트의 바리에이션에 등장하는 앙트르샤 시스(6회)가 장관이다. 여성도 〈파키타〉의 바리에이션과 같이 앙트르샤 시스를 도입하기도 한다. 참고로, 니진스키는 앙트르샤 디스(10회)를 선보였다는 일화가 전해진다.

▼ 애슈턴(Frederick Ashton)

→프레더릭 애슈턴(p.152)

▼ 애티튜드(attitude)

한쪽 다리로 서서 다른 한쪽 다리의 무릎을 구부린 포즈. 다리는 몸 앞쪽으로 들어 올리는 경우와 뒤쪽으로 들어 올리는 경우가 있다. 애티튜드는 몸의 방향이나 포르 드 브라에 따라 화려하거나 가련하게 표현할 수 있는 동작이다. 예컨대, 오로라의 경우는 양팔을 드미 포르 드 브라(손등을 위로 향한다)로 펼친 애티튜드로 가련하고 우아한 인상을 준다. 한편, 키트리는 한쪽 팔은 앙 오, 다른 한쪽은 알 라 스공드, 얼굴은 정면을 향해 야무지고 화려한 인상을 표현한다.

관련 용어→포르 드 브라(p.150)

파랑새 엄청난 체공 시간!
앙트르샤 시스 (6회!!)

높이와 각도 또는 팔의 움직임에 따라 분위기가 크게 바뀌는 동작

▼앤서니 도월
(Anthony Dowell)

영국의 무용수이자 예술 감독. 우아한 당쇠르 노블로 유명하며 1966년 영국 로열 발레단의 수석 무용수가 되었다. 78년부터 1년 반 남짓 아메리칸 발레 시어터에 초빙되어 몸담았다. 86년부터 2001년까지 영국 로열 발레단의 예술 감독을 지냈다. 〈백조의 호수〉, 〈잠자는 숲 속의 미녀〉의 연출을 맡기도 했다.

영국 로열 발레단 공식 유튜브 채널에는 도월과 달시 버셀(전 수석 무용수)이 〈백조의 호수〉에 대해 이야기를 나누는 영상이 올라와 있다. 백조의 새로운 연출을 시도한 이유와 캐스팅 이유 또 백조와 흑조를 나눈 이유와 마고 폰테인의 지도 등 두 사람의 흥미진진한 대담이 담겨 있다(영어).
※영상 제목은 'Anthony Dowell and Darcey Bussell discuss Swan Lake'

▼앤서니 튜더(Antony Tudor)

영국의 무용수이자 안무가. 20대 초부터 안무를 시작해 〈라일락 정원〉(1936년), 〈우울한 비가〉(1937년)를 안무하면서 인간의 내면을 깊이 파고드는 춤을 탐구하는 스타일로 '심리 발레'라고도 불리었다. 39년 미국으로 건너가 막 발족한 발레 시어터(지금의 아메리칸 발레 시어터)에서 안무를 맡아 다수의 작품을 탄생시켰다. 한동안 ABT를 떠났지만 74년 예술 감독 보좌로 취임했다. 87년 세상을 떠났다.

대표작 중 하나인 〈라일락 정원〉은 등장인물의 심리를 발레로 표현한 작품이다. 라일락꽃이 피는 정원에서 열리는 약혼 파티를 무대로 주인공과 약혼자, 주인공의 숨겨진 연인, 약혼자의 전 연인들 등 각 인물들의 고뇌, 슬픔, 욕망, 혐오감 등 다양한 감정이 교차한다. 시선의 이동, 몸짓, 거리감 등 춤 이외의 요소도 함께 어우러져 인간의 복잡한 심리를 표현한 작품이다. 튜더와 인연이 깊은 일본의 스타 댄서즈 발레단에서 그의 작품을 자주 상연하고 있다.

▼앱스트랙트 발레
(abstract ballet)

스토리가 없는 발레. 등장인물은 정해진 캐릭터(성격)가 없으며, 무용수가 몸으로 만들어내는 형태의 미에 매료되는 발레이다. '플롯레스 발레' '추상 발레'라고도 불린다. 이 개념을 도입한 것은 20세기를 대표하는 안무가 중 한 사람인 조지 발란신. 〈세레나데〉, 〈테마와 베리에이션〉 등 마치 음악을 연주하는 듯한 안무가 특징으로 '음악이 시각화되었다'는 평가를 받았다. 스토리는 없지만 춤을 통해 표현된 무용수의 개성에 따라 관객이 특정한 감정이나 인상을 받기도 한다. 아리요시 교코의 발레 만화 《SWAN》에서는 뉴욕으로 건너간 주인공 마스미가 발란신의 앱스트랙트 발레를 어떻게 추어야 할지 고민하는 장면이 나온다. 그때 그녀가 찾아내는 답은 꼭 책을 통해 확인하기 바란다.

▼언더스터디(understudy)

원래 배역을 맡은 무용수가 리허설 혹은 공연 중에 불의의 사고로 출연할 수 없게 되었을 경우를 대비해 대신 출연할 수 있도록 미리 연습해두는 대역 무용수를 가리킨다. 발레 다큐멘터리 영화를 보면, 리허설 장면에서 거의 대부분 뒤쪽에서 안무를 연습하는 언더스터디 무용수의 모습이 비춰진다. 아무 일이 없으면 무대에 설 수 없지만 신진 무용수가 주역급 무용수의 안무를 연습할 수 있는 기회이기도 하다. 또 본 공연 중 사고가 생겨 갑자기 불려나온 언더스터디 무용수가 워밍업도 제대로 하지 못한 채 무대에 올라 성공하는 경우도 간혹 있다. '언더'라고 줄여 부르기도 한다.

▼업·다운 스테이지
(up·down stage)

무대 안쪽에서부터 객석 방향으로 경사진 무대를 말한다. 무대 안쪽을 높여 객석에서 무대 전체가 잘 보이도록 만든 것이다. 이 높낮이 차이로 무대 안쪽을 '업 스테이지' 객석 쪽

을 '다운 스테이지'라고 부른다. 해외 극장에 많은 구조로, 러시아의 볼쇼이 극장, 마린스키 극장, 파리 오페라 극장, 로잔 국제 발레 콩쿠르가 열리는 볼리외 극장 등의 무대가 이런 구조로 만들어졌다. 평면에서 춤을 추는 것에 익숙하다보면 미묘한 경사에서는 축을 유지하기 어려운 경우가 있다. 특히, 마네쥬를 할 때는 무대 안쪽이 오르막이라 더 힘들다고 한다. 일본에서는 채소 가게의 비스듬한 매대와 비슷하다고 하여 '야오야(八百屋, 채소 가게라는 뜻)'라고 부르기도 한다.

▼에샤페(échappé)

프랑스어로 '도망치다'를 의미하는 동작. 기본은 5번으로 닫힌 다리를 드미 플리에해 빠르게 2번 또는 4번으로 열었다가 다시 닫는 동작이다. 2번 또는 4번으로 열 때는 같은 간격을 유지해야 한다. 에샤페는 크게 두 종류로 나눌 수 있는데 하나는 바닥에 발끝을 대고 수행하는 '에샤페 쉬르 레 푸엥트(에샤페 를르베)' 또 하나는 도약과 함께 하는 '에샤페 소테'로 도약하며 플리에를 하면서 다리를 열었다 닫는다. 둘 다 다리를 벌릴 때는 무릎을 구부리지 않고, 드미 플리에에서 엉덩이가 빠지지 않도록 주의해야 한다.

▼에스메랄다(La Esmeralda)

빅토르 위고의 소설 《파리의 노트르담》을 원작으로 만든 발레 작품. 곱사등을 가진 종지기 콰지모도는 아름다운 집시 처녀 에스메랄다를 사랑하지만 그녀는 왕실 근위대 대장인 페뷔스와 사랑에 빠진다. 하지만 사실 페뷔스에게는 약혼자가 있었다. 어느 날, 그녀를 사랑하는 신부 프롤로가 질투심에 사로잡혀 페뷔스를 해치고 에스메랄다가 그 혐의를 뒤집어쓴다. 초연은 1844년, 카를로타 그리지가 주연을 맡았다.

에스메랄다가 탬버린을 들고 춤을 추는 바리에이션이 유명하며 콩쿠르나 발표회에서도 자주 등장하지만 사실 이 바리에이션은 전막에는 나오지 않는 단독 작품. 위안위안 탄(샌프란시스코 발레단의 수석 무용수)이 추면서 유명해졌다. 또 갈라 공연에서 인기 있는 종목인 〈다이아나와 악테온〉의 파 드 되는 사실 〈에스메랄다〉의 일부. 1935년 개정되었을 때 추가된 것으로 2막의 축하 파티 장면에 등장하는 여흥 중 하나이다.

관련 용어→다이아나와 악테온(p.32)

▼에카르테(ecarte)

발레를 출 때의 몸의 방향, 다리, 팔, 얼굴의 모든 방향을 가리키는 포지션명이다. 객석을 향해 대각선 방향으로 서서, 몸의 측면으로 다리를 뻗거나 들어 올린 상태를 말한다. 무대

앞과 안쪽을 향하는 방향도 있으며 예를 들어 '왼쪽 축 다리로 에카르테 드방으로 탄듀'라고 하면 객석을 향해 왼쪽 대각선 방향으로 5번 또는 1번 포지션으로 서서, 왼쪽 축 다리로 우측 대각선 앞쪽으로 탄듀한다. 또 '왼쪽 축 다리로 에카르테 데리에로 탄듀'라고 하면 객석을 향해 오른쪽 대각선 방향으로 5번 또는 1번 포지션으로 서서 왼쪽 축 다리로 오른쪽 대각선 뒤쪽으로 탄듀한다. 얼굴은 드방의 경우, 나간 다리 데리에의 경우, 축 다리 쪽을 향하는 것이 일반적이다. 포르 드 브라는 나간 다리 쪽 팔이 앙 오, 축 다리 쪽은 알 라 스공드가 기본이다.

▼**에크**(Mats Ek)
→마츠 에크(p.62)

▼**에투알**(Étoile)
파리 오페라 극장 발레단의 계급 제도 중 최상위 계급. 보통은 수석 무용수(principal)라고 불리는데 파리 오페라 극장 발레단에서는 '별'을 뜻하는 에투알이라는 명칭을 사용한다. 150명가량의 무용수 중에서 에투알이 되는 것은 20명 전후. 에투알 바로 아래 계급인 프리미에 당쇠르, 프리미에르 당쇠즈까지는 시험을 거쳐 승급되지만 에투알은 예술 감독이 결정한다. 안정된 기술과 확실한 연기력은 물론 스타성을 겸비한 무용수가 에투알이 될 수 있

다고 한다. 참고로, 과거 안무가 베자르가 마뉴엘 레그리와 에릭 부안 두 사람을 에투알로 전격 임명했지만 예술 감독 누레예프가 이를 취소하고 6개월 후 레그리를 에투알로 다시 임명하는(그 사이 부 안은 발레단을 떠났다) 사건이 있었다.
관련 용어→계급 제도(p.20)

▼**에튜드**(etude)
해럴드 랜더가 안무한 작품으로, 1948년 덴마크 로열 발레단에 의해 초연되었다. 스토리가 없고 무용수들이 매일 하는 레슨 풍경이 계속된다. 플리에나 탄듀부터 그랑 바트망까지 평소대로 바 레슨이 진행되고 센터 레슨으로 이어진다. 아다지오에서 회전, 도약으로 진행되면서 에투알 역의 남성 두 명과 여성 한 명을 중심으로 파 드 되, 파 드 트루아, 파 드 카트르, 솔로 바리에이션 등이 코르 드 발레와 함께 펼쳐진다.
레슨 풍경을 소재로 한 발레 작품이라고 하면 담담한 작품을 상상하겠지만 전혀 그렇지 않다. 오히려 초절정 기술의 연속으로 숨 쉴 틈이 없을 정도이다. 회전 파트에 등장하는 피케 턴과 쉐네의 연속, 피날레를 향해 가는 음악에 맞춘 힘찬 그랑 점프의 연속 등 볼거리로

사~아 107

에파세(effacé)

발레를 출 때 몸의 방향을 나타내는 말. 프랑스어로 '열었다'라는 의미의 '우베르트(ouverte)'라고도 한다. 객석을 향해 대각선으로 서서, 정면에서 보았을 때 축 다리와 나간 다리가 교차되지 않고 몸은 객석을 향해 열려 있는 형태이다.

에폴망(épaulement)

프랑스어로 '어깨'를 의미한다. 상반신을 비틀어 한쪽 어깨를 약간 앞으로 내밀고 얼굴은 대각선을 향해 입체감을 표현하는 포즈이다. 얼굴은 몸의 정면이 아니라 약간 대각선으로 돌리고 시선은 어깨 너머를 향하게 함으로써 춤의 뉘앙스를 살린다. 예컨대 〈돈키호테〉의 키트리는 에폴망을 의식해 장난스럽고 오만한 분위기를 표현한다. 간단해 보이지만 의외로 어려운데, 고개가 대각선으로 기울거나 시선

만 보내서는 안 된다. 또 상반신을 비틀 때 허리(골반)가 기울거나 구부러지지 않도록 주의가 필요하다.

▼엑스트라(extra)

파티 장면에 등장하는 귀족들이나 거리나 마을 광장에 모인 사람들과 같이 특별히 춤을 추지 않고 무대에 존재하는 역할이다. 물론, 그냥 서 있는 것만은 아니다. 장소에 걸맞은 분위기나 연기가 필요하다. 예를 들어 〈지젤〉의 귀족이나 사냥꾼, 〈잠자는 숲속의 미녀〉의 문지기나 시종 등이다. 궁정의 귀족 역할은 우아하고 고상한 몸짓이 요구되며 어설프게 움직이면 눈에 거슬린다. 발레단의 코르 드 발레, 아카데미 학생, 은퇴한 전 무용수, 해외에서는 캐릭터 무용수 등이 담당하는 경우가 많다.

▼여장 배역

발레 작품에서는 종종 남성 무용수가 여성 역할을 연기하기 위해 여장을 하는 경우가 있다. 대개는 희극적인 효과를 연출하기 위해 사용되지만 남성이 춤을 춤으로써 그 역할이 지닌 박력이 증대되거나 야릇한 아름다움이 더해지기도 하고 무게감이 강조되기도 한다. 대표적인 작품으로는 〈고집쟁이 딸(La Fille Mal Gardee)〉에 등장하는 주인공의 어머니 시몬, 애슈턴 버전 〈신데렐라〉의 이복 언니들, 말라호프 버전 〈잠자는 숲속의 미녀〉의 카라보스는(화를 내기는 하지만) 어딘가 유쾌한 분위기도 있어 미워할 수 없다. 또 마츠 에크가 안무한 〈베르나르다 알바의 집〉에서는 딸들을 억압하는 엄한 어머니 역할을 남성 무용수가 연기한다. 남성 무용수가 연기함으로써 배어 나오는 굉장한 위압감이 작품 전체에 감도는 긴박감을 고조시킨다.

▼연쇄 추돌

발레단이 복수의 출연진으로 구성된 전막 작품을 수일에 걸쳐 상연할 때, 출연진의 강판으로 일어나는 사고. 예를 들어, 공연 첫날 출연하기로 한 무용수가 강판한 경우, 다음 날 출연하기로 한 무용수의 일정이 앞당겨지고 그 후로 예정되었던 출연진들의 일정도 앞당겨지거나 변경되는 등 원래 예정과는 전혀 다른 출연진으로 공연이 이루어지는 것이다. '연쇄 추돌 사고'와 비슷하다고 하여 이렇게 불린다. 같은 공연을 다른 출연진으로 보기 위해 여러 장의 티켓을 구입했는데 이런 사고로 계속 같은 출연진이 등장하는 작품을 보게 되는 경우도……있다고.

▼영국 로열 발레단(The Royal Ballet)

영국 런던에 거점을 둔 발레단. 명칭과 본거지 변경 등의 우여곡절이 있었던 데다 버밍엄 로열 발레단과 관련된 일들로 역사가 복잡하다. 이해하기 쉽게 연표로 정리했다. 다음 연표의 중간부터 등장하는 ①이 영국 로열 발레단을 가리킨다.

1926년 발레 뤼스 출신의 니네트 드 발루아가 발레 학교를 설립.
1931년 학교를 모체로 한 발레단 '빅 웰스 발레단'을 설립(본거지는 새들러스 웰스 극장).
1941년 극장명과 동일한 '새들러스 웰스 발레단'으로 개칭
1946년 발레단이 둘로 분리되고 ②는 ①의 자매 컴퍼니가 된다.
　　① '새들러스 웰스 발레단'(본거지는 코벤트 가든의 로열 오페라 하우스로 이전)
　　② '새들러스 웰스 발레 시어터'(본거지는 새들러스 웰스 극장)
1947년 ②의 명칭이 '새들러스 웰스 극장 발레단'으로 변경.
1956년 ~57년 ①② 모두 로열의 호칭이 붙는 왕립 발레단으로서, 명칭 변경(본거지는 바뀌지 않았다). ① '로열 발레' ② '로열 발레 투어 컴퍼니'
1976년 ②의 명칭이 '새들러스 웰스 로열 발레단'으로 변경.
1991년 ②의 본거지 변경으로 명칭이 '버밍엄 로열 발레'로 변경(본거지는 버밍엄의 히포드롬 극장으로 이전).

복잡한 역사 속에서 영국 로열 발레단은 고전 작품을 중심으로 활동하면서도 애슈턴이 안무한 〈신데렐라〉(48년), 맥밀런이 안무한 〈로미오와 줄리엣〉(65년), 〈마농〉(74년) 등 영국적인 연극적 작품이 장기인 컴퍼니로 성장했다. 70년대에는 맥밀런이 예술 감독을 맡았다. 2012년 이후는 버밍엄 로열 발레의 전 수석 무용수 케빈 오헤어가 예술 감독을 맡았다.

'로열'이라고 줄여서 부르는 경우도 있지만 다른 나라에도 로열이라는 명칭이 붙은 발레단이 많기 때문에 대부분 '영국 로열 발레단'으로 표기한다. 다만, 왕실의 후원은 받지 않고 조성금이나 기부에 의해 운영된다고 한다. 여러 나라의 뛰어난 무용수들이 모인 글로벌 컴퍼니로서 실비 길렘과 같이 다른 컴퍼니에서 이적해온 무용수들도 많다.

관련 용어→버밍엄 로열 발레단(p.74)

▼예술 감독

극장과 발레단에서 예술적인 면을 총괄하는 최고 책임자. 컴퍼니의 활동 방침과 방향성을 결정하고 이를 바탕으로 연간(시즌) 상연할 작품의 선정, 레퍼토리의 강화, 안무가 선정 및 교섭, 무용수의 배치와 결정, 객원 무용수 채용, 리허설 지도 등을 진행한다. 전임 무용수나 안무가가 맡는 경우가 많고, 예술 감독이 바뀌면서 발레단의 갈라 내용이 완전히 바뀌는 경우도 있다.

▼오귀스트 부르농빌
(August Bournonville)

19세기에 활약한 덴마크의 무용수이자 안무가. 덴마크 로열 발레단에 입단 후 파리 오페라극장 발레단에 입단해 마리 탈리오니의 파트너를 맡아 활약했다. 1830년 덴마크로 돌아와 무용수 겸 수석 안무가, 발레 마스터로도 활동했다. 그의 작품은 덴마크 로열 발레단의 주요 레퍼토리로 상연되며 국제적으로 덴마크 스타일로 확립되었다. 79년 세상을 떠났다.

부르농빌의 대표작은 〈라 실피드〉(1836년)로, 지금도 덴마크 로열 발레단에서 계속 상연되고 있다. 이 작품에는 주로 두 가지 안무가 존재하는데 다른 하나는 탈리오니 버전(1972년 무렵, 라코트가 자신의 창작을 더해 복원한 것)이다. 그것을 본 부르농빌이 덴마크에서도 상연하길 원했지만 좌절되자 같은 이야기를 바탕으로 다른 음악에 자신이 안무했다고 한다. 2005년 덴마크 출신으로 영국 로열 발레단의 전 수석 무용수인 요한 코보그가 이 작품을 개정해 코보그 버전으로 영국 로열 발레단 등에서 상연했다.

관련 용어→마임(p.62), 라 실피드(p.41)

▼오네긴(Onegin)

푸시킨의 운문 소설 《에브게니 오네긴》을 원작으로 한 작품. 존 크랭코 안무(1965년 초연). 독서를 좋아하는 몽상가 타티야나와 여동

생 올가 그리고 그의 어머니가 함께 사는 시골 저택에 올가의 약혼자인 시인 렌스키가 그의 친구 오네긴을 데려온다. 타티야나는 도시에서 온 오네긴을 좋아하게 되지만 그는 시골 처녀에게 관심이 없다. 그날 밤, 오네긴의 꿈을 꾼 타티야나는 그에게 자신의 사랑을 고백하는 편지를 쓴다. 다음 날, 오네긴은 타티야나 앞에서 편지를 찢어버리고 심심풀이로 올가에게 구애까지 한다. 격노한 렌스키와 결투를 벌인 끝에 그의 목숨을 빼앗는다. 죄의식에 괴로워하던 오네긴은 여행을 떠난다. 수년 후, 그레민 공작과 결혼한 타티야나 앞에 이전과는 달라진 모습의 오네긴이 나타난다. 오네긴은 아름다운 공작부인이 된 그녀에게 사랑을 느끼고 구애의 편지를 보낸다. 편지를 받은 타티야나가 동요하자 오네긴은 그녀를 찾아와 자신의 사랑을 고백한다. 그녀는 그의 사랑을 거절하고 편지를 찢으며 방에서 나가라고 명령한다.

1막의 '거울의 파 드 되'에서 타티야나가 꿈속에서 거울에서 나온 오네긴과 춤을 추는 장면은 사랑의 설렘을 경험한 사람이라면 누구나 공감할 수 있는 장면일 것이다. 이상의 인물(실제와는 다른 사람)을 생각하며 그에게 사랑받는 자신을 상상하고 더욱 애정이 깊어져가는 모습이 표현된다. 한편, 같은 주제를 가진 곡을 사용했지만 3막의 '편지의 파 드 되'는 괴로움으로 가득 차 있다. 이전과 같은 마음이지만 그 사랑을 거절할 수밖에 없는 타티야나와 많은 것을 잃고 후회하며 사랑을 애원하는 오네긴. 매달리는 오네긴과 그를 떼어내듯이 춤을 추는 타티야나의 파 드 되는 1막의 파 드 되와는 정반대의 망설임과 괴로움으로 가득하다. 사랑에 빠지고, 그로 인해 상처 받은 경험이 있는 사람이라면 공연이 끝난 후 자신이 얻은 것과 잃은 것에 대해 되돌아보게 될지 모른다.

오네긴 인물 관계도

▼오데트(Odette)

〈백조의 호수〉2막과 4막에 등장하는 주인공. 악마 로트바르트의 저주에 걸려 백조로 변한 오데트 공주는 밤에만 인간의 모습으로 돌아갈 수 있다. 오데트가 왕자에게 '진정으로 사랑하는 사람이 생기면 저주가 풀린다'라고 밝히자 왕자는 영원한 사랑을 맹세하며 다음날 무도회에서 오데트에게 청혼하겠다고 말한다. 하지만 결국 악마에게 속아 그녀를 배신하게 된다. 4막에서 슬픔에 빠진 오데트의 연기가 볼만한 대목이다. 슬픔에 빠져 절망하거나 배신당했지만 그를 사랑하기 때문에 용서하기도 하고 사랑받은 기쁨으로 더욱 강해지거나 자긍심을 갖고 씩씩하게 맞서는 등의 다양한 결말이 있어 그에 따라 역할에 대한 해석이 달라진다.

관련 용어→백조의 호수(p.72)

▼오디션(audition)

오디션은 프로를 지향하는 무용수들이 피할 수 없는 과정이다. 발레단의 무용수를 모집하는 오디션도 있고 단발적인 공연에 출연하는 무용수를 모집하는 오디션도 있다. 보통 1차 심사에는 지정된 포즈 사진(5번 포지션이나 탄듀 또는 아라베스크 등)이나 레슨 또는 바리에이션 영상을 보낸다. 1차를 통과하면 2차 심사에 참가해 다른 응모자들과 함께 바 레슨이나 센터 레슨을 받는 모습을 심사받는다. 도중에 어깨를 두드리며 '자, 여기까지'라는 말을 듣고

집으로 돌아가는 일도……. 최근에는 응모 자격에 기재된 신장 제한이 점점 높아지고 있는데 예컨대, 일본의 신국립 극장 발레단은 여성 163㎝ 이상·남성 173㎝ 이상, 도쿄 발레단은 여성 160㎝ 이상·남성 175㎝ 이상이었다고 한다(2018년 기준).

▼**오딜**(Odile)
〈백조의 호수〉 3막에 등장하는 악마 로트바르트의 딸. 아버지의 지시로 오데트와 똑같이(다만, 흑조) 변장한다. 대부분의 연출에서 오데트와 오딜은 한 무용수가 1인 2역을 연기한다. 방금 전까지 오데트를 연기하던 무용수가 악녀로 변하는 모습은 '어느 쪽이 진짜야?!'라는 생각이 들 정도. 왕자를 유혹하며 때로는 과장되게 오데트 흉내를 내고, 거센 기세로 그랑 푸에테를 선보이거나 왕자를 속이는데 성공하자 몸을 젖히며 크게 웃는다! 또 오데트와 너무 다르면 왕자가 속지 않을까봐 조신한 척 연기하는 무용수도 있다.
관련 용어→백조의 호수(p.72)

▼**오렐리 뒤퐁**(Aurélie Dupont)
프랑스의 무용수, 예술 감독. 파리 오페라 극장 발레단에 입단해 1998년 에투알로 승격되었다. 2001년에는 브누아 드 라 당스 상을 수상했다. 15년 5월, 아듀 공연에서 〈마농〉을 연기한 후 오페라 극장 발레단을 떠났다. 이후, 오페라 극장 발레단의 메트르 드 발레를 맡으며 전 세계의 외부 공연에서도 활약했으며 16년부터 22년까지 파리 오페라 극장 발레단의 예술 감독을 지냈다.
〈레이몬다〉의 레이몬, 〈카멜리아의 여인〉의 마르그리트 등 씩씩하고 자존감 높은 여성 역할이 잘 어울린다. 다큐멘터리에 출연한 실제 그녀의 모습은 놀라울 정도로 수수하고 털털한 분위기. 유머러스하고 솔직한 발언으로 시원시원한 인상이다. 여러 인터뷰에서 '피나 바우쉬와의 만남이 자신을 바꿨다'고 이야기했다.

▼**오로라**(Aurora)
〈잠자는 숲속의 미녀〉의 주인공. 태어났을 때 '16세 생일에 바늘에 찔린다'는 저주를 받아 애지중지 키워진 순진무구한 공주이다. 볼거리 중 하나가 16세 생일을 맞은 공주의 축하 파티 장면. 손님들 앞에 등장한 오로라 공주는 4명의 왕자를 상대로 뛰어난 균형 감각이 요구되는 고난이도의 로즈 아다지오를 춘 후 계속해서 길고 느린 템포의 바리에이션('로즈의 바리에이션'이라고 불린다)을 춘다. 버전에 따라 시간은 다르지만 등장하는 장면에서 약 1분, 로즈 아다지오가 약 7분, 바리에이션이 약

4분 30초로, 12분 넘게 계속 춤을 춘다. 상당한 체력을 요하는 장면이지만 공주가 힘든 표정을 보일 순 없다. 게다가 오로라 공주의 춤은 클래식 발레의 기초에 충실한 신중함이 요구되기 때문에 조금의 빈틈이 있어서는 안 된다. 물론 2막과 3막에서도 계속 등장한다. 많은 무용수들이 '오로라 공주 역은 체력이 필요하다'거나 '나이를 먹으면 힘들어서 못 춘다'고 하는 것도 이해가 된다⋯⋯.
관련 용어→잠자는 숲속의 미녀(p.124)

▼오스트레일리아 발레단
(The Australian Ballet)

오스트레일리아 멜버른에 거점을 둔 발레단. 전신은 오스트레일리아에서 종종 순회공연을 한 발레 뤼스 드 몬테카를로(발레 뤼스를 계승한 발레단)의 일원이었던 에두아르 보로반스키가 만든 발레단. 그 발레단의 무용수를 채용해 1962년 영국의 페기 반 프라그가 예술 감독을 맡아 설립했다. 누레예프가 〈레이몬다〉를 안무하고 객원 무용수로서 출연한 역사가 있다. 2001년 새롭게 예술 감독을 맡은 데이비드 맥앨리스터가 발레단 창립 40주년 기념으로 안무가 그램 머피의 〈백조의 호수〉의 개정을 의뢰. 이듬해 탄생한 것이 영국 왕실의 다이애나 비의 비극을 소재로 만든 작품으로, 이 대담한 개정으로 세계 각국에서 호평을 받았다. 설립 전부터 발레 뤼스 드 몬테카를로가 오스트레일리아를 자주 찾았기 때문에 발레가 일찍 정착했다. 그 역사를 바탕으로 머피는 92년 러시아에서 오스트레일리아로 이주한 과거가 있는 전 발레리나 클라라를 주인공으로 한 〈호두까기 인형―클라라의 이야기〉를 안무했다. 21년 데이비드 홀버그가 예술 감독으로 취임했다.

▼오차드 홀(Orchard Hall)

도쿄 시부야에 있는 문화 시설 '분카무라(Bunkamura)'내에 있는 콘서트 홀. 발레 공연을 비롯해 클래식 콘서트나 오페라, 뮤지컬 등을 상연한다. 2012년부터는 구마가와 데쓰야가 예술 감독으로 취임. 'Bunkamura' 주최로 기획한 공연도 많은데 그 중에서도 2005년 여름부터 시작된 파리 오페라 극장 발레단 에투알들을 중심으로 한 '에투알 갈라'가 인기가 있었으며 이 공연은 08년, 10년, 14년, 16년에도 계속되었다.

▼오페라글라스(opera glass)

오페라글라스는 극장 관람의 필수품이다. 규모가 큰 극장의 경우, S석이라도 멀어서 잘 보이지 않는 경우가 있다. 춤추는 무용수의 표정, 발끝이나 손의 표현, 근육의 사용 방식, 의상이나 머리 장식의 디테일⋯⋯세세한 부분까지 볼 수 있으면 공연이 더욱 즐겁다! 간혹 '무용수가 신은 포인트 슈즈 메이커가 궁금하다'거나 '무대 메이크업을 연구한다'거나 '코르드 발레 무용수들을 자세히 보고 싶다'는 등의 이유를 가진 발레 팬도 있다. 그럴 때는 아무리 가까운 자리에서도 오페라글라스로 보게 된다.

▼오프스테이지(offstage)

무대 상·하수에 있는 막 안쪽, 객석에서는 보이지 않는 위치에 있는 장소를 말한다. 출연 직전의 무용수가 대기하는 장소로, 극장에 따라서는 송진(슈즈의 미끄럼 방지용)이나 바가 설치되어 있는 곳도 있다. 무용수 외에도 각 스태프에게 지시를 내리는 무대 감독이 대기하거나 조작판 또는 모니터가 설치되어 있기도 하다. 또 측면에서 무대를 비추는 조명기구도 있어 일반적으로 꽤 혼잡한 장소이다.
관련 용어→무대 상·하수(p.66)

▼요시다 미야코(吉田 都)

영국 로열 발레단의 수석 무용수로 활약한 일본 출신의 무용수. 1983년 영국 로열 발레 스쿨에 입학. 이듬해 예술 감독 피터 라이트의 눈에 띄어 새들러스 웰스 로열 발레단(지금의 버밍엄 로열 발레단)에 입단. 2년째 되던 해, 군무를 맡던 시절 대역으로 〈백조의 호수〉의 주역을 맡으면서 주역으로 춤출 기회가 늘었다. 입단 5년째인 88년 수석 무용수로 승격. 95년 영국 로열 발레단의 수석 무용수로 이적. 이후 고전 전막 작품은 물론 애슈턴, 맥밀런 등의 드라마틱 발레에서도 주역을 맡았다. 2006년부터 3년간, K발레 컴퍼니의 수석 무용수(이 듬해부터 객원 수석 무용수)로 영국과 일본을 오가며 활약했다. 10년 영국 로열 발레단을 퇴단, 19년 8월에 은퇴 발표. 20년 9월부터 신국립극장 발레단 예술감독으로 취임했다.

몸이 음악을 연주하는 악기와 같다! 스텝은 물론이고 가만히 바닥에 내려놓은 발끝이나 부드러운 팔의 움직임에서도 음악이 흘러나오는 것처럼 느껴질 정도로 음악성이 뛰어난 무용수이다. 그렇다고 지나치게 꾸며내지 않으며 음악과 융합되는 듯한 우아함이 있다. 2016년 출판된 자전적 에세이 《발레리나 계속 춤을 추는 이유》를 읽으면 그 뛰어난 표현력이 겸허한 자세에서 나온다는 것을 알 수 있다. 프로 무용수를 지향하는 사람은 물론 사회 초년생이나 전직 후 적응을 못하는 사람 혹은 책임감에 짓눌리거나 콤플렉스로 고민하는 사람 등 고민을 안고 있는 많은 사람들이 읽으면 공감할 수 있는 책이다.

▼요정

로맨틱 발레 작품이라고 하면 사뿐히 움직이는 요정의 모습이 매력적! 요정 역할에는 몇 가지 정해진 원칙이 있다. 우선 순백의 긴 스커트가 달린 '로맨틱 튀튀'를 입는다. 또 요정 특유의 부유감을 연출하기 위해 포인트 슈즈를 신고, 등에는 날개를 단다. 그리고 숲에 산다는 설정이 많아서인지 화관을 쓰고 있는 경우가 많다. 섬세한 발놀림으로 춤을 출 때마다 날개가 달린 의상의 튈이 너울거리며 환상적인 모습을 선보인다. 이런 분위기를 위해 커다란 발소리, 포인트 슈즈 끝으로 바닥을 두드리는 소리, 도약할 때 소리를 내며 떨어지는 등의 행동은 절대 금물! 갑자기 현실로 돌아오는 기분이 들어 실망하는 관객도……고도

의 푸앵트 기술이 필요한 역할이다.

▼우크라이나 국립 발레단
(National Ballet of Ukraine)

우크라이나 키예프에 있는 발레단. 1867년 키예프 오페라 극장의 탄생과 함께 창립되어 34년 소련 연방 국립 키예프 오페라 발레 아카데미 극장으로 개칭. 구소련 시대에는 볼쇼이 극장, 키로프 극장(현재의 마린스키 극장)과 나란히 '3대 극장'으로 칭해졌다. 91년 소련이 붕괴하고 세브첸코 국립 오페라 발레 극장이 되었다. 정식 명칭은 '타라스 세브첸코 우크라이나 국립 발레단(Taras Shevchenko National Opera and Ballet Theatre of Ukraine)'이다.

안무가 알렉세이 라트만스키, 무용수 알리나 코조카루, 레오니드 사라파노프 등의 유명한 스타가 이 발레단 출신이다. 매년 '신춘 발레'라는 이름으로 다양한 고전 작품을 상연하며 연초부터 발레 팬들에게 행복을 선사한다.

▼울리야나 로파트키나
(Ulyana Lopatkina)

우크라이나 출신의 무용수. 1991년 마린스키 발레단에 입단해 4년 후 수석 무용수로 승격. 97년 골든 마스크상, 98년 〈이브닝 스탠다드〉지의 발레 공로자상, 99년 러시아 국가 공로

사랑의 전설
메흐메네 바누
백조의 호수 오데트

깊은 슬픔의 표현에 눈물

상, 2006년 러시아 인민예술가로 선출되는 등 국내외의 저명한 상을 다수 수상했다. 17년 이전부터 계속된 부상으로 은퇴를 발표했다. 175㎝의 호리호리한 장신으로 추는 〈백조의 호수〉의 오데트는 로파트키나 최대의 장기. 긴 팔과 다리로 그려내는 우아하고 아름다운 라인, 고요하고 깊은 정신세계가 느껴지는 연기, 음을 하나하나 쪼개는 듯한 음악성…… 〈백조의 호수〉를 여러 번 본 발레 팬에게도 그녀가 연기하는 백조는 각별한 것이었다. 그것은 〈빈사의 백조〉를 출 때에도 마찬가지였다. 강인한 의지가 느껴지는 씩씩한 역할도 장기. 〈레이몬다〉의 레이몬다, 〈사랑의 전설〉의 메흐메네 바누, 〈라 바야데르〉의 니키야 등도 그녀의 장기였다. 그녀에 관한 다큐멘터리도 많다. 배역에 대한 연구나 인생관에 대해 이야기하는 모습도 인상적이다.

▼원정

특정 발레단이나 무용수의 공연을 보기 위해 먼 곳까지 찾아가는 것을 발레 팬들 사이에서는 '원정'이라고 부른다. 다만, 사전에 티켓, 비행기, 숙박 장소를 구했지만 무용수가 부상으로 강판하거나 파업으로 공연 자체가 취소되는 경우도 없지는 않다.

▼월반

계급제를 실시하는 발레단에서 바로 위 계급을 건너뛰고 승격되는 것. 간혹 파리 오페라 극장 발레단에서 월반해서 에투알로 임명되는 무용수가 나오는데 동 발레단은 프리미에 당쇠르와 프리미에르 당쇠즈까지는 승진 시험에 합격한 사람만 승격할 수 있기 때문에 월반이 가능한 것은 에투알뿐이다. 최근에는 로랑 일레르, 마뉴엘 레그리, 매튜 가니오, 제르맹 루베가 프리미에 당쇠르를 거치지 않고 수제에서 에투알로 승진했다.
관련 용어→계급 제도(p.20)

▼윌리엄 포사이스
(William Forsythe)

미국 출신의 무용수, 안무가, 예술 감독. 조프리 발레단에서 슈투트가르트 발레단으로 이적. 20대 후반부터 안무를 시작해 1981년까지 슈투트가르트 발레단의 상임 안무가를 맡았다. 84년부터는 프랑크푸르트 발레단의 예술 감독이자 수석 안무가를 지냈으며 2004년부터는 직접 포사이스 컴퍼니를 설립했다.
포사이스의 작품은 대표작 중 하나인 〈인 더 미들 섬왓 엘리베이티드〉를 포함해 늘 '첨예하다'라는 평가를 받는다. 안무, 의상, 장치, 조명까지 모두 직접 참여해 현대적이고 세련된 스타일이 특징이다. 최근 작품은 자신의 컴퍼니에서만 상연하는 경우가 많지만 16년 보스턴 발레단과 5년간 파트너십 계약을 체결해 신작도 레퍼토리에 추가했다.
관련 용어→인 더 미들 섬왓 엘리베이티드(p.118)

▼유리 그리고로비치
(Yury Grigorovich)

러시아의 무용수, 안무가. 예술 감독. 1946년 키로프 발레단(지금의 마린스키 발레단)에 입단. 57년 발레단을 위해 안무한 〈석화(The Stone Flower)〉가 성공을 거두며 볼쇼이 발레단에서도 상연되었다. 61년 〈사랑의 전설〉의 안무로 높은 평가를 받으며 64년 볼쇼이 발레단의 예술 감독 및 주임 안무가로 취임했다. 그 후로 30년 넘게 볼쇼이를 이끌었으며 68년 대표작인 〈스파르타쿠스〉를 안무해 큰 성공을 거두었다. 그 밖에도 79년 〈로미오와 줄리엣〉, 82년 〈황금시대〉 등의 신작을 발표하고 〈백조의 호수〉 등의 고전 작품을 개정했다. 95년 예술감독을 퇴임했지만 2007년 볼쇼이의 발레 마스터로 복귀. 현재는 볼쇼이를 떠났지만 17년 탄생 90주년을 기념해 볼쇼이와 마린스키에서 그의 명작이 상연되었다. 아내는 볼쇼이의 프리마로 활약한 나탈리아 베스메르트노바.
가능한 마임을 없애고 춤으로 감정을 표현하는 안무 스타일로, 무용수의 몸을 통해 등장인물의 복잡한 심정을 풍부하게 표현했다. 전개가 빠르고 군더더기가 없어 춤의 박력을 충분히 만끽할 수 있는 무대가 많다.

▼유명 인사(celebrity)

영화나 드라마에서 활약하는 '유명 연예인' 중에는 본격적으로 발레를 배운 경험을 가진 사람들이 있다. 그 중 몇 사람을 소개한다.

◆**샤를리즈 테론**(Charlize Theron)
남아프리카 출신의 그녀는 4세부터 발레를 시작해 프로 무용수를 목표로 본격적으로 배우기 위해 16세에 뉴욕으로 건너와 조프리 발레단 부속학교에 입학했다. 발레를 그만 둔 이유는 키가 너무 컸기 때문이라고도, 무릎 부상 때문이었다는 말도 있다. 2013년 아카데미 상 수상식에서 채닝 테이텀과 함께 우아한 왈츠를 선보였다.

◆**다이앤 크루거**(Diane Kruger)
영국 로열 발레단의 부속학교 로열 발레 스쿨에 다녔으나 13세 무렵 무릎 부상으로 발레 무용수의 꿈을 단념했다고 한다.

◆**알리시아 비칸데르**(Alicia Vikander)
스웨덴 출신으로, 예테보리에 있는 스웨덴 왕립 발레학교 출신. 프로 무용수를 지향했지만 부상을 이유로 18세에 발레를 그만두었다고 한다. 영화 〈안나 카레리나〉에서 아름답게 왈츠를 추는 모습을 선보였다(참고로, 안무는 시디 라르비 세르카위).

◆**미즈노 소노야**(Sonoya Mizuno)
최근 주목 받고 있는 일본계 영국인 배우 소노야는 로열 발레 스쿨 출신. 졸업 후에는 드레스덴 발레단과 스코티시 발레단에서 프로로 활동한 경험도! 영화 〈라라랜드〉에 출연해 엠마 스톤과 함께 경쾌하게 춤을 추었다.

그 밖에도 페넬로페 크루즈, 양자경, 니브 캠벨, 조 샐다나, 서머 글라우, 에밀리 반캠프 등이 있다. 남성 중에는 라이언 고슬링이 어릴 때부터 발레를 취미로 삼았으며 성인이 된 지금도 가끔 LA에 있는 스튜디오에서 레슨을 받는다고 한다. 또 덴마크 출신의 배우 매즈 미켈슨은 10대 무렵 발레를 배워 프로 무용수로 활동한 경험이 있다.

▼은퇴

'어쩌면 이제 곧……'하고 발레 팬들의 마음을 조바심치게 하는 것이 무용수의 현역 은퇴일 것이다. 40세 이후 은퇴하는 경우가 많지만 그 시기는 무용수에 따라 다르며 나이, 출산, 부상, 생활환경의 변화, 다른 진로 추구 등 이유는 다양하다. 50세, 60세가 넘어서까지 '지금의 나이이기 때문에 출 수 있다'고 느낀 작품을 계속하는 무용수가 있는가 하면 30대에도 '전처럼 추지 못해 만족할 수 없다'고 느껴 은퇴하는 무용수도 있다. 또 파리 오페라 극장 발레단처럼 은퇴 연령이 정해져 있어도 발레단에서 은퇴한 후 프리랜서로 활동하는 무용수도 있다.

▼이고르 스트라빈스키
(Igor Stravinsky)
20세기를 대표하는 러시아의 작곡가 중 한 사람. 발레 뤼스를 이끈 디아길레프의 의뢰로 작곡한 발레 음악 〈불새〉(1910년), 〈페트루슈카〉(11년), 〈봄의 제전〉(13년)으로 널리 알려졌다. 이후에도 발레 뤼스를 위해 작곡을 했는데 30년대부터는 발란신을 위해 〈아곤〉(57년)을 포함해 4곡의 발레 음악을 작곡했다. 또 발란신은 그의 발레 음악 이외의 작품을 이용해 〈주얼스〉의 루비 등을 안무하기도 했다. 71년에 세상을 떠났다.
〈불새〉의 멜로디는 관능적이고 로맨틱한 분위기를 풍기지만 불협화음이 울려 퍼지는 〈봄의 제전〉은 스토리(처녀가 태양신의 제물로 바쳐지는)에 걸맞은 불온함과 신비한 제전에 어울리는 드라마틱한 흥분이 느껴진다.

▼이타쓰키
(板付き, pre-curtain)[일본 발레 용어]
막이 오르기 전 또는 조명이 켜지기 전부터 무용수가 무대 위에 서서 포즈를 취하는 것을 가리키는 무대용어. 막이 닫혀 있는 경우는 조명이 켜져 있지만 막이 열려 있는 경우는 어두운 무대 위를 걸어가 정해진 위치에 서서 준비해야 한다. 무용수가 헤매지 않도록 무대 위에는 어둠 속에서도 빛이 나는 '야광 테이프'를 붙이기도 한다.

▼이탈리안 푸에테
(italian fouetté)
주연급 여성 무용수의 바리에이션에서 자주 볼 수 있는 회전 기술의 하나. 움직이는 다리를 에카르테 드방으로 데벨로페해 들어 올리고 축 다리 쪽으로 내리며 반회전한 후 움직이는 다리를 대각선 뒤쪽으로 드방으로 올린 채 축 다리를 중심으로 상반신을 반회전해 애티

튜드 형태로 멈춘다. 이 일련의 동작을 여러 번 반복한다. 이탈리안 푸에테가 등장하는 대표적인 작품은 〈돈키호테〉 2막 '꿈속 장면'에 등장하는 숲의 여왕의 바리에이션. 참고로, 정식 명칭은 '그랑 푸에테 클르베 앙 투르낭'이다.

▼인 더 미들 섬왓 엘리베이티드
(In The middle Somewhat Elevated)
윌리엄 포사이스의 안무 작품으로 대작 〈임프레싱 더 차르〉의 일부. 1987년 초연 당시의 무용수는 실비 길렘과 로랑 일레르였다. 스토리

가 없는 작품으로, 레오타드를 입은 브루클린의 무용수들이 어스름한 무대 위에서 빠르게 교체되며 춤을 춘다. 일반적인 발레보다 크게 축을 벗어난 동작이 많고 균형이 무너지기 일보 직전까지 움직이는 동작은 그야말로 긴장감이 넘쳐 눈을 뗄 수 없다.

▼일본 도쿄 신국립 극장
(Tokyo New National Theatre)

일본 도쿄 하쓰다이 소재의 극장. 대극장, 중극장, 소극장이 있으며 발레나 컨템포러리 댄스 외에도 오페라와 연극 등을 상연한다. 공익 재단법인 신국립 극장 운영재단에 의해 운영되며 신국립 극장 발레단을 보유하고 있다. 차세대 육성에도 힘을 쏟으며 프로 가수, 무용수, 배우를 지향하는 사람들을 위해 '오페라 스튜디오(NNT Opera Studio)', '발레 학교(NNT Ballet School)', '연극 스튜디오(NNT Drama Studio)'를 운영하고 있다. 또 오페라·발레·댄스·연극에 관한 자료(서적이나 영상)를 수집·보존하여 일반에 공개하고 있다. '그때, 그 무대 영상을 보고 싶다!' 같은 때 신국립 극장에 가면 찾을 수 있는 경우가 많다. 참고로, 신국립 극장에 발레를 보러 가면 관람 이외의 즐거움이 있다. 바로 막간에 즐기는 음식! 샴페인이나 스파클링 와인의 종류도 많고 술과 함께 곁들일 카나페도 있다. 또 프로피테롤 등의 디저트도 풍부해 어른부터 아이까지 20~25분 정도의 막간을 여유롭게 즐길 수 있다.

▼일본 신국립 극장 발레단
(National Ballet of Japan)

일본 도쿄의 신국립 극장을 본거지로 하는 발레단. 일본 유일의 국립 극장 부속 발레단. 1997년 신국립극장 개장과 함께 설립되어 극장의 개장 기념으로 〈잠자는 숲속의 미녀〉를 상연한 이후 20년 이상 고전 작품부터 컨템포러리 작품까지 매 시즌 레퍼토리를 확대해 왔다. 설립 당초의 예술 감독은 시마다 히로시(97~99년)였으며 그 후, 마키 아사미(99~2010년), 데이비드 빈틀리(10~14년), 오하라 노리코(14~20년), 요시다 미야코(20년~현재)로 바뀌었다. 시즌제를 채택하는 발레단으로 매년 가을 새 시즌이 개막하고 연간 신작을 포함한 전막 공연과 갈라 공연 그리고 지방 공연을 합쳐 40편가량을 상연한다. 또 무용수는 매 시즌 계약하는 '계약 무용수'와 출연하는 작품별로 계약하는 '등록 무용수'로 나뉜다.

스베틀라나 자하로바(전 마린스키 극장 발레단의 수석 무용수, 후에 볼쇼이 발레단으로 이적) 등의 객원 수석 무용수를 빈번히 초청하던 시기도 있지만 발레단에 소속된 무용수들이 잇따라 두각을 드러내며 현재는 여성 수석 무용수인 오노 아야코, 요네자와 루이, 남성 수석 무용수인 후쿠오카 유다이, 이자와 슌 등의 개성 있는 일본인 무용수들이 활약하고 있다. 또 뛰어난 코드 발레로도 정평이 나 있으며 최근에는 발란신 작품(〈심포니 인 C〉, 〈테마와 바리에이션〉)에서도 호평을 받고 있다.

▼잉글리시 내셔널 발레
(English National Ballet)

영국 런던에 본거지를 둔 발레단. 줄여서 'ENB'라고 불린다. 발레 뤼스 출신의 무용수 알리시아 마르코바와 안톤 돌린이 1935년 결성한 발레단이 기원으로 런던 페스티벌 발레 등 몇 번의 명칭 변경 이후 89년 지금의 명칭으로 정착했다. 런던 콜리세움을 본거지로 국내외 순회공연에 힘을 쏟는 투어 컴퍼니로, 폭넓은 관객 확보를 위한 대중 노선을 걷고 있다. 2012년 영국 로열 발레단의 수석 무용수로 활약한 타마라 로조가 예술 감독으로 취임했다. 고전 작품을 계속 상연하면서 13년에는 개정판 〈해적〉을 초연하고 아크람 칸이 안무한 〈지젤〉 등 현대 안무가들의 작품을 레퍼토리에 도입하는 등 도전을 계속하고 있다. 23년부터는 아론 S. 왓킨이 예술 감독으로 취임했다.

COLUMN

발레라고 하면, 모두가 떠올리는 '포인트 슈즈'의 구조!
포인트 슈즈로 춤추는 비결?

발레리나가 신고 춤을 추면 공중에 떠있는 것처럼 아름답게 보이는 포인트 슈즈. 섬세한 발끝의 움직임으로 등장인물의 심정까지 표현한다. 포인트 슈즈의 구조와 신는 방법에 대해 해설한다!

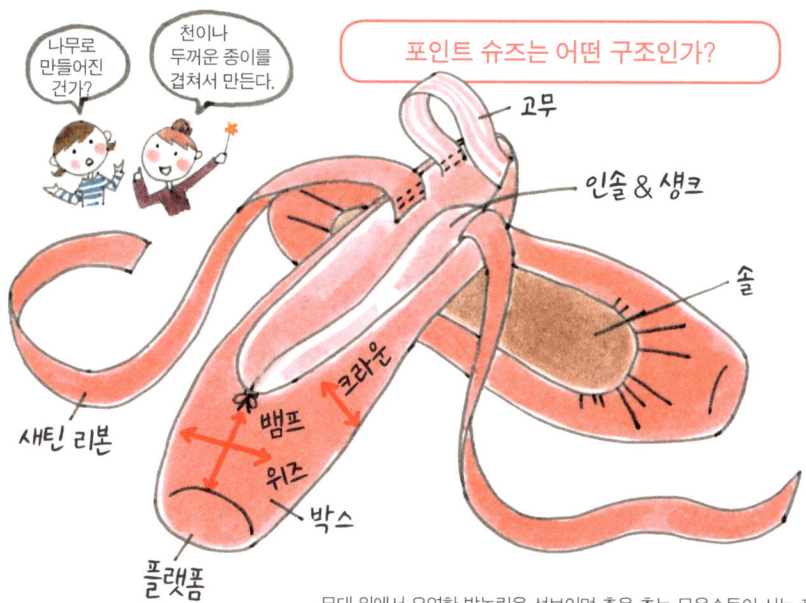

포인트 슈즈는 어떤 구조인가?

- 고무
- 인솔 & 섕크
- 솔
- 크라운
- 뱀프
- 위즈
- 박스
- 새틴 리본
- 플랫폼

나무로 만들어진 건가?

천이나 두꺼운 종이를 겹쳐서 만든다.

프로는 어떤 가공을 할까?

무용수의 체중을 지지하기 위해 단단하게 만들어진 포인트 슈즈는 그냥 신어면 아파서 평소와 같이 춤을 출 수 없다. 발이 아름답게 보이고 발끝으로 섬세한 동작을 표현하며 안정적으로 춤을 추려면 포인트 슈즈를 발에 맞춰 신어야 한다. 그런 이유로 무용수들은 포인트 슈즈를 구부리거나, 자르거나, 칠하거나, 깎거나, 두드리는(!) 등 저마다 다양한 가공을 한다.

무대 위에서 유연한 발놀림을 선보이며 춤을 추는 무용수들이 신는 포인트 슈즈는 실은 매우 단단하게 만들어졌다. 과연 어떻게 만들어진 것일까? 포인트 슈즈를 신어본 적 없는 사람에게 보여주면 그 단단함에 놀라며 '나무로 만든 것인지' 묻기도 한다. 포인트 슈즈의 끝부분인 플랫폼과 발끝을 감싸는 박스(플랫폼에서 5~6cm가량 올라간 부분)는 여러 종류의 천을 1장 씩 니스를 발라 붙인 후 굳혀서 만든다. 슈즈 안쪽에는 가죽 안창을 붙이고 그 아래에는 '섕크'라고 부르는 판 구조가 있는데 이 부분은 두꺼운 종이를 여러 장 겹쳐서 만든다(제조사에 따라 특수한 카본을 사용한 것도 있다). 슈즈 바닥에는 가죽을 붙인다. 각 제조사에서는 다양한 종류의 슈즈를 출시하고 있으며 플랫폼의 크기, 형태, 뱀프(박스의 길이), 위즈(박스의 너비), 크라운(신발 바닥부터 발등까지의 높이), 섕크의 단단한 정도, 길이 등에 세밀한 차이가 있다.

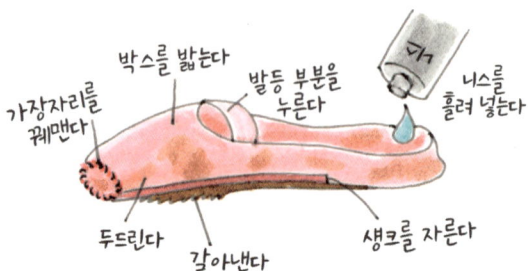

- 박스를 밟는다
- 가장자리를 꿰맨다
- 발등 부분을 누른다
- 니스를 흘려 넣는다
- 두드린다
- 갈아낸다
- 섕크를 자른다

뭐하는 거야?!

탕 탕 으쌱!

포인트 슈즈를 신고 어떻게 서 있는 걸까

포인트 슈즈가 '푸앵트(pointe)'라고 불리는 것은 글자 그대로 발끝으로 서기 때문이다. 간혹 포인트 슈즈 안에서 발가락을 구부린 상태(드미 푸앵트)로 춤을 추는지 묻는 사람이 있는데 발끝은 곧게 뻗은 상태로 춤을 춘다. 발가락에 온 체중이 실리기 때문에 지나친 부하를 줄이기 위해 단단한 박스와 섕크를 이용해 몸을 지지하고 발바닥 근육과 전신의 근육을 능숙하게 사용해 힘을 분산시키는 것이다. 그렇기 때문에 발에 맞지 않는 포인트 슈즈를 신으면 발끝에 부담이 커지면서 물집, 굳은살, 티눈 등이 생기거나 포인트 슈즈 안에서 발이 변형되어 심한 경우에는 무지 외반증이 되기도 한다. 포인트 슈즈 안에서 발가락을 곧게 뻗을 수 있고 발을 적당히 잡아줄 수 있는 포인트 슈즈를 고르는 것이 중요하다.

어떻게 하면 발끝으로 설 수 있을까?

바르게 신으면, 발끝으로 서서 춤추는 데 도움이 되는 포인트 슈즈 하지만 익숙해지려면 먼저 몸을 만들어야 한다. 먼저, 발끝으로 춤추기 위해서는 발바닥에 있는 근육 '족저근'이 중요하다! 발바닥을 잘 사용하면 단단한 섕크에도 지지 않고 발끝을 부드럽게 사용해 춤을 출 수 있다. 또한 무용수는 체중이 발끝에 지나치게 실리지 않도록 내전근, 복근, 등 근육을 사용해 몸을 위로 끌어올리면서 춤을 춘다. 그렇기 때문에 포인트 슈즈는 꾸준한 훈련을 통해 적절한 근육이 생긴 후에 신는 것이다.

포인트 슈즈 선택이 어려운 이유?

포인트 슈즈 찾아 삼만 리!!
발에 맞는 포인트 슈즈를 찾지 못해 신지도 못하고 쌓아두기만 하는 경우도!

1 발의 형태는 제각각

 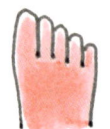 

스퀘어형   이집트형   그리스형

검지가 긴 그리스형은 플랫폼으로 갈수록 좁아지는 타입을 선택하면 좋다. 새끼발가락으로 갈수록 비슷듬이 내려간 이집트형은 포인트 슈즈 끝에 쿠션을 넣어 신으면 편해지기도 한다.

2 발의 너비도 제각각

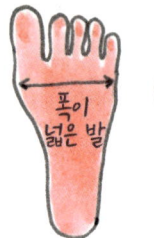 

폭이 넓은 발   폭이 좁은 발

포인트 슈즈의 너비에도 차이가 있다. 스스로 넓다고 생각했는데 실은 좁은 경우도 있다. 포인트 슈즈를 신고 섰을 때 발을 잡아주지 못하고 무너져 발끝에 지나치게 체중이 실리는 느낌이 든다면 너비를 확인하는 것이 좋다.

3 발등의 높이도 제각각

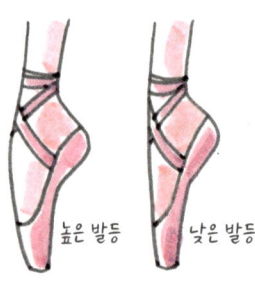

높은 발등   낮은 발등

흔히, 포인트 슈즈를 신고 섰을 때 발등이 나오는 형태가 아름답다고 하는데 발등의 높이 역시 사람마다 다르다. 가령 발등이 낮아도 적절한 높이의 크라운을 선택하면 발등을 아름답게 보일 수 있다. 또 발바닥 근육을 단련하면 발등의 높이도 달라진다.

4 단단한 정도에 대한 선호도 제각각

단단한 게 좋아!
정말? 발바닥에 쥐날 것 같아
즐거운 포인트 슈즈 좌담 ♥

포인트 슈즈는 발에 익숙해지는 것이 중요한데 발의 근력이 강한 사람은 단단한 섕크에도 금방 익숙해지지만 근력이 약하다면 섕크가 너무 단단하지 않은 것을 고르는 편이 낫다. 또 프로용 중에는 섕크가 짧은 포인트 슈즈도 있다.

5 제조사나 장인도 제각각

NO!   미안하네, 이제 곧 은퇴
이게 마지막이네

포인트 슈즈는 모두 수작업으로 만들어진다. 제조사에 따라 착화감이 다른 것 외에도 소음 효과 등의 특징이 있는 포인트 슈즈도 있다. 프리드의 포인트 슈즈는 장인에 따라 종류가 나뉘기 때문에 장인이 은퇴하기라도 하면 큰 소동이 벌어지기도 한다고.

포인트 슈즈는 주로 발의 형태, 너비, 발등의 높이(크라운), 섕크의 강도 그리고 제조사별로 착화감을 비교해 선택한다. 처음에는 매장의 슈피터의 도움을 받아 발에 맞는지를 확인하며 선택하는 것이 좋다. 다만, 매장에서는 포인트 슈즈를 신고 드미 푸앵트로 확인해볼 수 없는 경우가 많기 때문에 자신에게 맞는 포인트 슈즈를 찾기까지 여러 종류를 신고 춤을 추며 확인할 필요가 있다.

발레 슈즈는 무엇일까?

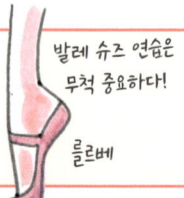
발레 슈즈 연습은 무척 중요하다!
를르베

발레를 배운다고 바로 포인트 슈즈를 신을 수 있는 것은 아니다. 포인트 슈즈를 신고 춤을 출 수 있는 발 그리고 몸을 만들기 위해 중요한 것이 부드러운 발레 슈즈를 신고 하는 연습이다. 프로 무용수들도 평소의 연습은 발레 슈즈를 신고 시작해 발바닥의 근육을 충분히 풀어주고 몸을 확실히 끌어올린 후 포인트 슈즈를 신는다. 발레 슈즈를 신었을 때는 발바닥을 충분히 사용해 연습한다.

▼자이로키네시스®/자이로토닉®
(Gyrokinesis®/Gyrotonic®)

발레 무용수였던 줄리오 호바스가 부상을 극복하기 위해 만든 것이 자이로키네시스®이다. '자이로'란 원 또는 나선을 말한다. 의자에 앉아 곡선을 그리듯 몸을 움직인다. 몸에 부담을 주지 않고 등이나 골반을 움직여 근육을 이완할 수 있으며 발레에 필요한 자세와 근육을 기를 수 있어 부상 회복에 도움이 된다고 한다. 또 자이로토닉®은 특제 머신을 사용하는 운동으로 머신을 이용해 더욱 효과적으로 몸을 움직일 수 있다. 부상으로 인한 재활 목적만이 아니라 평소에도 몸 관리를 위해 이용하는 무용수들이 많다.

▼잠자는 숲속의 미녀
(The Sleeping Beauty)

샤를 페로의 원작을 바탕으로 만든 '차이콥스키 3대 발레'의 하나로, 차이콥스키와 프티파의 공동 작업으로 탄생한 유일한 작품. 왕국에서 탄생한 오로라 공주의 세례식. 착한 정령인 리라의 정령은 요정들을 데려와 공주에게 '아름다움·용기·상냥함·긍정'과 같은 미덕을 선물한다. 그때 초대받지 못해 화가 난 악한 정령 카라보스가 난입해 '이 아이는 16세 생일에 물레 바늘에 손가락을 찔려 죽을 것이다'라고 저주를 걸지만 리라의 정령이 서둘러 '공주는 죽는 것이 아니라 잠들 뿐. 사랑하는 사람의 키스로 눈을 뜰 것'이라며 저주를 약화시킨다. 그로부터 16년 후, 왕국에서는 바늘

사용이 절대 금지되었다. 16세 생일을 맞은 공주는 4명의 구혼자들과 춤을 춘다. 그때 노파가 나타나 공주에게 축하 꽃다발을 건네는데 거기에 숨겨져 있던 바늘에 손가락을 찔려 쓰러지고 만다. 노파는 변장한 카라보스였던 것이다. 리라의 정령은 오로라 공주와 함께 왕과 왕비는 물론 가신들까지 모두 잠들게 한다. 세월이 흘러 100년 후의 세계, 숲으로 사냥을 간 데지레 왕자 앞에 리라의 정령이 나타나 오로라 공주의 환영을 보여준다. 공주에게 매료된 왕자는 리라의 정령에게 이끌려 성으로 향한다. 카라보스와 부하들을 물리친 왕자는 잠들어 있는 오로라 공주에게 키스를 하고 공주를 비롯한 성 전체가 깨어난다. 이후 공주와 왕자의 결혼식에 요정과 동화의 주인공들이 찾아와 두 사람과 함께 행복한 춤을 추며 축복 속에서 막을 내린다.

발레의 화려한 매력이 가득한 걸작이다. 우아하게 춤추는 오로라 공주는 땀 한 방울 흘리지 않을 것처럼 보이지만 보는 것과 실제 춤을 추는 것은 크게 다르다……포지션을 엄격히 지키지 않으면 아름답게 보이지 않는 안무로, 고도의 테크닉이 필요한 데다 거의 모든 장면에 등장하기 때문에 체력도 필요하다. 게다가 고귀함 속에서도 16세다운 생기가 넘쳐야 한다(결혼식 장면에서는 조금 더 어른처럼 춤을 추는 경우가 많다). 또 리라의 정령, 6명의 요정, 카라보스, 파랑새와 플로리나 공주, 다이아몬드와 금은보석들, 빨간 두건 소녀와 늑대……등 솔리스트들의 연기도 풍성한 작품이다. 초연은 1890년 마리우스 프티파가 안무한 작품으로, 이후에도 많은 안무가들에 의해 다양한 버전이 만들어졌다.

관련 용어→오로라(p.113), 데지레 왕자(p.33)

▼장 크리스토프 마이요
(Jean Christophe Maillot)

프랑스의 무용수이자 안무가. 존 노이마이어의 권유로 78년 함부르크 발레단에 입단. 솔리스트로서 활약하다 입단 5년 만에 부상으로 무용수로서의 활동을 단념한다. 83년 고향 투르에 있는 대극장의 안무가 겸 감독으로 취임. 87년 모나코 공국 몬테카를로 발레단의 의뢰로 안무한 것을 계기로 92년부터 동 발레단의 아티스틱 어드바이저로 취임. 93년 카롤린 공녀에 의해 예술 감독으로 임명되었다.

고전적인 발레 작품을 새로운 시점으로 재해석하는데 뛰어난 안무가이다. 마이요는 우리의 상상력을 자극하며 유명한 이야기 속에도 우리가 보지 못했던(보려고 하지 않았던) 측면이 있다는 사실을 깨닫게 한다. 그런 관점에서 때로는 등장인물의 기묘하거나 잔혹한 면모가 드러나는 한편 미처 알아차리지 못했던 아름다움이 드러나기도 한다. 예를 들어, 마이요 버전의 〈잠자는 숲속의 미녀〉는 〈라 벨르(La Belle, 미녀)〉라는 제목으로 만들어져 원작에 있던 '왕비는 식인귀'라는 설정에 착목했다. 왕비가 지배하는 어두운 성에서 살아가는 왕자와 커다란 비눗방울에 싸여 살아온 공주(그 비눗방울은 구혼자들에 의해 난폭하게 파괴된다)의 세계가 교차할 때 두 사람은 용기와 사랑으로 각자의 고통으로부터 벗어나기 위해 분투한다. 그 밖에도 〈로미오와 줄리엣〉, 〈신데렐라〉, 〈한여름 밤의 꿈〉(마이요 버전에서는 〈꿈(Le Songe)〉), 〈백조의 호수〉(마이요 버전에서는 〈호수(LAC)〉) 등의 대담한 해석으로 호평을 받았다. 또 〈알트로 칸토 Ⅰ·Ⅱ〉와 같이 스토리가 없는 발레 작품도 안무했으며 2016년에는 볼쇼이 발레단을 위해 〈말괄량이 길들이기〉를 안무했다.

▼장기

무용수가 가장 잘하는 '전매특허'나 다름없는 역할이다. 전설적인 무용수들은 대부분 누구나 인정하고 기억하는 장기를 가지고 있다. 예컨대, 안나 파블로바와 마야 플리세츠카야의 빈사의 백조, 카를라 프라치의 지젤, 조르주 돈과 실비 길렘의 볼레로, 미하일 바리시니코프의 바질, 알렉산드라 페리의 줄리엣, 파룩 루지마토프의 알브레히트, 울리야나 로파트키나의 오데트 등. 현역 무용수들도 전매특허와 같은 장기를 가진 사람이 많으므로 꼭 찾아

보기 바란다!

▼장미의 정령
(Le Spectre de la Rose)

발레 뤼스의 인기 작품이었던 1막 발레. 안무는 미하일 포킨(1911년 초연). 무도회에 갔다가 달뜬 마음으로 돌아온 소녀가 장미꽃을 손에 들고 깜빡 잠이 든다. 그때 창문을 통해 날아온 장미의 정령이 춤을 추다 반쯤 잠이 든 상태의 소녀의 손을 잡고 함께 춤을 춘다. 다시 의자 위로 쓰러진 소녀의 머리를 부드럽게 쓸어내린 후 장미의 정령은 다시 창문을 통해 사라진다. 잠이 깬 소녀는 장미를 손에 쥐고 달콤한 꿈의 여운에 빠진다.

초연 당시, 높은 도약력을 자랑하는 니진스키가 춤을 추다 창문으로 사라지는 장면은 정말 날아가는 것처럼 보였다고 한다. 장미의 정령은 소녀의 손을 잡고 춤추는 장면 이외에는 거의 처음부터 끝까지 도약한다! 그랑 주테, 브리제, 주테 앙트를라세, 앙트르샤, 시스, 아상블레, 앙 투르낭 등 도약 기술의 대행진이다. 그러면서도 부드러운 포르 드 브라(양손을 머리 위에서 빙글빙글 돌리는 독특한 포즈가 있다)로 소녀를 일으켜 춤을 청한다. 후에 장 콕토는 공연을 마친 니진스키는 마치 '시합을 마친 복서와 같았다'고 말했다고 한다.

▼제롬 로빈스(Jerome Robbins)

미국의 무용수이자 안무가. 발레뿐 아니라 스페인 무용, 모던 댄스, 연극, 뮤지컬 등 다양한 장르의 무대 예술을 배웠다. 1940년 발레 시어터(지금의 아메리칸 발레 시어터)에 입단해 이내 솔리스트로 승격. 44년 〈팬시 프리(Fancy Free)〉(49년 〈춤추는 대뉴욕〉이라는 제목으로 영화화)를 안무해 성공을 거두었다. 49년 뉴욕 시티 발레(NYCB)로 이적해 무용수로 활동하면서 안무까지 하는 감독 보좌로. 동시기 브로드웨이 뮤지컬의 안무가로서도 활약하며 51년 〈왕과 나〉(56년에 영화화), 57년 〈웨스트사이드 스토리〉(64년 영화화) 등 다수의 히트작을 탄생시켰다. 58년 자신의 컴퍼니를 설립했으나 해산하고 69년 NYCB에 발레 마스터로 복귀. 〈무도회(Dances at a Gathering)〉(69년), 〈인 더 나이트(In the Night)〉(70년), 〈아더 댄시스(Other Dances)〉(76년) 등의 명작을 남겼다. 83년 발란신이 세상을 떠난 후에는 피터 마틴스와 함께 공동 예술 감독을 맡아 발레단을 이끌었다. 90년 로빈스 페스티벌을 개최한 후 퇴단. 98년에 세상을 떠났다.

뉴욕 출신으로 뉴욕에서 활동을 계속한 로빈스의 작품은 발레와 모던 댄스의 중간과 같은 위치의 작품이 많다. 스토리가 없는 작품이 대부분이지만 웃음이 터지는 유머러스한 작품도 있고 서정적이고 유려한 작품도 있는 등 세련된 수작이 다수. 완벽주의자로 리허설에서도 매우 엄격했으며 자신의 안무 작품을 NYCB 외부에서 상연하는 것을 좀처럼 용납하지 않았다고 한다. 지금은 NYCB 이외의 발레단에서도 많이 상연되며 그때는 벤 휴이즈나 이자벨 게랭 등이 세계 각국의 발레단을 방문해 작품의 안무를 지도하고 있다.

▼제임스(James)

〈라 실피드〉의 주인공. 스코틀랜드 시골에 사는 농부로, 어릴 적 친구인 에피와의 결혼식 날 새벽, 공기의 요정 '실피드'의 사랑스러움에 마음을 빼앗긴다. 결국 제임스는 결혼식 직전 실피드를 쫓아 숲으로 가고 악녀에게 속아 실피드와 에피 모두를 잃고 만다. 제임스의 이런 '의지박약에 한심한' 연기를 소화할 수 있는 무용수라면 무척 매력 있는 배역이다. 다만, 고도의 기술이 요구되는 역이기도 해서 킬트 스커트를 펄럭이며 섬세한 발놀림을 선보인다.
관련 용어→라 실피드(p.41)

▼조르주 돈(Jorge Donn)

아르헨티나 출신의 전설적인 무용수. 1963년 모리스 베자르의 20세기 발레단에 입단. 바로 수석 무용수로 승진해 〈로미오와 줄리엣〉, 〈니진스키 신의 광대〉, 〈우리의 파우스트〉,

볼레로를 춘다

전설의 조르주 돈

〈에로스 타나토스〉, 〈아다지에토〉 등 베자르의 대표작으로 알려진 작품의 초연 캐스트로 출연했다. 돈이 출연한 베자르의 작품 중 가장 유명한 〈볼레로〉(79년 출연)는 81년 영화 〈사랑과 슬픔의 볼레로〉에 등장하면서 볼레로와 조르주 돈의 이름을 동시에 널리 알리는 계기가 되었다. 80년부터 20세기 발레단의 예술 감독을 맡았다. 92년 45세의 젊은 나이로 세상을 떠났다.

돈은 베자르의 뮤즈로 많은 작품을 탄생시켰다(두 사람은 연인 사이이기도 했다). 원래 〈볼레로〉의 멜로디 역할은 여성 무용수만 맡던 역이었는데 돈 이후부터는 남성 무용수도 출 수 있게 되었다고 한다. 영화의 인기로 돈은 80년대 일본을 찾아 종종 〈볼레로〉를 선보였다. 처음에는 붉은 탁자 위에서 부드럽고 고요한 움직임으로 춤을 추다 점차 열기를 띠며 때로는 강력하고, 관능적으로 춤을 추다 목숨을 내던지듯 격렬하게 대미를 장식한다. 관객들을 다른 세계로 이끄는 에너지가 있어 그 고양감에 마음을 빼앗긴 팬들이 많았다. 그만큼 부드러운 포르 드 브라와 아름다운 플리에가 특히 인상적이다.

관련 용어→볼레로(p.76)

▼조지 발란신(George Balanchine)

러시아 출신의 무용수, 안무가, 예술 감독. 20세기를 대표하는 안무가의 한 사람으로 많은 앱스트랙트 발레의 명작을 탄생시켰다. 1921년경 지금의 마린스키 발레단에 입단. 1925년 디아길레프의 '발레 뤼스'에 참여해 〈아폴로〉(28년)와 〈방탕한 아들〉(29년) 등을 안무했다. 발레 뤼스 해산 후, 발레단 창립이 목표였던 미국인 링컨 커스틴의 권유로 미국으로 건너갔다. 34년 발레학교인 스쿨 오브 아메리칸 발레를 설립해 무용수를 육성하고 이듬해 발레단으로서 아메리칸 발레를 결성. 〈세레나데〉는 이 학생들을 위해 안무한 작품이다. 46년 또 다시 커스틴과 함께 발레단, 발레 소사이어티를 결성. 48년 동 발레단을 뉴욕 시티 발레단(NYCB)으로 개칭하고 이후 예술 감독을 맡아 〈불새〉(49년), 〈성조기〉(58년), 〈주얼스〉(67년) 등의 작품을 NYCB를 위해 안무했다. 또 외부 발레단으로부터의 의뢰를 받아 파리 오페라극장 발레단을 위해 〈수정궁〉(47년), 아메리칸 발레 시어터를 위해 〈주제와 변주곡〉(47년) 등을 안무했다. 83년 세상을 떠났다. 발란신의 작품 대부분은 무대 장치가 거의 없고 레오타드에 가까운 의상에 스토리도 없다. 무대에 있는 것이라고는 오직 무용수의 육체와 울려 퍼지는 음악뿐인 단순함. 그렇기에 우리는 그 순수한 아름다움에 매료되는 동시에 음악과 무용수가 지닌 개성과 감정의 너울을 느끼며 감동을 받는 것이다.

▼존 노이마이어(John Neumeier)

미국 출신의 무용수, 안무가, 예술 감독. 밀워키, 시카고, 코펜하겐, 런던을 전전하며 발레를 배웠다. 밀워키의 대학교에서 영문학과 연극 문학 학사를 취득했다. 1963년 슈투트가르트 발레단에 입단. 솔리스트로 활동하며 당시의 예술 감독 존 크랭코의 권유로 안무를 시작했다. 69년 29세의 나이로 프랑크푸르트 발레단의 예술 감독으로 취임해 〈호두까기 인형〉, 〈로미오와 줄리엣〉(둘 다 71년) 등을 안무했다. 73년부터는 함부르크 발레단의 예술 감독으로 취임. 주임 안무가도 맡아 다수의 작품을 만들었다. 또 슈투트가르트 발레단, 파리 오페라극장 발레단, 영국 로열 발레단, 아메리칸 발레 시어터, 도쿄 발레단 등에도 객원 안무가로 참여해 많은 작품을 남겼다. 명작 〈카멜리아의 여인〉은 처음 슈투트가르트 발레단을 위해 안무된 작품이다(78년).

노이마이어 안무 작품은 주로 다섯 가지 장르로 구분된다. ①고전 명작의 새로운 버전: 예컨대 〈환상—백조의 호수〉에서는 〈백조의 호수〉를 극중극으로 이용해 광기에 사로잡힌 왕 루드비히 2세의 이야기로 바꾸었다. 또 〈호두까기 인형〉은 주인공을 사춘기 소녀로 설정해 그녀를 통해 아름다운 발레에 대한 동경을 표현한 작품이다. ②심포닉 발레: 스토리가 없는 발레로 교향곡(심포니)을 시각화한 작품. 대표작으로는 바하의 〈마태 수난곡〉, 〈말러 교향곡 제3번〉 등이 있다. ③연극적 발레. 문예 작품을 원작으로 한 발레로 드라마틱 발레로도 꼽힌다. 〈로미오와 줄리엣〉, 〈한여름 밤의 꿈〉, 〈햄릿〉 등 셰익스피어의 원작을 바탕으로 만든 작품이 많다. 또 대표작인 〈카멜리아의 여인〉과 최근 일본에서도 상연된 〈인어공주〉, 〈릴리옴—회전목마〉(원작은 페렌츠 몰나르에 의한 극작)도 이 장르에 해당한다. 〈카멜리아의 여인〉에는 〈마농 레스코〉가 극중극으로 사용되어 두 가지 고전 문학을 교묘히 융합시켰다. ④발레 뤼스 관련 작품: 걸작 〈니진스키〉를 비롯한 발레 뤼스에 관련된 작품(〈바츨라프〉, 〈다프니스와 클로에〉 등)도 여럿 있다. 극중에서 발레 뤼스의 여러 작품이 상징적으로 표현된다. ⑤종교적 모티브의 작품: 〈마태 수난곡〉, 〈크리스마스 오라토리오〉 등. 또한 2016년 일본에서 초연된 갈라 공연 〈존 노이마이어의 세계〉는 그가 직접 등장해 지금까지 안무한 작품의 주요 장면을 선보이며 자신의 발레 인생을 돌아보는 구성으로 이루어져 있다. 노이마이어의 모놀로그를 포함해 그의 발레에 대한 사랑과 경의가 표현된 감동적인 무대이다.

관련 용어→심포닉 발레(p.95), 드라마틱 발레(p.38)

▼존 크랭코(John Cranko)

남아프리카 출신의 무용수, 안무가, 예술 감독. 대학에서 댄스를 배우던 18세 무렵, 첫 안무 작품을 발표했다. 1946년 런던으로 이주해 발레 학교를 다니다 새들러스 웰스 극장 발레단(지금의 버밍엄 로열 발레단)을 거쳐 새들러스 웰스 발레단(지금의 영국 로열 발레단)에 입단. 23세경부터 안무에 전념해 50년경부터 상임 안무가로 취임. 61년 독일의 슈투트가르트 발레단의 예술 감독으로 취임했다. 자신의 안무 작품을 포함한 레퍼토리 강화와 신진 무용수 육성에 힘쓰며 발레단의 수준을 높였다. 이 무렵, 대표작인 〈로미오와 줄리엣〉(62년)과 〈오네긴〉(65년) 그리고 〈말괄량이 길들이기〉(69년)를 안무했다. 69년 첫 뉴욕 공연을 성공시키며 무명에 가까웠던 발레단의 이름을 전 세계적으로 널리 알렸다. 또한 컴퍼니 무용수에게도 안무를 권해 존 노이마이어와 지리 킬리안이 안무가로서의 재능을 꽃피우는 계기가 되었다. 73년 공연에서 돌아오는 비행기 안에서 45세의 젊은 나이로 세상을 떠났다.

대사가 없지만 마치 대사가 들리는 것처럼 웅변적인 춤. 그것이 크랭코의 드라마틱 발레이다. 무용수의 모든 움직임에는 군더더기가 없다. 예를 들어, 대표작 중 하나인 〈로미오와 줄리엣〉에서는 주인공 두 사람 이외의 등장인물에도 각자의 성격을 드러내는 안무가 세심하게 들어가 있어 약간의 시선 또는 몸짓 등의 연기와 합쳐져 모든 캐릭터에 깊이를 더했다. 또 심리 묘사가 뛰어난 파 드 되도 일품이다. 파 드 되를 추는 동안에도 주인공의 마음이 동요하고 변화해가는 모습이 뚜렷이 나타난다. 기쁨은 물론이고 슬픔이나 괴로움과 같은 부정적인 감정도 무용수의 몸 하나로 표현해낸다. 그런 감정은 관객들에게까지 그대로 전해져 가슴을 에는 안타까움마저 느껴지게 한다.

▼주얼스(Jewels)

조지 발란신이 안무한 앱스트랙트 발레. 반 클리프&아펠의 보석에서 영감을 받아 3종의 보석을 모티브로 안무가 자신과 관련이 깊은

빛나는 보석들
에메랄드
루비
다이아몬드

3개국을 위해 안무한 작품(1967년 안무). '에메랄드', '루비', '다이아몬드'의 3부로 구성되며 각각 다른 타입의 음악과 안무로 이루어진다. 1부 에메랄드는 포레의 음악을 사용해 프랑스에 대한 오마주를 표현. 녹색의 로맨틱 튀튀를 입은 여성 무용수들과 남성 무용수 한 명이 우아하게 춤을 춘다. 로맨틱 발레에 등장하는 요정과 같은 분위기가 감돈다. 2부 루비는 스트라빈스키의 음악을 사용해 미국에 대한 오마주를 표현. 붉은색 의상을 입은 남녀 무용수가 함께 통통 튀는 듯한 경쾌한 춤을 선보인다. 여성의 의상은 길이가 짧고 다리를 높이 들어 올리거나 직선적인 동작이 많은 현대적인 분위기. 3부의 다이아몬드는 차이콥스키의 음악을 사용해 크림색 클래식 튀튀를 입은 여성 무용수들이 같은 색상의 의상을 걸친 남성 무용수들과 춤을 춘다. 프티파가 안무한 클래식 발레와 같은 정연한 동작으로 장엄한 아름다움이 느껴진다.

보석이 가득 담긴 보석함을 열었을 때의 모습을 상상해보자. 많은 이들이 느낄 법한 기쁨과 감탄이 이 작품에 가득하다. 무용수의 모든 움직임은 마치 보석이 빛을 발하듯 눈부시다! 스토리가 없는 발레이지만 파 드 되를 추는 남녀에게는 어떤 관계성을 상기시키는 부분이 있어 상상력을 자극한다. 2017년에는 뉴욕에서 파리 오페라극장 발레단, 뉴욕 시티 발레단, 볼쇼이 발레단이 각 파트를 맡은 화려한 합동 공연이 이루어졌다.

▼ **주테**(jete)

프랑스어로 '던지다'라는 의미. 바 레슨 때는 정식 명칭을 '바트망 주테'라고 부르며 5번 또는 1번 포지션에서 탄듀를 거쳐 그대로 공중으로 다리를 들어 올리고(15cm 정도까지) 같은 순서로 원래의 포지션으로 돌아온다. 센터 레슨의 경우, 주테라는 이름이 붙은 동작이 몇 가지 있는데 도약을 포함한 앙셴망에 들어간다. 대표적인 것으로 '프티 주테 소테', '그랑 주테', '주테 앙트를라세' 등이 있다. 프티 주테

여러 가지 '주테'

주테 앙트를라세
그랑 주테

소테는 작은 도약 동작으로 5번 플리에에서 한쪽 다리를 스치듯 뻗으며 뛰어올라 공중에서 작은 2번 포지션(양 무릎과 발끝은 뻗은 상태)을 만든 후 처음 나간 다리와 반대쪽 다리의 발끝을 정강이 부근에 대고 착지한다. 앞·옆·뒤 모든 방향으로 전개한다. 그랑 주테는 큰 도약 동작으로, 앞쪽 다리의 무릎을 편 상태로 뛰어올라 뒤쪽 다리도 무릎을 편 상태로 재빨리 같은 높이까지 들어 올려 앞쪽 다리는 플리에로 착지한다. 공중에서 다리가 180도로 펼쳐지는 것이 이상적이지만 공중에서 둥근 궤적이 보이게 뛰는 것이 중요하다. 주테 앙트를라세는 한쪽 다리의 무릎을 편 상태로 스치듯 앞쪽으로 들어 올리고, 다른 한쪽 다리로 뛰어오를 때 몸을 반회전시켜 공중에서 좌우 다리를 교차해 아라베스크 형태로 플리에에 착지한다 (주테 앙트를라세는 메소드에 따라 '그랑 주테 앙트를라세' 또는 '투르 주테' 등으로 명칭이 바뀌기도 한다).
관련 용어→탄듀(p.143)

▼지그프리트(Siegfried)

〈백조의 호수〉에 등장하는 왕자. 20세 생일을 맞은 청년으로 어머니로부터 '무도회에서 신부를 찾아보라'는 말을 듣는다. 아직 어린 왕자는 결혼으로 청춘 시절에 작별을 고하는 것이 마뜩치 않다. 높은 신분 때문에 자유를 누리지 못하는 것을 탄식하며 낙담한다. 기분 전환 삼아 찾은 호숫가에서 그는 아름다운 처녀 오데트를 만나 사랑에 빠진다. 어쩌면 왕자는 난생 처음 '책임지고 지켜주고 싶은 존재'가 생김으로써 부모로부터 자립할 각오를 한 것이 아닐까(다음 날, 악마에게 속지만). 〈백조의 호수〉를 왕자의 성장 스토리로 보면 이 작품이 더욱 흥미롭게 느껴진다.
관련 용어→백조의 호수(p.72)

▼지리 킬리안(Jiri Kylian)

체코 출신의 무용수, 안무가, 예술 감독. 존 크랭코가 예술 감독을 맡았던 슈투트가르트 발레단에 입단해 20대 전반부터 안무를 시작했다. 1978년 네덜란드 댄스 시어터(NDT)의 예술 감독으로 취임. 99년에 물러나기까지 〈가구야히메〉(88년), 〈벨라 피구라〉(95년) 등 많은 작품을 NDT를 위해 안무했다. 감독 은퇴 후에도 상임 안무가이자 예술 고문으로 2011년까지 NDT에 참여했다.

NDT가 컴퍼니로서 일본을 방문하는 기회는 많지 않았지만, 킬리안의 작품은 다른 컴퍼니 소속 무용수에 의해 갈라 공연 등에서 빈번히 상연되었다.

▼지젤(Giselle)

로맨틱 발레를 대표하는 슬픈 사랑 이야기. 병약하지만 춤을 좋아하는 시골 처녀 지젤은 로이스라는 청년과 서로 사랑하는 사이이다. 로이스는 사실 귀족 신분의 공작 알브레히트였지만 신분을 속이고 지젤과 사랑을 즐긴다. 지젤을 사랑하는 사냥꾼 힐라리온은 로이스가 눈엣가시였던 차에 몰래 숨어든 그의 집에서 검과 망토를 발견한다. 그때 영주가 딸 바틸드 공주를 데리고 사냥을 위해 마을을 찾아온다. 사실 바틸드 공주는 알브레히트와 약혼한 사이. 영주를 환영하는 춤을 추던 지젤 앞에 힐라리온은 검과 망토를 내보이며 알브레히트의 정체와 약혼자가 있다는 사실을 폭로한다. 지젤은 충격을 받은 나머지 실성하고 끝내 목숨을 잃는다. 다음 날, '결혼 전에 죽은 처녀는 윌리(망령)가 되어 남자들의 목숨을 빼앗는다'는 마을의 전설 그대로 윌리들을 거느린 여왕 미르타에 의해 지젤은 무덤에서 깨어난다. 그때 무덤을 찾아온 알브레히트가 지젤의 기색을 느끼고 함께 춤을 춘다. 힐라리온도 무덤을 찾았다가 윌리들에게 붙잡혀 정신없이 춤을 추다 목숨을 잃는다. 알브레히트까지 붙잡히자 지젤은 미르타에게 그를 살려달라고 애원하지만 결국 춤을 추다 기력이 다해 쓰러지고 만다. 마침 새벽을 알리는 종이 울리고 윌리들이 떠나야 할 시간이 찾아오면서 알브레히트는 목숨을 건진다. 그를 용서한 지젤의 영혼은 윌리가 되지 않고 하늘로 승천한다.

지젤 인물 관계도

(베르타) 이제 춤은 그만 둬!

(지젤) 병약하지만 춤추는 것을 좋아한다

(바틸드 공주) — 실은 약혼 중

(로이스(실은 알브레히트 공작)) 신분을 속였다

윌리(정령)의 세계

(여왕 미르타) 남자가 죽을 때까지 춤을 추게 할 것이다!

지젤 ↔ 사랑 ↔ 로이스

(사냥꾼 힐라리온) 녀석의 정체를 밝히겠다! — 라이벌

(윌프리드) 공작이 걱정…… — 시종

윌리들

1막의 밝고 경쾌한 수확제 장면이 일변해 2막에서는 무시무시한 망령들의 세계가 펼쳐진다. 사람을 의심할 줄 모르는 순진무구한 처녀가 연인의 거짓말을 알고 실성하는 '광란의 장'은 눈물을 자아낸다. 하지만 지젤은 죽어서도 알브레히트를 사랑한다. 그에 반해 윌리의 여왕 미르타는 남성들에 대한 깊은 원한을 품고 있다. 지젤과 미르타 두 사람의 마음은 표리일체……사랑에 상처 받은 경험이 있는 사람이라면 두 마음 모두 이해할 수 있을 것이다.

관련 용어→알브레히트(p.101)

▼**차이콥스키 파 드 되**
(tchaikovsky pas de deux)
조지 발란신이 안무한 그랑 파 드 되 형식의

행복한 기운!

차이콥스키 파 드 되

작품(1960년 초연). 갈라 공연 때 주로 상연되기 때문에 발레 팬들에게는 익숙한 작품이다. 스토리는 없지만 통통 튀는 경쾌한 스텝이 많아 어쩐지 젊은 커플의 순수한 사랑을 연상시킨다. 코다의 클라이맥스에는 두 번의 화려한 피쉬 다이브(fish dive)를 선보이고 마지막에는 몸을 젖힌 여성 무용수를 그대로 들고 무대 뒤로 사라진다. 1막 작품이지만 처음부터 끝까지 볼거리가 가득한 작품이다. 사용된 악곡은 원래 차이콥스키가 〈백조의 호수〉의 일부로 작곡한 것이다. 하지만 1865년 프티파와 이바노프가 안무했을 때 이 곡은 사용되지 않았다고 한다.

▼차코트 (Chacott)

발레를 배우는 사람이라면 많이 들어봤을 슈즈 및 댄스웨어 브랜드. 1950년 창업자 쓰치야 마코토가 세이시샤라는 이름으로 포인트 슈즈와 발레 슈즈를 만들어 판매한 것이 시초. 61년 스완슈즈 주식회사를 설립하고 레오타드와 타이즈 등의 제조 및 판매도 시작했으며 74년 차코트 주식회사로 개칭했다. 78년 지금도 일본 시부야구 진난에 있는 차코트 시부야 본점이 세워졌다. 당시에도 지금과 같은 고풍스러운 서양식 건물로 이목을 끌었던 듯하다. 92년부터 컬러 스튜디오도 운영하고 있다. 발레를 비롯한 다양한 장르의 춤을 지도하는 실력 있는 강사를 채용해 양질의 레슨을 개최하고 있다.

▼춘희
(La Dame aux Camélias)

소설 《춘희》를 바탕으로 만든 드라마틱 발레. 다음은 존 노이마이어 버전을 바탕으로 한 줄거리이다. 이야기의 무대는 19세기 중반의 파리. 어느 날 밤, 파리의 한 극장에서 청년 아르망은 미모의 여성에게 매료된다. 그녀는 고급 창부인 마르그리트. 그날 극장에서 상연된 〈마농 레스코〉를 본 두 사람은 각자 자신의 모습을 투영한다. 아르망은 기침 발작이 찾아온 마르그리트를 걱정해 그녀를 뒤따라가고 사랑을 고백한다. 그녀 역시 그를 사랑하게 되면서 창부로서의 생활을 계속하면서도 밤이면 그의 곁으로 돌아가 행복한 시간을 보낸다. 하지만 어느 날, 아르망이 자리를 비운 사이 그의 아버지가 나타나 마르그리트에게 그와 헤어질 것을 부탁한다. 그를 사랑하는 마음에서 이별을 결심한 그녀는 몰래 파리로 돌아간다. 절망의 나날을 보내는 아르망. 어느 날, 두 사람은 우연히 재회하고 사랑을 잊지 못한 마르그리트는 그의 집을 찾아가 사랑을 나눈다. 하지만 다음 날 또 떠나버린 그녀에 대한 분노로 아르망은 무도회에서 그녀에게 돈다발을 던지며 모욕을 준다. 마지막으로 세상을 떠난 마르그리트가 남긴 일기를 전해 받은 아르망. 거기에는 모든 진실과 그를 사랑하면서도 쓸쓸히 죽음을 맞은 그녀의 최후가 담겨 있었다.

존 노이마이어가 안무한(1978년 초연) 〈카멜리아의 여인(Lady of the Camellias)〉는 인기 있는 발레 작품으로 전 세계에서 빈번히 상연되고 있다. 특히, 인상적인 세 개의 파 드 되가 있는데 아르망이 마르그리트에게 사랑을 고백하는 장면의 '파란 파 드 되', 두 사람이 별장에서 행복한 시간을 보내는 장면의 '하얀 파 드 되', 헤어진 후에도 사랑을 잊지 못하고 다시 사랑을 나누는 장면의 '검은 파 드 되'로 마르그리트가 입은 의상의 색상에 따라 이렇게 불리었다. 마르그리트의 망설임과 아르망의 열정이 뒤섞인 '파란색', 행복의 절정에서 닥쳐올 불행이 묘하게 예견되는 '흰색' 절망 속에서 끓어오르는 격정에 몸을 맡기는 '검은색' 각각의 미묘한 심리를 나타내는 안무와 함께 고난이도의 리프트도 풍성하게 담겨 있다. 이것은 단순히 슬픈 사랑 이야기가 아니라 사랑을 통해 진정한 자신을 발견하고 변화하는 것 그리고 그 변화에는 두려움과 불안이 따르고 때로는 자신의 추한 모습까지도 받아들일 필요가 있다는 것을 알려주는 작품이다. 그 밖에도 프레더릭 애슈턴 버전의 〈마르그리트와 아르망(Marguerite and Armand)〉, 마키 아사미 버전의 〈춘희〉 등이 있다.

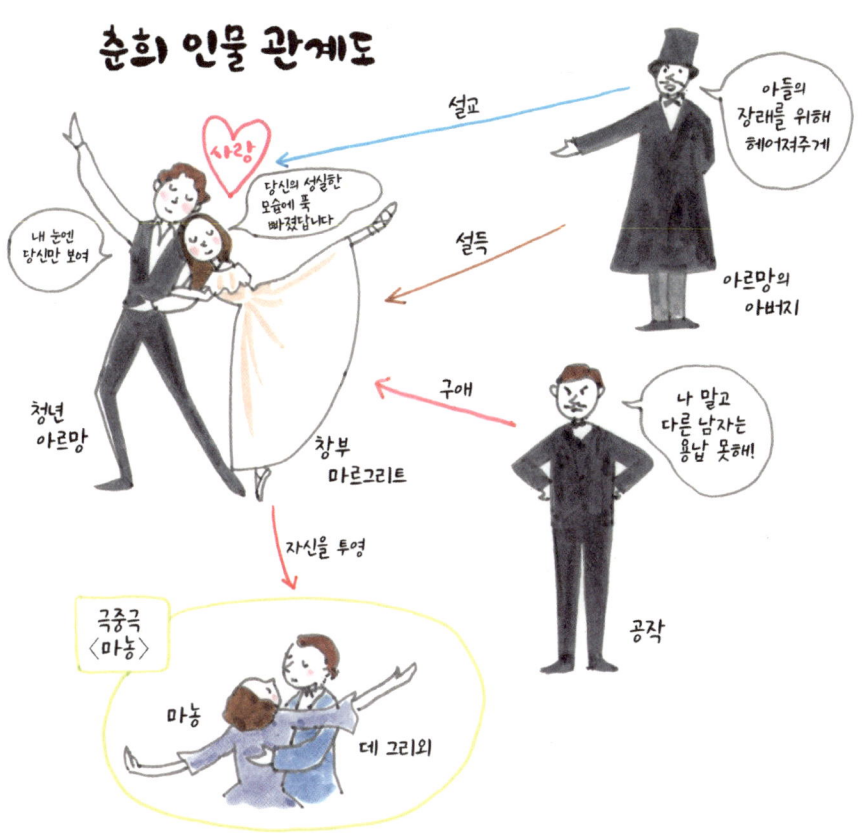

▼카드리유(Quadrille)
→아티스트(p.98)

▼카라보스(Caraboss)
〈잠자는 숲속의 미녀〉에 등장하는 악역. 1막에서 오로라 공주의 탄생을 축하하는 세례식에 초대받지 못해(이유는 단순한 실수였다) 화가 난 카라보스는 부하를 데리고 세례식에 난입해 저주를 퍼붓는다. 오로라 공주의 16세 생일, 카라보스는 변장을 하고 찾아와 바늘을 숨긴 꽃다발을 건네며 공주가 바늘에 찔리도록 꾸민다. 그 후에는 공주가 깨어났을 때를 대비해 100년간 성의 감시에 여념이 없다. 이렇게까지(어떤 의미에서는) 애를 쓰고도 왕자에게 맥없이 당하고 3막의 결혼식에도 여전히 초대받지 못한다. 사실 카라보스는 리라의 정령에 필적하는 '대단한 요정'이다. 그런 그가 '나를 초대하지 않다니, 너무해!!'라며 발을 동동 구르다니, 꽤 솔직한 성격이다. 그렇다고 저주를 내리거나 바늘로 찌르는 게 잘한 건 아니지만……
관련 용어→잠자는 숲속의 미녀(p.124)

▼카르멘(Carmen)
프로스페르 메리메의 원작 소설 《카르멘》을 바탕으로 만든 발레 작품. 여러 안무가들이 안무했는데 그 중에서도 특히 유명한 것이 롤랑 프티가 안무한 작품(1949년 초연)이다. 여자들의 말다툼을 중재하기 위해 나선 호세는 아름다운 카르멘의 노예가 된다. 요염하게 그를 유혹하는 카르멘과 사랑을 나눈 다음 날, 호세는 카르멘이 도적의 일원이라는 사실을 알게 된다. 카르멘의 부추김에 문지기를 죽인 호세는 죄책감에 괴로워하고 카르멘은 도망친다. 이후 호세는 투우장에 있는 카르멘 앞에 나타나 사랑을 고백하지만 이미 그에게 흥미를 잃은 카르멘은 그의 사랑을 거절한다. 격정에 휩싸인 호세는 카르멘을 찔러 죽인다.
프티는 이 역할을 그의 뮤즈이자 훗날 그의 아내가 된 지지 장메르를 위해 안무했다. 빼어

난 각선미로 유명한 그녀의 매력을 잘 살린 안무로, 특히 농후한 사랑의 장면을 표현한 '침실의 파 드 되'는 다리를 드러낸 대담한 의상을 걸친 카르멘과 호세의 무척 관능적인 안무로 이루어진다. 그 외에도 〈카르멘〉은 마야 플리세츠카야의 장기 중 하나로 유명해진 알론소 버전, 자신의 고별 공연을 위해 안무한 카를로스 아코스타 버전 등이 있다.

▼카를로타 그리지(Carlotta Grisi)
19세기에 활약한 이탈리아의 무용수. 10세에 밀라노 스칼라 극장 발레단의 코르 드 발레가 되어 14세 때 9살 연상의 안무가 쥘 페로를 만났다. 페로와 공사를 아우르는 파트너로서 1841년 페로와 장 코랄리가 공동으로 안무한 〈지젤〉의 초연에서 지젤을 맡아 연기했다. 그 후 지젤은 그녀의 대표적인 장기가 되었다. 그 후로도 그리지를 위해 만든 페로의 안무 작

품과 페로 이외의 안무 작품에도 다수 출연했으며 34세의 이른 나이로 은퇴했다고 한다.

▼칸(Akram Khan)
→아크람 칸(p.97)

▼카브리올(cabriole)
주로 남성 무용수가 연기하는 도약 동작의 하나. 대각선 앞쪽 또는 뒤쪽으로 한쪽 다리를 들어 올리고 다른 한쪽 다리는 뛰면서 들어 올린 다리 쪽으로 가져가 공중에서 양다리를 부딪친 후 한쪽 다리로 착지한다. 고난이도의 동작이지만, 점프력이 뛰어난 초절정 기술을 가진 무용수는 공중에서 다리를 2, 3회 부딪치는 것도 가능하다! 주역급 남성 바리에이션에 많이 등장하는데 그 중에서도 〈에튀드〉의 남성 에투알은 클라이맥스 장면에서 멋진 그랑 카브리올을 선보이며 분위기를 고조시킨다.

▼캄브레(cambré)
상체를 앞·옆·뒤쪽으로 기울이는 동작을 캄브레라고 한다. 단순한 동작이지만 주의해야 할 점이 많다! 먼저, 상체를 앞으로 기울일 때는 등을 구부리거나, 팔이 상체에서 떨어지거나, 엉덩이가 뒤로 빠지는 것은 NG. 상체를 뒤로 기울일 때는 허리부터 젖히기 쉬운데 가슴(언더 바스트)부터 뒤로 젖힌다. 가슴부터 젖히지 않으면 갈비뼈가 벌어져 배가 튀어나오기 때문에 몸을 들어 올릴 수 없다. 허리를 앞으로 누르거나 팔이 떨어지는 것도 NG이다. 상체를 옆으로 기울이는 경우는 팔의 움직임에 따라 필요 이상으로 좌우 골반을 기울이거나 들어 올린 팔의 어깨가 솟지 않도록 주의한다.

▼카페지오(Capezio)
미국의 슈즈 및 댄스웨어 브랜드. 이탈리아에서 이민 온 살바토레 카페지오가 뉴욕의 메트로폴리탄 가극장 옆에 작은 구두 수리점을 연 것이 시초. 오렌지 빛이 섞인 밝은 핑크색 포인트 슈즈가 많다. 포인트 슈즈의 이름은 '아리아', '컨템포라', '도나텔라' 등. 장식이 적은 심플하고 단정한 레오타드가 많다.

▼캐릭터 댄스(character dance)
스페인, 폴란드, 헝가리 등의 민속 무용의 요소를 담은 춤을 말한다. 포인트 슈즈나 발레 슈즈 대신 약간 굽이 높은 캐릭터 슈즈를 신고 추기도 한다. 예를 들어, 폴란드의 '마주르카'나 헝가리의 '차르다시'는 〈백조의 호수〉, 〈코펠리아〉, 〈레이몬다〉 등에 등장한다. 상반신

은 에폴망, 하반신은 뒤꿈치를 부딪치거나 바닥을 두드리는 등의 안무가 멋지다. 또 연기적 요소가 강한 역할(왕이나 왕비, 광대, 악마 등)의 춤을 캐릭터 댄스라고 부르기도 한다. 이런 역할을 맡는 무용수는 '카락테르(caractère)' 또는 '캐릭터 댄서'라고 부른다.
관련 용어→에폴망(p.108)

▼ 캐릭터 아티스트
(character artist)
무용수의 계급 중 하나로, 춤보다 연기 중심의 역할을 맡는 무용수를 말한다. 예컨대〈잠자는 숲속의 미녀〉의 카라보스,〈라 실피드〉의 매지,〈로미오와 줄리엣〉의 유모 등 춤은 많지 않지만 스토리에 관련된 중요한 역할을 극적으로 연기한다(물론, 대부분 발레 학교 출신 무용수이기 때문에 춤 실력도 뛰어나다). 이 계급이 없는 발레단도 있지만 연기를 중시하는 영국에서는 특히, 프린시펄 다음 계급으로 귀한 대접을 받는다. 영국 로열 발레단에서는 '프린시펄 캐릭터 아티스트'로 불린다.
관련 용어→계급 제도(p.20)

▼ 컨템포러리 댄스
(contemporary dance)
컨템포러리는 '현대적인', '동시대의'라는 의미이다. 하지만 컨템포러리 댄스는 단순히 '동시대에, 유행하는 댄스'를 의미하는 것이 아니다. 발레를 포함한 댄스의 장르를 초월한 선구적 감각으로 만들어진 모든 댄스를 가리킨다. 발레를 출 때 필수라고 할 수 있는 앙 드 오르를 없앤 동작이나 몸의 축을 무너뜨린 일반적이지 않은 방식으로 춤을 추기도 하고 정해진 동작이나 포지션을 벗어난 안무 등 기존의 형식과 움직임에 구애되지 않는 안무로 이루어진다. 오늘날 전 세계 발레단에서는 컨템포러리 댄스의 비중이 매년 증가하고 있다. 발레단에 따라서는(특히, 최근의 파리 오페라극장 발레단에서는) 시즌 프로그램 안에 고전 작품보다 컨템포러리 작품이 훨씬 많이 포함되기도 한다. 발레계에서 주로 상연되는 컨템포러리 댄스의 안무가로는 마츠 에크, 윌리엄 포사이스, 지리 킬리안, 러셀 말리펀트, 앙줄랭 프렐조카주, 장 크리스토프 마이요, 아크람 칸, 벤자민 마일피드, 저스틴 펙 등이 있다.

▼컴퍼니(company)
발레단을 '컴퍼니'라고도 부른다.

▼케네스 맥밀런
(Kenneth MacMillan)
영국의 무용수, 안무가, 예술 감독. 1946년 새들러스 웰스 극장 발레단(지금의 버밍엄 로열 발레단/BRB)에 입단 후 48년 새들러스 웰스 극장 발레단(지금의 영국 로열 발레단/RB)로 이적하고 52년 다시 새들러스 웰스 극장 발레단으로 돌아갔다. 무대 공포증에 시달리다 53년 무렵부터 안무가로 변신. RB와 BRB를 위해 다수의 작품을 안무했다. 대표작 중 하나인 〈로미오와 줄리엣〉을 안무한 것은 65년으로, RB에서 초연되었다. 66년부터는 베를린·독일·오페라·발레, 70년부터 RB의 예술 감독을 맡은 것 외에 아메리칸 발레 시어터의 공동 예술 감독 보좌, 휴스턴 발레단의 예술 감독 보좌를 지낸 경력도 있다. RB에서 7년간 예술 감독을 맡았으며 그 후로도 상임 안무가로서 많은 작품을 제공했다. 92년 〈메이얼링(허무한 사랑)〉의 재연 첫날 대기실에서 세상을 떠났다.
연극적인 요소가 강한 드라마틱 발레를 탄생시킨 안무가 중 한 사람이다. 대표작인 〈로미오와 줄리엣〉, 〈마농〉, 〈메이얼링(허무한 사랑)〉 모두 인간의 어두운 내면(추함을 포함함)을 솔직하게 표현해 주인공들은 종종 무대 위에서 광기 섞인 본성을 드러낸다. 가사 상태의 줄리엣을 안고 춤추는 로미오, 늪지에서 몸부림치며 죽어가는 마농, 신부를 협박해 폭력적으로 관계를 맺는 루돌프……고뇌가 담긴 인간의 생생한 심리가 무용수의 몸을 통해 보는 이의 마음에까지 전해진다. 한편 〈대지의 노래〉, 〈레퀴엠〉 등의 심포닉 발레도 안무했다.

▼케빈 맥켄지
(Kevin McKenzie)
미국의 무용수, 안무가, 예술 감독. 워싱턴 내셔널 발레와 조프리 발레를 거쳐 1979년 아메리칸 발레 시어터(ABT)에 입단. 같은 해, 수석 무용수로 승격하고 91년 무용수를 은퇴했다. 92년 ABT의 예술 감독으로 취임한 이래 25년 넘게 발레단을 이끌었다. ABT를 위해 〈호두까기 인형〉, 〈돈키호테〉, 〈백조의 호수〉 등의 안무를 개정하기도 했다.

▼코르 드 발레(corps de ballet)
발레단의 계급 제도 중 가장 하위의 계급으로, 군무를 추는 무용수를 말한다. 막 입단한 무용수들은 기본적으로 이 계급에 속하며 상위 계급으로의 승격을 목표로 노력한다. 파리 오페라극장 발레단에서는 카트리유라고 부르며, 발레단에 따라서는 아티스트라고 부르기도 한다. 또 발레단 이외의 공연(오디션으로 선발한 무용수들로 구성된 단발성 공연 등)에서도 군무를 추는 무용수는 모두 코르 드 발레라고 부른다. 통일감 있는 코르 드 발레는 그야말로 장관이다.
관련 용어→계급 제도(p.20)

▼코리페(coryphée)
→퍼스트 아티스트(p.150)

▼ 코펠리아 (Coppélia)

인형 코펠리아를 둘러싼 소동을 그린 작품. 프란츠는 스완힐다와 약혼한 사이이지만 마을의 인형 장인 코펠리우스의 집 2층에 사는 소녀 코펠리아에게 마음을 빼앗기고 만다. 인사조차 받아주지 않는 그녀의 마음을 끌기 위해 노력하는 프란츠를 보고 화가 머리끝까지 치민 스완힐다는 친구들과 함께 코펠리우스의 집에 몰래 숨어든다. 이상한 인형과 도구가 어질러져 있는 작업실에 있던 코펠리아에게 말을 걸지만 반응이 없다. 코펠리아는 인형이었던 것이다. 그때 코펠리우스가 돌아오면서 친구들은 쫓겨나지만 스완힐다는 몰래 숨는다. 그러자 이번에는 프란츠가 창문으로 몰래 숨어든다. 코펠리우스는 '자기가 만든 인형에게 생명을 불어넣고 싶다'는 바람을 이루기 위해 프란츠를 잠들게 한 후 그의 생명을 빼내려고 한다. 스완힐다는 서둘러 코펠리아의 옷으로 갈아입고 코펠리우스를 속여 넘긴 후 빈틈을 타 프란츠와 도망친다. 다음 날, 화해한 두 사람은 영주의 정원에서 결혼식을 올린다. 격노한 코펠리우스가 나타나지만 영주가 그에게 돈을 건네 진정시키면서 사건은 일단락된다.

초연 당시에는 아르튀르 생 레옹이 안무한 작품으로, 지금까지 마리우스 프티파, 피에르 라코트, 롤랑 프티, 피터 라이트, 파트리스 바르 등의 저명한 안무가에 의해 여러 버전이 만들어졌다. 코펠리우스를 세련된 노신사로 설정한 롤랑 프티 버전은 개성 넘치는 연출로 유명하다. 무대는 파리의 뒷골목, 고독한 코펠리우스는 스완힐다에게 연정을 품고 그녀를 닮은 인형(코펠리아)을 만들어 밤마다 샴페인을 마시며 함께 춤을 춘다. 종막의 스완힐다의 결혼식 장면에서 마을 사람들이 떠나고 벌거벗은 코펠리아 인형과 남겨진 코펠리우스. 노

코펠리아 인물 관계도

년의 사랑을 잃은 그의 서글픈 모습에 안타까움이 느껴진다.
관련 용어→스완힐다(p.89)

▼콩쿠르(concours)
콩쿠르에는 이미 프로로 활동하는 무용수가 도전하는 것과 프로를 지향하는 학생을 대상으로 한 두 종류가 있다. 프로 무용수들이 도전하는 콩쿠르는 수상을 통해 소속 발레단에 실력을 증명하거나 다른 발레단으로 이적하는 기회가 되기도 한다. 프로를 지향하는 학생들이 참가하는 콩쿠르는 훌륭한 발레 학교에 유학할 기회를 얻거나 발레단으로부터의 스카우트 제안을 받는 기회가 되기도 한다. 프로 대상의 유명한 콩쿠르로는 바르나 국제 발레 콩쿠르, 모스크바 국제 발레 콩쿠르, 잭슨 국제 발레 콩쿠르 등이 있으며 학생 대상의 유명한 콩쿠르는 로잔 국제 발레 콩쿠르, 유스 아메리카 그랑프리(YAGP) 등이 있다. 대부분 수일에 걸쳐 심사가 진행되며 쟁쟁한 심사위원들이 모인다.

▼쿠퍼(Adam Cooper)
→아담 쿠퍼(p.96)

▼쿠페(Coupe)
프랑스어로 '자르다'라는 의미. 5번 포지션을 통과하며 축이 되는 좌우 다리를 교차하는 동작을 말한다. 5번으로 를르베해 한쪽 다리는 플리에, 다른 한쪽 다리는 쿠 드 피에(발목)한다. 동작과 동작을 잇는 '연결' 동작으로 사용되는 일이 많다.

▼크랭코(John Cranko)
→존 크랭코(p.128)

▼크로아제(Croise)
발레를 출 때 몸의 방향을 나타내는 말. 객석을 향해 대각선으로 서서 정면에서 봤을 때 축 다리와 나간 다리가 겹쳐지며 교차한 형태이다.

크로아제 드방   크로아제 데리에

▼크리스토퍼 윌든
(Christopher Wheeldon)
영국의 무용수, 안무가. 1991년 영국 로열 발레단에 입단. 93년 뉴욕 시티 발레단(NYCB)으로 이적해 98년 솔리스트로 승격. 안무가로서의 본격적인 활동은 97년 신진 안무가 육성을 목적으로 한 프로젝트에서 NYCB를 위해 안무한 것이 시초. 2000년 무용수를 은퇴하고 안무에 전념해 01년에는 NYCB의 상임 안무가를 맡게 되었다. 07년 모포시스 윌든 컴퍼니를 설립(10년에 컴퍼니를 떠났다)한 이후 영국 로열 발레단, 볼쇼이 발레단, 네덜란드 국립 발레단, 샌프란시스코 발레단, 보스턴 발레단, 조프리 발레단 등을 위해 안무했다. 연출 및 안무를 맡은 뮤지컬〈파리의 미국인〉은 토니상 안무 부문 등의 4개 부문을 수상했다. 윌든은 스토리가 있는 발레를 비롯해 컨템포러리 작품까지 폭넓은 작품을 가진 안무가이다. 특히, 영국 로열 발레단의 의뢰로 안무한〈이상한 나라의 앨리스〉(11년 초연)이 인기를 끌며 18년에는 일본 신국립 극장 발레단에서의 상연이 결정되었다. 또한 그는 볼쇼이 발레단의 초청으로 안무를 맡은 최초의 영국인으로 당시의 활약상이 다큐멘터리 영화〈엄격한 볼쇼이(Strictly Bolshoi)〉에 담겨 있다. 일을 진행하는 방식 등이 크게 달라 악전고투하는 월든과 무용수들의 모습을 볼 수 있다.

▼클라라(Clara)

〈호두까기 인형〉의 주인공. 크리스마스 당일, 클라라만이 드로셀마이어가 선물한 호두까기 인형을 마음에 들어 하며 소중히 간직한다. 그로 인해 꿈의 세계(과자의 나라)로 가게 된 클라라는 거기에서 '첫사랑'을 경험한다. 버전에 따라 스토리가 조금씩 달라지지만 클라라가 성인 여성으로 변신해 왕자와 추는 경우는 특히, 사랑 이야기의 색채가 짙어 헤어질 때의 음악이 더욱 안타깝게 느껴진다. 어린 시절 '빨리 어른이 되어 멋진 사람과 사랑을 하고 싶다'는 꿈을 꾼 적이 있는 사람이라면 분명 안타까운 마음이 들었을 것이다. 참고로, 버전에 따라 클라라는 마샤 또는 마리라는 이름으로 불리기도 한다.

관련 용어→호두까기 인형(p.170)

▼클래스 레슨(class lesson)

발레단의 무용수들이 거의 매일 아침 하는 레슨을 말한다. 바 레슨부터 센터 레슨까지 1시간 반가량 춤을 추면서 몸의 컨디션을 가다듬고 리허설이나 본 공연 등으로 향한다. 레슨 선생님이 지도하며 남녀별로 진행되기도 하고 솔리스트 이상과 코르 드 발레로 구분해 진행되기도 한다.

▼클래식 발레(classic ballet)

영어권에서는 '클래시컬 발레(classical ballet)'라고 불린다. 클래식 발레의 정의를 로맨틱 발레의 시대(19세기) 이후, 발레 뤼스에 의해 모던 발레가 막을 연(20세기) 짧은 기간 즉, 프티파와 이바노프가 '3대 발레'를 만들고 그랑 파 드 되의 형식을 확립한 시기를 가리키는 경우도 있다. 하지만 일반적으로 클래식 발레라고 하면, 몸을 앙 드오르해 다섯 가지 발의 포지션을 이용해 추는 무용 전반을 의미한다. 다만, 앙 드오르를 하고 포인트 슈즈를 신어도 컨템포러리의 요소가 강한 경우 예컨대, 일부러 몸의 축을 무너뜨리거나 현대 음악을 사용하는 경우는 컨템포러리 댄스라고 부르기도 한다.

▼클래식 튀튀(classic tutu)

주로 여성 무용수가 입는 의상의 한 종류. 발레의 역사에서 무용수가 높이 뛰거나 다리를 들어 올리는 등의 기술이 향상되면서 튀튀의 길이도 짧아졌다. 허리뼈 부근에서 원형으로 곧게 뻗은 짧은 길이의 레이어드 스커트가 특징이다. 스커트 부분은 다양한 색상·길이·단단한 정도의 튈이 10단 이상 겹쳐져 있으며 빳빳하게 펼쳐진 것도 있고 부드럽고 둥근 형태도 있다. 보디스는 몸에 밀착되도록 만들어져 스커트와 연결되어 있다. 러시아의 튀튀는 춤추기 쉽도록 보디스에 신축성이 있는 소재를 사용하기도 한다.

▼키스 신(kiss scene)

사랑에 관한 이야기가 많은 발레에서는 황홀한 키스 장면이 안무에 포함된 경우가 있다. 세 가지 다른 유형의 키스 신을 소개한다. 먼저, 〈잠자는 숲속의 미녀〉의 3막 파 드 되에 나오는 키스 신. 무릎을 꿇은 왕자가 아라베스크 팡세로 얼굴을 가까이 대는 오로라를 지탱하는 모습이 사랑스럽고 우아하다. 다음은 드라마틱한 〈로미오와 줄리엣〉 1막 발코니의 파 드 되. 맥밀런 버전에서는 서로의 사랑을 확인하듯 춤을 추다 마지막에 서로 마주보고 키스를 나눈다. 가슴이 터질 듯 열정적인 키스 신이다. 마지막은 컨템포러리 작품 〈르 파르크〉 3막의 파 드 되. 서로에 대한 마음을 억누르던 두 사람의 감정이 폭발하는 장면으로 여성이 먼저 입을 맞추며 남자의 목에 팔을 감으면 남성 무용수가 빙글빙글 돌면서 여성의 몸이 공중에 떠오른다. 그 격렬한 장면이 로맨틱한 동시에 안타깝기도 하다. 그 밖에도 키스 신이 등장하는 작품이 많으므로 마음에 드는 장면을 찾아보기 바란다.

▼키트리(Kitri)

〈돈키호테〉의 주인공. 스페인 바르셀로나의 한 여관 집 딸로, 밝은 성격과 미모로 마을에서 인기가 있다. 키트리는 무척 솔직하고 자신만만하다. 연인 바질이 다른 여자에게 눈길을 주자 바로 '나를 봐!'라고 경고하는데 그런 행동이 밉기는커녕 사랑스럽다. 밀고 당기는 심리 싸움을 하지 않고 좋아하는 마음을 온전히 드러내며 자신의 매력을 꾸밈없이 어필하는 키트리는 누가 봐도 '인기 있을' 것 같다. 아버지의 반대에도 위축되기는커녕 사랑의 도피를 선택하고 유머를 잃지 않는 모습으로 위기를 극복하는 모습도 훌륭하다. 사랑 때문에 애태우고 자신을 잃었을 때 키트리를 보면 기운이 날 것이다!

관련 용어→돈키호테(p.36), 바질(p.68)

▼킬리안(Jiri Kylian)

→지리 킬리안(p.130)

▼타마라 로조(Tamara Rojo)

스페인의 무용수이자 예술 감독. 캐나다에서 태어나 스페인으로 이주 한 이후 발레를 시작해 1996년 스코티시 발레, 1997년 잉글리시 내셔널 발레단(ENB)에 입단. 2000년 맥밀런 작품을 추고 싶다는 바람을 품고 영국 로열 발레단의 수석 무용수로 이적. 다수의 작품에서 주역을 맡았다. 일찍이 예술 감독을 목표로 현역 수석 무용수로 활동하며 스페인 마드리드에 있는 대학교에서 무대학 학사, 무대예술 석사 학위를 취득했다. 12년부터 10년에 걸쳐 ENB의 예술 감독을 지냈으며 동 년부터 샌프란시스코 발레단의 예술 감독으로 취임했다. 여러 인터뷰에서 배역에 관한 자신만의 독창적인 해석에 대해 이야기해온 그녀. 예술 감독이 된 후에도 각 발레단의 개성을 살린 레퍼토리를 강화하며 화제를 모았다.

▼탄듀(tendus)

정식 명칭은 '바트망 탄듀(battements tendus)'로, 한쪽 다리를 앞·옆·뒤쪽으로 뻗었다가 되돌아오는 동작을 가리킨다. 탄듀는 프랑스어로 '팽팽하게 당겨진' 또는 '뻗은'이라는 뜻이다. 바닥을 쓸듯이 발바닥을 사용해 다리를 쭉 뻗어냈다가 마찬가지로 발바닥을 사용해 되돌아온다. 최대한 발꿈치가 바닥에서 떨어지지 않도록 움직이고 뗄 때도 발꿈치를 앞으로 내밀며 조금씩 발바닥을 바닥에서 떨어뜨려 마지막에 발끝을 펴낸다. 이때 중요한 것이 발바닥의 근력이다. 발바닥을 부드럽게 쓰

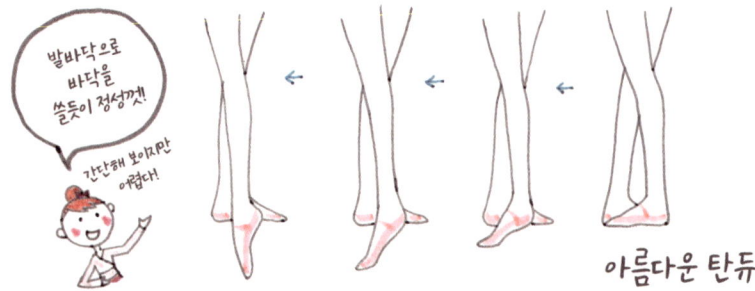

지 못하면 발꿈치가 떨어지며 안짱 발의 원인이 된다. 음악이 아무리 빨라도 발바닥을 확실히 사용하는 것이 탄듀의 법칙! 성급히 움직이는 것은 금물이다.

관련 용어→발바닥(p.71), 낫 발(p.26)

▼탄환(彈丸)[일본 발레 용어]

티켓 구매를 망설이던 공연을 직전에 '역시 가자!'고 마음먹고 급하게 티켓을 예매해(또는 당일권으로) 보러 가는 것을 '탄환'이라고 부르는 경우가 있다.

관련 용어→원정(p.116)

▼탈

역할에 따라 무용수가 얼굴이나 몸을 덮는 '탈'을 쓰고 등장하기도 한다. 대표적인 것으로 〈잠자는 숲속의 미녀〉의 장화를 신은 고양이와 흰 고양이와 늑대, 〈고집쟁이 딸〉의 닭들, 발레 〈피터 래빗™과 친구들〉이나 〈즐거운 무민 가족〉의 등장인물들이 있다. 머리에만 쓰기도 하고, 전신 탈을 쓰는 경우도! 춤추기 힘들 것 같지만 다리를 움직이기 쉽게 고안된 것이 많아 무용수들의 멋진 춤을 볼 수 있다. 최근에는 보스턴 발레단의 〈호두까기 인형〉에 등장하는 곰이 겉보기와는 다른 초절정 기술을 선보이며 SNS에서 화제가 되었다.

▼탈리오니(Marie Taglioni)

→마리 탈리오니(p.60)

▼테마와 바리에이션 (Theme and Variation)

조지 발란신의 안무 작품(1947년 초연). 스토리가 없으며 차이콥스키의 '관현악 조곡 제3번' 최종 악장을 무용수의 몸을 이용해 시각화한 작품이다. 샹들리에가 빛나는 무대 위에는 장엄한 분위기가 감돈다. 먼저, 흰색 바탕에 금색으로 장식된 의상을 입은 남녀 수석 무용수가 등장해 바이올린의 음색에 맞춰 파드 되를 춘다. 다음으로 푸른색 의상을 입은 솔리스트와 코르 드 발레가 춤을 춘 후 수석 무용수 두 사람도 함께 어우러져 전원이 춤을 춘다. 이쪽은 주선율, 저쪽은 부선율, 때때로 다른 쪽에서 대선율……과 같이 다양한 선율이 정교한 동작과 포지션으로 시각화되어 무용수 전원이 하나의 오케스트라를 구성하는 듯하다. 15분이 채 안 되는 작품이지만 무용수 데이비드 홀

▼테크닉(technic)
발레에는 다양한 고난이도 기술(테크닉)이 있다. 특히, 인기가 많은 회전과 도약 기술은 어려운 것이 많기 때문에 무용수들은 안정적인 기술을 선보이기 위해 날마다 열심히 연습한다. 테크닉이 뛰어난 무용수는 객석에 감탄과 흥분을 선사하지만 지나치게 테크닉에만 치중하면 오히려 '저 무용수는 테크닉만 있고 연기는 별로' 같은 말을 듣기도……. 예를 들어, 연극적인 요소가 강한 드라마틱 발레에서도 고난이도의 회전과 도약이 나오지만 그것은 등장인물의 심정을 전달하기 위한 수단 즉, 대사와 같은 것이다. 보란 듯이 테크닉을 뽐내는 것이 아니라 마치 숨 쉬듯 자연스럽게 해냈을 때 배역의 감정과 작품의 아름다움이 관객에게 전해지는 것이다.

버그는 '모든 발레 작품 중에서도 기술적으로 가장 힘든 작품'이라고 이야기했다.

▼퇴근길 대기
공연이 끝난 후, 극장 입구에서 나오는 무용수를 기다리는 것. 공연의 감동과 흥분이 가시지 않은 채 무용수들의 모습을 한 번이라도 더 보고 싶어서 옷을 갈아입고 나오는 무용수를 기다리는 팬들이 있다. 멀리서 바라보기만 하는 사람도 있고 말을 걸고 이야기를 나누거나 사인을 받거나 함께 사진을 찍는 팬들의 모습도. 친절하게 응해주는 무용수도 많아 운 좋게 이야기를 나누고 자신이 느낀 감동을 전했을 때는 더욱 잊을 수 없는 공연이 될 것이다. 단, 매너를 지켜야 한다. 공연을 끝내고 지친 무용수들을 억지로 붙잡는 것은 당연히 NG! 또 갑자기 끼어들거나 사진을 찍는 등의 행동은 금물.

▼투르 앙 레르(tours en lair)
주로 남성 무용수가 하는 회전 기술의 하나. 5번 플리에에서 수직으로 뛰어올라 공중에서 5번(발끝은 쭉 뻗는다)을 유지하며 보통 2회전한

후, 다시 5번으로 착지한다. 남성 바리에이션의 볼거리 중 하나로, 투르 앙 레르를 연속으로 3~4회 반복한다. 점프력과 회전력은 물론 공중에서 흔들림 없는 강한 축이 필수이다.

▼튀튀(tutu)
→클래식 튀튀(p.142), 로맨틱 튀튀(p.45)

▼튜더(Antony Tudor)
→앤서니 튜더(p.105)

▼파 드 되(pas de deux)
'되'는 프랑스어로 숫자 2를 뜻하며, 발레에서 두 사람이 추는 춤을 가리킨다. 거의 모든 발레 작품에 등장한다. 그랑 파 드 되의 구성 중 하나(아다지오)로 대부분 느리고 우아한 음악에 맞춰 춤을 춘다. 참고로, 발레 앙상블에서는 3명이 추는 파 드 트루아, 4명이 추는 파 드 카트르, 6명이 추는 파 드 시스의 3종류가 많다.
관련 용어→그랑 파 드 되(p.22)

▼파 드 브레(pas de bourrée)
이동할 때 사용되는 동작으로 다리를 차례로 뻗으며 진행한 후 양다리로 착지한다. 예를 들어, 피루엣을 할 때는 톰베(축을 이동하는 동작)를 한 후 파 드 브레해 4번 플리에로 착지한 후 회전하는 등 큰 스텝이나 포지션 전에 하는 '연결 스텝'이다. 또 레슨에서 '파 드 브레'라고 할 때는 발끝으로 서서 양다리가 떨어지지 않도록 차례로 다리를 세심하게 움직여 이동하는 동작을 가리키기도 한다. 빠르게 이동하려고 하면 양다리가 점점 벌어져 스텝이 꼬이기도……. 허벅지 안쪽을 붙이고 이동하려면 내전근을 제대로 사용할 수 있어야 한다.

▼파 드 샤(pas de chat)
'샤'는 프랑스어로 고양이를 의미하기 때문에 번역하면 '고양이의 스텝'을 말한다. 가볍게 뛰어오르는 고양이의 모습과 비슷한데서 이런 이름이 붙었다. 5번 플리에 자세로 한쪽 다리를 구부려 도약하고 바로 다른 한쪽 다리도 같은 방식으로 구부려 처음 나간 다리부터 순서대로 착지한다. 무릎은 90도까지 올리는 것

파 드 샤는 마치 고양이처럼!

피-용

이 이상적이지만 파 드 샤를 빠르게 여러 번 반복하는 안무도 있는데 그 경우는 작은 동작으로 수행하기도. 고양이 같은 가벼움이 포인트이므로 몸을 확실히 끌어올리는 것이 중요하다!
관련 용어→풀업(p.152)

▼ **파 드 카트르**(Pas de quatre)
'카트르'는 프랑스어로 숫자 4를 뜻한다. 4명이서 추는 앙상블을 가리키며 다양한 작품에 등장한다. 〈파 드 카트르〉라는 제목의 유명한 작품도 있다. 1845년 로맨틱 발레의 전성기에 쥘 페로가 안무한 이 작품은 당시의 스타 무용수 네 사람이 경연한 작품이었다. 하지만 당시의 안무가 기록되지 않아 소실되었으며 남아 있던 판화를 바탕으로 1941년 안톤 돌린이 안무한 작품이 오늘날까지 계승되었다. 극중 네 사람은 저마다 정중히 인사를 나누며 상대를 추켜세우고 서로 양보하는 모습을 보이는데……네 사람은 어디까지나 라이벌 관계. 예의 바른 모습 뒤에 숨겨진 경쟁심에 웃음이 터지는 일면도 있는 작품이다.

▼ **파**(pas)
프랑스어로 '걸음'을 의미하며 발레에서는 '스텝'이나 '춤'을 가리키는 말로 사용된다. 예를 들어, 스텝의 종류인 '파 드 샤'는 '고양이의(움직임과 비슷한) 스텝', '파 드 슈발'은 '말의(다리의 움직임과 비슷한) 스텝', '파 드 바스크'는 '바스크 지방(에 전해지는)의 스텝'을 의미한다. 또 춤의 종류로 사용되는 경우도 있는데 예를 들어 '파 드 되'는 '두 사람이 추는 춤'을 가리키며 '파 닥시옹'은 '연기(적인 요소가 강한)의 춤'을 가리킨다.

▼ **파리 오페라극장 발레단**
(Paris L'Opéra Ballet)
프랑스 파리에 본거지를 둔 발레단. 350년 이상의 역사를 지닌 세계 최고(最古)의 국립 발레단이다. 1661년 루이 14세가 '왕립 무용 아카데미'를 설립한 것이 시초. 1713년에는 부속 발레학교도 개교했다. 19세기 전반에는 파리 오페라극장에서 〈라 실피드〉나 〈지젤〉 등의 명작이 잇따라 초연되었다. 하지만 이후 프랑스에서 발레가 쇠퇴하고 1910년 발레 뤼스가 파리를 찾기까지 발레단은 거의 기능하지 않았다. 30년 세르주 리파르가 메트르 드 발레가 되면서부터 서서히 세력을 회복했다. 발레 뤼스 출신으로 인기를 누린 리파르가 직접 무대에 올라 관객을 불러 모았으며 무용수(특히 남성 무용수)의 기술 향상과 자신의 안무 작품을 중심으로 한 레퍼토리도 강화했다. 58년 리파르가 완전히 퇴임한 후, 예술 감독이 잇따라 교체되는 동안 베자르, 프티파, 노이마이어 등의 작품도 레퍼토리에 추가되었다. 83년 루돌프 누레예프가 예술 감독으로 취임. 〈레이몬다〉, 〈로미오와 줄리엣〉, 〈신데렐라〉 등 현재까지 계승되고 있는 누레예프 버전의 작품들이 탄생했다. 또한 '누레예프 세대'라고 불리는 무용수(실비 길렘, 이자벨 게랭, 로랑 일래르, 마뉴엘 레그리 등)들이 활약했다. 90년 패트릭 뒤퐁이 예술 감독직을 계승했지만 95년부터는 브리지트 르페브르가 취임. 그녀가 감독을 지낸 약 20년간 컨템포러리 작품의 레퍼토리가 강화되었다. 2014년부터 벤자민 마일피드가 예술 감독으로 취임했으나 1년 반 만에 퇴임. 이후, 16년부터 22년까지 오렐리 뒤퐁이 예술 감독을 맡았으며 23년 호세 마르티네즈가 취임했다.

파리 오페라극장 발레단이라는 이름만 들어도 가슴이 뛰는 팬들이 많을 만큼 압도적인 존재감을 자랑하는 컴퍼니이다. 다른 발레단에도 계급 제도가 있지만 오페라극장의 에투알은 엘리트 중의 엘리트. 계급별로 승진 시험을 치르고 1~2명에 불과한 정원을 뚫고 승진해 마지막은 예술 감독에 의해 임명되는 에투알은 무용수라는 한계를 뛰어넘은 강한 개성과 스타의 자질을 갖추었다. 프레데릭 와이즈먼 감독의 〈파리 오페라극장의 모든 것〉은 리허설 풍경을 중심으로 무용수와 예술 감독의 배역 교섭, 후원자들과의 미팅, 연금제도에 관한 설명회 등 발레단의 일상적인 모습을 담아냈다.

▼파블로바(Anna Pavlova)
→안나 파블로바(p.99)

▼파세(passe)
프랑스어로 '통과하다'라는 의미. 르티레와 혼동해 사용되기도 하는데 르티레는 '형태'를 말하며 그 형태를 통과하는 동작이 파세이다. 나간 다리를 무릎까지 올리는 르티레 또는 발목까지 올리는 프티 르티레로 올렸다 내리는 동작을 가리킨다. 빠른 음악에 맞춰 파세를 하는 경우라도 정확히 르티레(또는 프티 르티레)의 형태를 만든 후 다리를 내리는 신중함이 필요하다.
관련 용어→르티레(p.48)

▼파업
외국의 발레단에서는 가끔 노동조합에 의한 파업이 발생한다. 무용수까지 참여하는 파업이 있는가 하면 음악이나 조명 등의 기술자들의 파업도 있다. 대부분 처우 개선에 관한 파업으로 타협이 이루어질 때까지 공연이 중단되는 경우도 종종 있다. 과거에는 '무대 장치나 의상 없이 상연되는' 경우도 있었다고. 극장 매표소에서 환불이 가능한 경우가 많지만 언제까지 이어질지 모르기 때문에 열심히 준비해온 공연이 한 차례도 상연되지 못하는 경우도 있다.

▼파키타(Paquita)
신분이 다른 사랑에 얽힌 우여곡절을 그린 작품. 프랑스의 백작이 아들들을 데리고 스페인을 방문하면서 축제가 벌어진다. 아름다운 집시 소녀 파키타와 백작의 아들 루시앙은 서로에게 끌리지만 신분의 차이 때문에 두 사람의 앞날은 순탄치 않아 보인다. 사랑하는 두 사람이 못마땅한 집시 두목과 프랑스인을 싫어하는 스페인 총독이 손을 잡고 루시앙을 암살하려는 계략을 꾸민다. 파키타가 그를 구해내면서 일단락되었다고 생각한 순간 그녀는 방에 있는 초상화와 자신이 늘 지니고 다니던 펜던트의 그림이 똑같이 닮았다는 것을 알게 된다. 초상화의 인물은 파키타의 친부로, 그녀가 실은 어릴 때 집시들에게 납치된 고귀한 신분이었다는 것이 밝혀진다. 마침내 두 사람의 사랑이 결실을 맺으며 성대한 결혼식이 열린다.
1846년 파리 오페라극장에서 초연된 조제프 마질리에가 안무한 작품으로 후에 프티파가 부활시켰다. 다만, 당시의 안무는 거의 사라지고 현재는 2001년 라코트가 안무한 새로운 버전으로 상연되고 있다. 특히, 2막 마지막의 그랑 파가 유명(프티파의 안무가 남아있는 부분)해 갈라나 발표회 등에서 자주 상연된다. 파키타와 루시앙 뒤에서 이루어지는 여성 무용수들의 통일된 앙상블이 아름다운데 특히 아다지오에서 아라베스크를 유지하는 장면에서는 팔의 높이, 다리의 각도까지 똑같아 그야말로 장관이 아닐 수 없다. 참고로, 그랑 파에는 솔리스트의 바리에이션이 여러 개 들어가 있어 번호로 불리는데 대체 몇 번까지 있는 것인지, 어떤 춤을 몇 번으로 부르는 것이 정확한 것인지 확실치 않다. 예를 들어, 한 발레단에서는 '제3번 바리에이션'이라고 부르지만 다른 발레단에서는 같은 곡을 사용하면서 '제4번 바리에이션'이라고 부르기도 한다. 심지어 발표회에서 추고 싶은 작품을 신청할 때도 '그『♪따라라라~라라라라란』하는 멜로디가 흐르는 춤!'이라고 설명하기도 한다.
관련 용어→그랑 파(p.23)

▼팡세(penché)

프랑스어로 '기울어진'이라는 의미로, 몸을 앞쪽으로 기울이는 동작을 말한다. 주로 아라베스크에 들어가는 경우가 많아 '아라베스크 팡세'라고도 부른다. 아라베스크를 하면 뒤쪽 다리를 발끝 방향으로 밀어내기 때문에 상체가 앞쪽 아래를 향해 기울어진다. 등을 젖히거나 둥글게 말리거나 머리가 아래로 떨어지면 NG. 곧고 평평한 등과 목을 유지한 채 앞으로 뻗은 팔을 누가 잡아당기듯이 계속 앞쪽으로 뻗어내며 다리를 들어 올린다. 앙 드오르가 풀리면 양다리의 무릎이 구부러지거나 나간

다리와 축 다리가 벌어지므로 주의할 것! 또 다리를 들 때 상체가 무너지지 않도록 복근을 사용해 몸을 끌어올린다. 복근을 제대로 사용하면 등과 목을 곧게 유지하기 쉽고 몸이 기울어도 자세를 유지하기 쉬워진다. 이처럼 팡세는 단지 몸을 앞으로 기울이는 것이 아니라 전신의 근육을 충분히 활용하는 동작이다. 〈지젤〉 2막에 등장하는 것과 같은 느린 팡세를 유지하는 것은 보통 어려운 일이 아니다! 게다가 양팔을 몸 앞에 둔 상태로 균형을 잡는 것은 더욱 어렵다. 과연 수석 무용수에 걸맞은 실력이다.

▼퍼니 갈라(funny gala)

세계 발레 페스티벌 마지막 날, 하루만 상연되는 '갈라'로 흔히 프로그램을 마친 후 추가되는 재미있는 프로그램을 말한다. 튀튀를 입고 포인트 슈즈를 신은 남성 무용수가 여성 무용수의 작품을 코믹하게 연기한다. 관객들은 근육질의 남성 무용수가 아름다운 의상을 입고 코믹하게 춤추는 모습에 웃음을 터트리는 동시에 '평소 포인트 슈즈를 신지 않는데도 어떻게 저렇게 출 수 있지?'하고 뛰어난 기술력에 놀라게 된다. 여성 무용수가 남성의 의상을 입고 그들을 서포트하는 역할로 등장하기도 한다. 힘센 공주가 가녀린 왕자를 들어 올리거나 날려버릴 것처럼 춤추는 장면은 폭소를 자아낸다.
관련 용어→세계 발레 페스티벌(p.84)

▼퍼스트 솔리스트(first soliste)

무용수의 계급 중 하나로, 수석 무용수와 세컨드 솔리스트(드미 솔리스트) 중간의 계급이다. 수석 무용수의 바로 아래 계급이기 때문에 준주역은 물론 주역을 맡기도 한다. 파리 오페라극장 발레단에서는 남성은 '프리미에 당쇠르', 여성은 '프리미에르 당쇠즈'라고 불리며 더 이상 승진 시험을 통해 승격할 수 없다(에투알 임명제).
관련 용어→계급 제도(p.20)

▼퍼스트 아티스트(first artist)

무용수의 계급 중 하나로, 세컨드 솔리스트와 코르 드 발레(아티스트)의 중간, 아래부터 두 번째 계급에 해당한다. 코르 드 발레와 마찬가지로 군무를 추는 경우가 많은데 주로 군무의 선두에 서거나 중심에서 춤을 추게 된다. 파리 오페라극장 발레단에서는 '코리페'라고 부른다.

관련 용어→계급 제도(p.20)

▼포르 드 브라(port de bras)

'팔의 움직임'을 의미하는 말. 발레에는 몇 가지 정해진 팔의 포지션이 있다. 어떤 동작, 어떤 포즈를 하더라도 반드시 정해진 포지션을 통과해 팔을 움직여야 한다. 아무 방향으로나 팔을 뻗는 것은 클래식 작품에서는 있을 수 없는 일이다. 또한 메소드에 따라 명칭(번호)이 약간 다르다.

관련 용어→포지션(p.150), 메소드(p.64)

▼포사이스(William Forsythe)

→윌리엄 포사이스(p.116)

▼포인트 슈즈(pointe shoes)

프랑스어권에서는 '푸앵트(pointes)', 영어권에서는 '포인트 슈즈(pointe shoes)'라고도 부른다(한국에서는 '토슈즈[toe shoes]'라고 알려졌는데, 이는 러시아에서 포인트 슈즈를 간단하게 '빨쯰[발가락]'이라 부르는 것이 일본을 통해 건너와 굳어진 것으로 추측된다. 러시아에서도 포인트 슈즈의 정식 명칭은 '뿌앙띠'이다. 본서는 영어권의 '포인트 슈즈'로 표기한다). 마리 탈리오니 등이 활약한 19세기 초에 이미 발끝으로(toe) 춤을 추었는데 지금처럼 단단하게 만들어지진 않고 발끝 부분을 약간 보강한 정도였던 듯하다. 19세기 후반에는 여성 무용수에게도 회전과 도약과 같은 다양한 기술이 요구되면서 포인트 슈즈가 더욱 단단해졌다. 처음으로 32회전 푸에테 앙 투르낭을 성공한 무용수가 등장한 것도 이 무렵이다. 그 후로 더욱 춤추기 쉽고 다리를 아름답게 보이기 위한 개량이 이루어졌다. 현재는 발 크기뿐 아니라 너비, 크라운(높이), 섕크(바닥)의 단단한 정도, 슈즈 자체의 무게 등을 선택할 수 있게 되었다. 또 발끝 부분에 쿠션을 넣거나 소음 가공을 하는 등 포인트 슈즈 제조사의 독자적인 연구가 담긴 포인트 슈즈도 등장했다.

▼포지션(Position, 다섯 가지 포지션)

발레를 출 때는 양팔·양다리 모두 정해진 포지션(위치)이 있다. 동작을 시작하고 통과해 마칠 때까지 늘 이 포지션을 사용한다. 손과 팔(포르 드 브라)의 위치는 메소드에 따라 약간 차이가 있지만 발의 '다섯 가지 포지션'은 동일하다. 모두 앙 드오르한 상태(양다리를 바깥쪽으로 돌린 상태)로 양 발꿈치를 붙이고 서는 1번, 그대로 벌려 발꿈치를 떨어뜨리는 2번, 양 발꿈치를 겹치는 3번, 양 발꿈치와 발끝을 평행하게 만들어 벌린 4번, 그대로 발을 모은 것이 5번으

다양한 포르 드 브라

앙 바

앙 아방

앙 오

알 라 스공드

알롱제

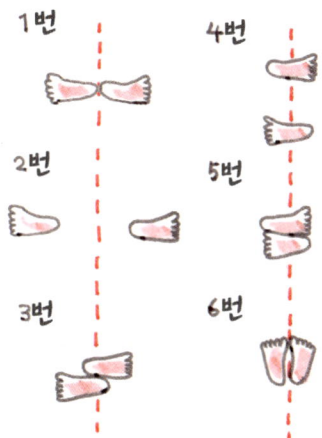

위에서 본 발의 포지션

로 보통 레슨에서 3번은 거의 사용되지 않는다. 이 포지션은 루이 14세 시대에 무용 교사 피에르 보샹이 확립한 것으로 발레의 기본 포지션으로 정착했다.
관련 용어→포르 드 브라(p.150), 메소드(p.64)

▼포킨(Michel Fokine)
　→미하일 포킨(p.67)

▼폰테인(Margot Fonteyn)
　→마고 폰테인(p.58)

▼퐁듀(fondu)
프랑스어로 '녹이다'라는 의미로('치즈 퐁듀'로 익숙할 것이다!), 축 다리가 주체인 동작이다. 양다리를 플리에해 한쪽 다리는 쿠 드 피에(발목)를 지나 장딴지 부근까지 들어 올린 후 축 다리를 뻗는 것과 동시에 나간 다리도 천천히 뻗는다. 양다리 모두 내전근을 확실히 사용해 축 다리를 뻗는 타이밍에 맞추어야 한다. 앙 드 오르한 다리를 보여주듯 천천히 다리를 뻗어낼 것. 축 다리를 를르베하는 경우도 있다.
관련 용어→플리에(p.161), 앙 드 오르(p.102)

▼표트르 일리치 차이콥스키
(Pyotr Ilyich Tchaikovsky)
19세기의 중요한 작곡가. 3대 발레인 〈백조의 호수〉,〈잠자는 숲속의 미녀〉,〈호두까기 인형〉을 작곡했을 때는 이미 널리 알려진 대작곡가였다. 그런 그가 발레 음악을 만든 것은 본인(발레를 좋아했다고 한다)에게도 용기 있는 결단으로 세간의 화제가 되었다고 한다. 그가 작곡한 3개의 발레 음악은 프티파와 이바노프의 안무로 대성공을 거두었다(참고로 〈백조의 호수〉는 재연으로, 초연은 다른 안무가의 작품이었는데 실패했다고 한다). 발레 음악 외에도 차이콥스키의 곡을 사용한 발레 작품도 많다. 발란신의 〈세레나데〉,〈차이콥스키 파 드 되〉,〈주얼스〉의 다이아몬드, 크랭코의 〈오네긴〉 등이 있다.

▼푸앵트(pointe)
발끝으로 서는 것을 가리키는 말. 포인트 슈즈에 올라서는 것을 '온 푸앵트', '풀 푸앵트'라고도 한다. 또 포인트 슈즈 자체를 푸앵트라고 부르기도 한다.

▼푸에테 앙 투르낭
(fouettés-en tournant)
그랑 파 드 되의 마지막 코다의 여성 파트에서 자주 등장하는 동작이다. 정식 명칭은 '그랑 푸에테 롱 드 잠브 앙 투르낭'으로 '푸에테' 또는 '그랑 푸에테'라고도 부른다. 〈백조의 호수〉의 흑조 오딜의 32회전이 가장 유명하다. 푸에테는 프랑스어로 '채찍질하는', '휘두르는'의 의미로, 한쪽 다리를 르티레 형태에서 채찍을 휘두르듯 앞에서 옆으로 던지고 회전하며 르티레 형태로 돌아오는 동작을 연속으로 시행한다(회전수는 안무에 따라 다르다). 축 다리는 회전할 때마다 플리에로 착지하고, 팔은 나간 다리의 움직임에 따라 접었다 펴기를 반복한다. 르티레의 형태가 되면 1회전, 더 돌 수 있는 사람은 2, 3회전을 추가한다. 다리를 펴거나 접을 때 모두 처음 르티레했을 때의 무릎의 각도를 그대로 유지하는 것이 이상적이다.

▼풀업(pull up)

발레를 출 때는 온몸을 끌어올려 춤을 춘다. 말로 설명하는 것은 간단하지만 실제 몸을 '끌어올리는' 데에는 요령이 필요하다. 무용수들은 춤을 출 때 늘 귀·어깨·허리·무릎·발목의 라인을 일직선으로 정렬하고 이런 상태를 복근의 힘으로 유지하며 춤을 춘다. 다만, 복근에 힘을 줘서 유지하는 것이 아니라 복근을 사용해 골반을 끌어올림으로써 몸을 계속해서 위쪽 방향으로 당기고 있는 것이다. 누군가 위에서 머리칼을 붙잡고 상반신을 위로 끌어올리는 듯한 상태를 상상하면 된다. 끌려가지 않기 위해 하반신을 지면에 붙인다고 생각하면 자연스럽게 배에 힘이 들어간다. 무용수가 몸을 '끌어올리는' 것은 이런 상태를 말한다. 도약하거나 회전할 때도 몸을 항상 끌어올린 상태이기 때문에 하반신에 무게가 쏠리지 않아 늘 가볍고 평온하게 춤을 출 수 있는 것이다.

▼프레더릭 쇼팽
(Fryderyk Chopin)

폴란드의 작곡가. 발레 음악은 작곡하지 않았지만 많은 안무가들이 쇼팽의 음악을 사용해 안무했다. 존 노이마이어 버전의 〈카멜리아의 여인〉은 전부 쇼팽의 곡을 사용했다. 또 제롬 로빈스는 〈콘서트〉, 〈무도회〉, 〈인 더 나이트〉, 〈아더 댄시스〉 등의 많은 작품에 쇼팽의 곡을 사용했다. 그 밖에도 미하일 포킨의 〈레실피드(쇼피니아나)〉나 프레더릭 애슈턴의 〈시골에서의 한 달〉 등도 쇼팽의 곡을 사용했다.

▼프레더릭 애슈턴(Frederick Ashton)

남아메리카 에콰도르 출신으로 영국에서 활약한 무용수, 안무가, 예술 감독. 13세 때 안나 파블로바의 무대를 보고 무용수를 지향하게 되었으며 레오니드 마신과 마리 램버트를 사사했다. 22세 무렵 안무를 시작했다. 1928년 이다 루빈슈타인(발레 뤼스 출신)의 컴퍼니에 입단. 35년 니네트 드 발루아가 이끄는 빅 웰스 발레단(지금의 영국 로열 발레단)의 초청으로 무용수 겸 안무가로서 활약. 대표작인 〈신데렐라〉(48년), 〈고집쟁이 딸〉(60년) 등 많은 명작을 만들었다. 또 마고 폰테인을 위해 안무한 〈온딘〉(58년), 〈마르그리트와 아르망〉(63년) 등도 있다. 63년부터 70년까지 영국 로열 발레단의 예술 감독을 지냈다. 80년 미하일 바리시니코프와 레슬리 콜리어에 의해 초연된 〈랩소디〉가 마지막 안무 작품이 되었다. 88년 세상을 떠났다.

대표작 〈신데렐라〉나 〈고집쟁이 딸〉과 같이 경묘한 연기와 유머가 담긴 희극적인 발레는 지금도 변함없이 사랑받고 있다. 연극적인 작품이 뛰어났으며 그 중에서도 〈시골에서의 한 달〉(76년)은 시골 별장을 무대로 펼쳐지는 미묘한 삼각관계를 40분가량의 작품에 담아낸 심리극의 걸작이다. 모든 스텝, 포지션, 동작이 대사와 같이 등장인물의 감정을 표현한다.

〈댄서〉 중에서
©British Broadcasting Corporation
and Polunin Ltd. / 2016

집에서도 발레의 세계를 즐기고 싶다!

감수자 & 저자가 좋아하는 ♥
명작 발레DVD에 대해 이야기한다.

간혹 쓴소리도?!

이 책의 감수를 맡은 모리 나오미 씨와 저자인 나(도미나가 아키코)는 발레 영상을 보는 것도 무척 좋아한다. 이번에는 발레 관련 다큐멘터리, 영화, 고전 명작, 레슨 DVD에 이르기까지 좋아하는 작품에 대해 이야기를 나누었다. 집에서 발레를 감상할 때 참고가 되길 바란다!

〈로파트키나, 고고한 백조〉 중에서
©DELANGE PRODUCTION

〈파리 오페라 극장 에투알의
바리에이션 레슨〉 중에서
©Francette Levieux

컴퍼니의 이면을 속속들이 알 수 있다?!
흥미로운 발레 다큐멘터리!

발레단이나 발레 학교 또는 특정 안무가나 무용수의 일상을 밀착해 담아낸 다큐멘터리는
훌륭한 예술 작품을 창조하는 이들의 끊임없는 노력과 고뇌 그리고 망설임이 담겨 있다!
반드시 보아야 할 8편의 다큐멘터리 작품을 소개한다.

도미나가 아키코(이하, A): 발레 다큐멘터리를 정말 좋아한다. 평소 나와는 다른 세계에 사는 사람처럼 느껴지는 무용수나 예술 감독들이 우리와 비슷한 고민과 망설임을 안고 있는 모습을 보며 공감도 되고 위로와 기운을 받기도 한다.

모리 나오미(이하, N): 발레단의 배경을 담은 다큐멘터리에는 무용수 이외의 스태프도 많이 나온다.

A: 〈라 당스(La Danse: The Paris Opera Ballet)〉는 정말 그렇다. '발레단도 하나의 커다란 조직'이라는 생각을 하게 된다. 회의나 교섭 같은, 회사원들이 늘 보는 장면들의 연속.

N: 뻔한 스토리를 싫어하는 와이즈먼 감독답게 배역에 대해 불평하는 무용수나 무용수에 대한 신랄한 코멘트가 쉬지 않고 나오는 리허설 풍경 같이 재미있는 장면들이 가득하다(웃음).

A: 예술 감독 르페브르는 그야말로 '보스'다(웃음).

시종일관 침착하고, 낮고 조용한 목소리에는 위엄이 있는데다 협상 능력도 뛰어나다. 중간에 한 무용수는 그녀를 '하느님'으로 칭했다.

N: 르페브르는 문화청 관리를 지낸 경험도 있는 '정치가'이다. 그녀가 오면서 파리 오페라극장 발레단에 컨템포러리 작품의 레퍼토리가 늘어났는데, 그 편향성에 반대하는 의견도 많았다.

A: 그런데 그런 르페브르 이후 예술 감독을 맡은 것은 컨템포러리 안무가 벤자민 마일피드였다고 한다.

N: 마일피드의 취임으로 좋았던 점은 계급에 상관없이 유망한 신진 무용수들을 많이 기용한 것이다. 또 사람을 끌어들이는 매력이 있어서인지 자금을 모으는 능력이 뛰어났다(웃음).

A: 〈마일피드, 파리 오페라극장에 도전한 남자(ミルピエ ～パリ・オペラ座に挑んだ男)〉에서는 안무가로서의

〈라 당스〉
감독: 프레더릭 와이즈먼/2009년/프랑스=미국
품번: KKDS-729
(발매: Fulmotelmo/판매: 기노쿠니야서점)

▼프렐조카주(Angelin Preljoçaj)
→앙줄랭 프렐조카주(p.103)

▼프로코피에프(Sergei Prokofiev)
→세르게이 프로코피에프(p.86)

▼프리드 오브 런던(Freed of London)
1929년 설립된 영국의 슈즈 브랜드. 런던 웨스트엔드의 구두 장인 프레더릭 프리드가 개업했다. 당시부터 무용수의 요청에 따라 수작업으로 만드는 방식을 고집했으며 그 정책이 오늘날까지 이어지고 있다. 현재는 타운 슈즈나 웨딩용 슈즈도 만들고 있다. 프리드의 포인트 슈즈는 장인의 수만큼의 종류가 있다. 각 장인들은 독자적인 마크를 가지고 있으며 슈즈 바닥에 자신의 마크를 새겨 넣는다. 'F'나 'A' 등의 알파벳도 있고 왕관이나 종 모양의 마크를 넣는 장인도 있다. 장인이 은퇴하면 그 마크가 각인된 슈즈가 더 이상 나오지 않기 때문에 사재기하는 무용수도 있을 정도라고. 공식 사이트에는 각 장인별 일람과 함께 상세한 프로필(장인의 이력부터 휴일을 보내는 방식, 취미까지!)까지 실려 있어 흥미롭다.

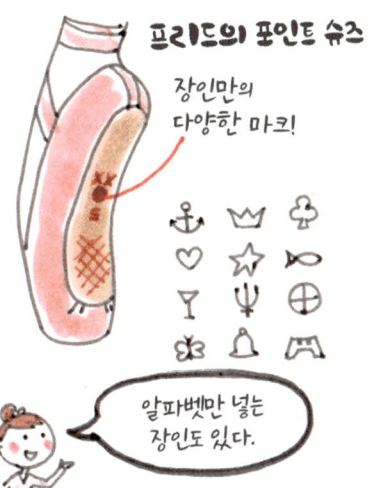

▼프리미에 당쇠르
(premier danseur)
/프리미에르 당쇠즈
(premiere danseuse)
→퍼스트 솔리스트(p.149)

▼프티(Roland Petit)
→롤랑 프티(p.47)

▼프티파(Marius Petipa)
→마리우스 프티파(p.60)

▼플리세츠카야(Maya Plisetskaya)
→마야 플리세츠카야(p.61)

▼플리에(plié)
프랑스어로 '구부리다'라는 의미로, 무릎을 밖으로 벌려 구부린 동작을 말한다. 바 레슨 처음에 플리에(살짝 구부리는 드미 플리에와 깊게 구부리는 그랑 플리에)를 하는 것만 봐도 알 수 있듯 플리에는 발레를 출 때 중요한 동작이다. 먼저, 플리에로 고관절, 무릎 관절, 아킬레스건을 풀어줄 수 있으며 다리의 근육을 푸는데도 효과적이다. 내전근을 확실히 사용해 무릎을 구부려야만 앙 드오르해 춤을 출 수 있다. 또 플리에로 지면을 강하게 누르면 몸을 끌어올리기 쉬워지기 때문에 춤을 출 때도 편안해 보인다. 그 뿐 아니라 플리에를 열심히 하면 음악에 맞춰 춤을 추기 쉽고 도약에도 힘이 붙는데다 착지할 때의 충격도 줄일 수 있다. 플리에를 소홀히 해서 좋을 것은 하나도 없다.

▼피루엣(pirouette)
발레를 보며 '우와!'하는 탄성이 터져 나오는 장면은 역시 회전 기술이다. 피루엣은 가장 대표적인 회전 기술의 하나이다. 몇 가지 종류가 있는데 가장 일반적인 '피루엣 앙 드오르'

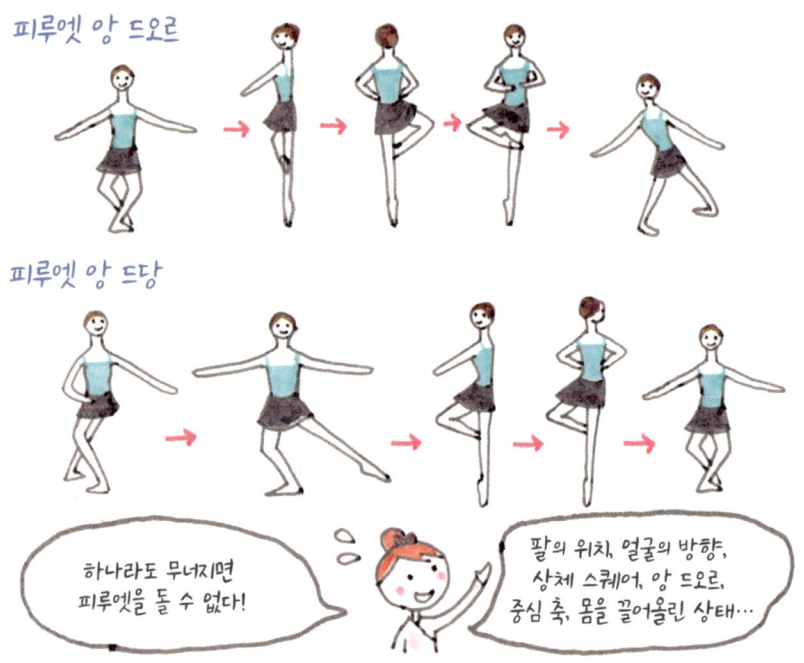

는 4번 또는 5번 플리에로 빠르게 를르베해 르티레의 형태로 바깥으로 회전한 후 4번 또는 5번으로 착지한다. 나간 다리를 재빨리 축 다리 앞에 붙이고 안쪽으로 회전하는 것이 '피루엣 앙 드당'이다. 얼굴은 끝까지 정면을 보다 빠르게 돌려야 어지럽지 않다. 익숙해지면 2회전도 할 수 있게 되면서 3회, 4회까지 가능한 사람도 있다. 간혹 5회전 이상 가능한 무용수도 있다. 회전은 자신의 몸에 있는 '안정적으로 돌 수 있는 축'을 찾는 여행. 자신의 회전축을 알았다고 해도 순간적으로 축에 몸을 실을 수 있게 되기까지는 시간이 걸린다. 또 컨디션에 따라 축의 안정감이 달라지고, 축에 몸을 실어도 복근의 힘이 부족하면 회전할 때마다 흔들리고 만다. 이처럼 한 가지 테크닉을 익히기까지는 오랜 시간이 걸린다. 게다가 팔의 위치, 얼굴의 방향, 몸을 끌어올린 상태 등의 모든 조건이 갖추어졌을 때 안정적으로 회전할 수 있다.

관련 용어―를르베(p.48), 르티레(p.48)

▼피쉬 다이브(fish dive)

파 드 되의 볼거리 중 하나가 피쉬 다이브이다. 남성 무용수가 몸을 반쯤 굽히고 서면 여성 무용수는 남성의 몸에 한쪽 다리를 감고 포즈를 취한다. 한껏 젖힌 여성 무용수의 포즈가 물고기와 비슷하다고 하여 이런 이름이 붙었다. 이 포즈로 연결하는 몇 가지 유형이 있다. 여성이 앙 드당으로 회전하면 남성이 허리를 들어 올려 이 포즈로 연결하는 방식, 여성이 아라베스크 형태를 만들면 남성이 여성을 기울여 이 포즈로 연결하는 방식, 여성 무용수가 남성의 가슴 앞쪽으로 뛰어들면 남성이 여성을 잡아 이 포즈로 연결하는 방식, 여성을 아라베스크로 그랑 리프트한 후 내려놓으며 그대로 이 포즈로 연결하는 방식 등이다. 마지막에는 남성 무용수도 손을 떼 서포트 없이 포즈를 취하기도 한다. 남녀 모두 강한 복근과 등 근육 그리고 다리의 근력이 필요한 고난이도의 포즈이다.

▼ **피에르 라코트** (Pierre Lacotte)
프랑스 출신의 무용수, 안무가. 예술 감독. 로맨틱 발레를 복원하는 명수로 유명하다. 1946년 파리 오페라극장 발레단에 입단했지만 55년 안무가를 목표로 자신의 발레단을 설립. 70년대 초부터 필리포 탈리오니가 안무한 〈라 실피드〉의 복원에 착수한 이래 생레옹이 안무한 〈코펠리아〉, 페로가 안무한 〈지젤〉, 페리와 코랄 리가 안무한 〈지젤〉 등 사라진 많은 명작들을 복원했다. 85년부터 몬테카를로 발레단의 예술 감독, 91년부터는 낭시 발레단의 예술 감독을 지냈다.

▼ **피케 턴** (pique turn)
회전 기술의 하나로, 여성 바리에이션의 마지막에 있는 마네쥬에 등장하는 동작이다. 피케는 무릎을 구부리지 않고 푸앵트로 서서 바닥을 찌르는 동작이며, 피케 턴은 '바닥을 찌르면서 회전하는' 동작을 말한다. 앙 드당(내회전)의 경우는 한쪽 다리를 플리에한 상태로 준비하고 다른 한쪽 다리를 드방으로 뻗어낸다. 앞쪽 다리에 중심을 싣고 뒤쪽 다리는 르티레 데리에로 넣어 회전한다. 순간적으로 축 다리에 무게를 싣지 않으면 허리가 휘어져 앙 드오르가 풀리고 엉덩이가 빠지거나 안짱 발이 된다. 그 결과, 돌면 돌수록 축이 흔들리고 상체의 스퀘어(어깨의 라인과 허리뼈 라인의 평행)가 무너져 제대로 돌지 못한다. 순간적으로 축 다리에 무게를 실으려면 복근과 등 근육으로 몸을 강하게 지지해 끌어올려야 한다. 또 끝까지 머리를 고정하는 것도 중요하다. 앙 드오르하는 경우는 레임 덕이라고도 부른다. 또 르티레가 아닌 애티튜드 형태로 회전하는 피케 애티튜드도 자주 나오는 동작이다.
관련 용어→마네쥬(p.58), 레임 덕(p.44)

COLUMN

차코트의 베테랑 의상 디자이너에게 듣는다
아름다운 튀튀를 만들기 위한 고집과 원칙

무대 위에서 아름답게 빛나는 의상. 어떤 원칙과 공정을 거쳐 만들어지는 것일까. 차코트에서 10년 이상, 의상을 만들어온 두 디자이너에게 들었다.

의상 제작에 관련된 사람들은 어떤 사람들일까?

와타나베(이하, W): 영업, 생산 관리, 디자이너, 재단사, 봉제, 장식, 소도구 제작 장인 등이 있다.
나카야마(이하, N): 디자인부터 장식까지 거의 혼자 하는 사람도 있고 분담하는 경우도 있다. 한 벌만 제작하는 의상이거나 대여용 의상 혹은 아이템에 따라 다른 경우도 있다. 또 남성용 의상을 전문으로 제작하는 사람도 있다.
W: 봉제는 외부 공장에 의뢰하는 경우가 많다. 생산 관리는 공장과의 일정 조정 등을 포함해 전체를 총괄하는 역할이다.

의상 제작에 필요한 기간이나 대강의 가격은 어느 정도일까?

W: 여러 벌을 동시에 만들기 때문에 한 달 반에서 두 달 정도는 걸린다.
W: 금액은 머리 장식을 제외하고, 한 벌만 제작하는 의상인 경우 15만 엔 전후가 많다.

차코트 시부야 본점 4층에 있는 의상 코너에 진열된 의상은 주문 제작한 것이 아니라 디자이너들이 자신의 감각을 살려 만든 의상. '가끔 모험도 한다'고 한다.

의상이 완성되기까지의 과정이 궁금하다!

PROCESS

사전 논의
↓
디자인, 원단 선택
↓
패턴(형지 제작)
↓
봉제

가봉(시착)
↓
패턴 수정
↓
장식
↓
일반 연습 또는 총연습 때 최종 조정
※따로 조정하지 않는 경우도 있다.

N: 의상을 디자인할 때는 최대한 자세히 그린다. 고객의 요청을 반영해 원단의 색상, 튈의 강도, 장식 등을 선택한다. 원단의 염색이나 장식의 배색 및 분량 등도 논의한다.
W: 그 후, 패턴사가 형지를 제작하고 봉제한 후 가봉하는 순서이다. 가봉은 보통 1회 정도로, 이때 실루엣을 확인한다.
N: 예를 들어, 봉(bon)의 길이, 바스크(보디와 튀튀를 연결하는 부분)의 길이, 튀튀가 내려오는 정도 등을 확인 및 조정한 후 장식을 한다.
W: 본 공연 전의 게네랄프로베에서 최종 조정을 하는 경우도 있다.

나카야마 씨가 담당한 〈레이몬다〉의 의상. 차코트의 자주 공연 때에 사용된 의상. 수차례 가봉하고 게네랄프로베에도 동행해 조정을 거듭했다고 한다.
촬영/나카야마

디자인 도안

완성!

튈과 장식은 어떻게 선택할까?

W: 튈은 빳빳한 정도에 따라, 부드러운 순으로 15데니어, 30데니어, 50데니어, 70데니어의 주로 4종류가 있다. 원하는 실루엣에 맞게 강도를 정하고 색상 샘플을 조합해 색상을 결정한다. 원단을 염색해 그러데이션하는 경우도 있다.

N: 이건(오른쪽 상단의 레이몬다의 의상) 빳빳한 70데니어를 사용했다. 리프트가 많은 파 드 되에서는 원단의 소모가 심하기 때문에 빳빳하게 만들지 않으면 스커트 부분이 금방 해진다. 하지만 빳빳한 튈을 너무 많이 넣으면 위로 솟구치기 때문에 조정이 필요하다.

W: 또 스커트는 곧게 뻗은 실루엣이 필요한 경우와 아래로 살짝 처지는 실루엣이 필요한 경우가 있기 때문에 마지막으로 튈을 고정할 때 그 부분을 고려해 강도를 조정한다. 지나치게 뻗으면 엉덩이 부분이 두드러지기 때문에 연습 때나 게네랄프로베를 보고 고칠 때도 있다.

N: 또 스팽글은 앞면과 뒷면이 있다. 앞면은 접시 모양으로 되어 있어 빛을 반사하기 쉽지만 파 드 되를 출 때 옷에 걸리기 쉽기 때문에 일부러 뒤집어 달기도 한다. 비즈를 장식할 때에도 받침이 있는 비즈는 파 드 되를 출 때 옷에 걸릴 수 있어 비즈 자체에 구멍이 뚫려 있어 직접 실을 꿸 수 있는 종류를 선택한다.

장식은 '이 부분은 풍성하게 넣고, 점점 줄어드는 식으로' 등으로 디자이너가 지시한다. 디자이너의 의도를 이해해야 하는 만큼 장식 담당과의 팀워크도 중요하다고 한다.

의상을 디자인할 때 특별히 신경 쓰는 포인트가 있다면?

N: 디자인을 할 때는 용도나 나이 외에도 고객이 '어떻게 보이길 원하는지'를 가장 신경 쓴다. 각자 원하는 바가 다르기 때문에 고객의 목소리를 중요하게 생각한다.

W: 의상은 기분을 좌우하는 면이 크다. 객석에서는 거의 보이지 않는 장식이라도 본인이 보기에 '아름답다'고 느끼면 기분이 고양되기 때문이다.

N: 주문 제작의 경우 특히 그렇다. 고객과 함께 의상을 만들어가는 느낌이다.

W: 만족스러운 의상은 좋은 춤으로 연결된다. '이 의상을 입고 춤을 출 수 있어 좋았다는 말을 들을 때 정말 기쁘다.

오른쪽·와타나베 사토코
왼쪽·나카야마 마리코

와타나베 씨는 복식 전문학교 출신. 어릴 때부터 배워온 발레와 관련된 일을 하고 싶다는 생각에 의상 제작의 길로 들어섰다. 나카야마 씨는 중학교 3학년 때 다니던 발레 교실에서 발레 의상에 대한 사전 논의를 하는 모습을 보고 '이런 일을 해보고 싶다'는 생각에 복식 학교를 졸업한 후 차코트에 입사했다고 한다!

작품이나 배역에 따라 달라지는
다양한 색상과 형태의 튀튀 총집합!

백조의 호수

오데트

오딜

백조와 흑조는 기본적으로 의상의 색상이 다를 뿐 장식은 비슷한 경우가 많다. 오데트는 다른 백조들에 비해 장식이 많고 티아라를 착용한다. 다만, 오데트는 조신한 여성이기 때문에 오딜만큼 화려하지 않다.

돈키호테

키트리(3막)

키트리(1막)

큐피드

〈돈키호테〉는 스페인이 무대이기 때문에 1막의 키트리는 층이 진 스페인풍 스커트를 입는다. 이 의상을 입고 크게 점프하면 스커트 자락이 화려하게 펼쳐진다! 3막에서는 결혼식 장면이 있기 때문에 흰색의 튀튀를 입는 경우도 있다.

잠자는 숲속의 미녀

오로라 공주(1막)

플로리나 공주

1막의 오로라 공주의 춤은 '로즈 아다지오' 또는 '로즈의 바리에이션'이라고 불리며 핑크색 의상을 입는다. 손에 든 꽃도 핑크색이다. 3막에 등장하는 플로리나 공주는 함께 춤추는 파랑새에 맞춰 하늘색이나 파란색 튀튀를 입는다.

로미오와 줄리엣

유명한 '발코니의 파 드 되'는 잠들기 전 발코니로 나오는 설정이기 때문에 잠옷을 표현한 조젯 소재의 의상을 입는다. 또 〈해적〉 2막의 파 드 되에서도 이런 유형의 의상을 입는 경우가 있다.

줄리엣

니키아

라 바야데르

배꼽 부분이 트여 있고 스커트 안에 바지가 달린 동양풍의 의상이다. 무녀나 무희 역할에 주로 이용된다. 〈호두까기 인형〉의 아라비아 춤, 〈라 바야데르〉의 젬베 춤에서도 이런 타입의 의상을 입는다.

코펠리아

시골 처녀의 의상은 가슴 부분의 리본 장식과 작은 앞치마가 특징. 시골이 무대인 작품의 경우, 이런 타입의 의상은 역할에 관계없이 사용할 수 있다. 더 선명한 색상도 있다. 〈지젤〉 1막이나 〈말괄량이 길들이기〉 1막에도 사용된다.

스완힐다

라 실피드
(레 실피드)

순백의 로맨틱 튀튀는 요정이나 정령이 입는 의상이다. 이 의상은 장식이 있기 때문에 주로 실피드의 의상으로 사용되는데 미르타나 윌리의 의상으로도 착용이 가능하다고 한다.

실피드(요정)

왕자의 의상

왕자의 의상은 하반신은 타이즈만 입기 때문에 상반신용 의상만 있다. 왼쪽의 검은색 의상은 〈지젤〉의 알브레히트, 중앙은 〈신데렐라〉의 왕자 등에도 사용된다. 또 오른쪽 의상은 p.165의 인터뷰 페이지 오른쪽 상단에 있었던 레이몬다의 의상과 세트로 만들어진 것이다.

〈잠자는 숲속의 미녀〉
데지레 왕자

〈백조의 호수〉
지그프리트

〈레이몬다〉
장 드 브리앙

조명을 받으면 반짝반짝 빛난다!
다양한 머리 장식의 매력

무대의 조명을 받으며 춤을 추면, 반짝반짝 빛나는 티아라. 왕녀나 공주의 상징이자 동경의 대상이다. 빛을 반사하기 쉬운 스와로브스키나 유리 비즈가 사용된다. 주로 헤어밴드 타입과 머리 위에 세워서 착용하는 크라운 타입의 두 종류가 있다. 또 백조의 머리 장식, 키트리의 장미, 실피드의 화관 등 티아라 이외에도 다양한 머리 장식이 있다.

▼하이패션(high fashion)

간혹 최첨단 유행을 탄생시키는 하이패션 디자이너가 발레 작품의 무대의상을 디자인하는 경우가 있다. 파리 오페라극장 발레단은 2017년 크리스티앙 라크루아에게 발란신 버전 〈한여름 밤의 꿈〉의 의상을 의뢰했으며 16년에는 같은 발란신 안무 작품인 〈브람스-쇤베르크 콰르텟〉을 상연할 때 칼 라거펠트에게 의상을 의뢰했다. 거슬러 올라가면 1986년 누레예프 안무의 〈신데렐라〉 초연 당시의 의상을 모리 하나에가 디자인한 바 있다. 뉴욕 시티 발레단은 매년 가을 패션과 발레를 융합한 '폴 패션 갈라(fall fashion gala)'를 개최한다. 17년에는 쯔모리 지사토(쯔모리 지사토의 디자이너)가 의상을 제공했다. 그 밖에도 1997년 지아니 베르사체가 베자르 발레 로잔의 〈발레 포 라이프〉를 위해 의상을 제작했다.

▼함부르크 발레단(Hamburg Ballet)

독일 함부르크에 본거지를 둔 발레단. 17세기에 설립된 시민 극장(1934년 국립 극장이 되었다)이 모체가 되었으며 19세기에는 마리 탈리오니, 루실 그란 등의 훌륭한 무용수들이 객원 무용수로 참여했다. 20세기가 되자 발란신의 작품을 레퍼토리에 추가해 발레단의 수준을 향상시켰으며 1973년 존 노이마이어가 예술 감독이자 상임 안무가로 취임하면서 세계적으로 알려졌다. 노이마이어는 자신의 작품을 계속 발표하는 것 외에도 다양한 변혁을 꾀하며 73년부터는 매년 워크샵이나 강의 또는 시연 행사를 열어 직접 작품의 해설과 발레의 역사 등을 해설했다. 또 75년부터는 댄스 페스티벌 '함부르크 발레 주간'을 개최해 자신의 신작과 스타 무용수들의 갈라 등을 상연. 78년에는 함부르크 발레학교를 설립했다. 현재 발레단원의 80% 이상이 이 학교 출신이다. 2011년에는 독일 내셔널 유스 발레를 설립했으며 선발된 8명의 젊은 무용수들은 가극장 외에도 학교, 노인 요양시설, 형무소 등에서도 공연을 펼쳤다. 24년 노이마이어의 예술 감독 퇴임이 결정되었다.

▼해적(Le Corsaire)

해적과 노예 시장에 팔려온 처녀들을 둘러싼 모험 활극. 바이런의 극시를 바탕으로 한 작품. 폭풍을 만나 난파된 해적선의 두목 콘라드는 납치되어 노예 시장에 팔려온 처녀 메도라와 사랑에 빠져 해적 동료 알리 등과 함께 그녀와 다른 처녀들을 구한다. 메도라는 해적의 은신처에서 '구해낸 처녀들을 풀어달라'고 콘라드에게 부탁하고 그는 그 바람을 들어주지만 부하인 비르반토는 그런 그의 결정이 달갑지 않다. 결국 노예 상인과 손을 잡고 메도라를 납치해 터키 총독에게 팔아넘긴다. 메도라는 총독의 하렘에서 노예 시장에서 팔려온 친구 귈나라와 재회한다. 그때 변장한 콘라드가 이끄는 해적들이 등장해 여성들을 구해내고 해적선을 타고 함께 떠난다. 여러 버전이 있지만 초연은 1856년 마질리에가 안무한 작품. 99년 프티파가 개정했다.

등장인물이 많은데다 붙잡혔다가 도망치고 속이고 배신하는 등의 사건이 빠르게 전개되어 복잡하게 느껴질 수 있다. 아메리칸 발레 시어터의 〈해적〉 DVD 영상에는 예술 감독 케빈 맥켄지가 관객과 무용수에게 일부러 '해적의 스토리를 알려 달라'고 하자 대부분 혼란스러워하며 어렴풋이 기억하는 내용을 이야기하는 재미있는 장면이 나온다. 무대에 설 무용수들조차 '어라?'하고 혼란스러워하는 모습에 웃음이 터진다(물론 맥켄지가 정답을 이야기한다).

▼호두까기 인형(The Nutcracker)

크리스마스이브 저녁을 무대로 펼쳐지는 이야기로, 작가 호프만의 원작을 바탕으로 만든 작품. 다양한 연출이 있어 설정과 주인공의 이름 심지어 이야기의 전개에도 차이가 있지만 여기서는 일반적인 줄거리를 소개한다. 독일의 슈투바움가에서 가족과 지인을 초대해 파티를 열었다. 그 집의 딸 클라라(마샤 또는 마리)는 대부인 드로셀마이어로부터 호두까기 인형을 선물 받았지만 오빠 프리츠가 인형을 망가뜨리고 만다. 한밤중, 클라라가 거실로 나왔을 때 시계가 12시를 알린다. 그러자 크

리스마스트리가 거대해지더니 생쥐들과 병정 인형들의 전투가 시작된다. 놀란 클라라 앞에 인간처럼 움직이는 호두까기 인형이 나타나 생쥐 왕과 결투를 벌인다. 클라라는 슬리퍼를 던져 위기에 빠진 호두까기 인형을 구한다. 그러자 그는 아름다운 왕자로 변해 감사의 뜻으로 클라라를 과자 왕국으로 초대한다(여기서 클라라가 성인이 되는 연출과 어린 소녀 그대로인 연출로 나뉜다). 눈의 정령의 환영을 받으며 과자 왕국에 도착하자 초콜릿(스페인 춤)과 커피(아라비아 춤) 등이 다양한 춤을 선보인다. 마지막으로 왕자와 별사탕 요정(또는 성인이 된 클라라)이 춤을 추고, 클라라는 과자 왕국과 왕자에게 작별을 고한다. 그리고 클라라는 자신의 침대에서 눈을 뜬다.

크리스마스가 되면 세계 각국의 발레단에서 상연하는 작품으로, 다양한 연출이 있는 작품이다. 주로 1막의 클라라는 어린이(성인인 경우도)가 연기하며, 중간에 성인 무용수로 바뀌는 경우와 전막 내내 성인 무용수가 연기하는 경우가 있어 스토리가 미묘하게 달라진다. 전자는 '어린 소녀였던 클라라가 마법에 의해 성인의 모습으로 변해 과자 왕국에서 왕자와 춤을 춘다'는 설정이고 후자는 '어린 소녀인 클라라가 과자 왕국에 초대받아 별사탕 요정을 만나서 함께 춤을 춘다'는 이야기이다. 전자는 클라라가 왕자를 만나 첫사랑을 경험하는 뉘앙스가 강해 종막에 이르면 안타까운 감정이 느껴진다. 그 밖에도 동경하던 드로셀마이어가 왕자로 변신하는 누레예프 버전, 엄마와의 추

억을 회상하는 베자르 버전, 안무가 드로셀마이어에 의해 발레의 세계로 들어가는 노이마이어 버전, 제정 러시아 시대의 발레리나였던 클라라가 인생을 돌아보는 머피 버전 등의 다양한 버전이 존재한다. 꿈꾸는 클라라는 많은 안무가들에게 '성장'을 상징하는 존재였던 듯하다.

관련 용어→클라라(p.142), 드로셀마이어(p.38), 별사탕 요정(p.74)

▼**흥행사**(promoter)

공연을 기획하고, 티켓을 판매해 공연을 개최하는 주최자나 조직을 말한다. 발레의 경우, 외국의 발레단을 초청한 기획도 많아 초청자(inviter)라고도 불린다. 일본에서 외국 발레단의 초청 공연 기획 및 개최로 특히 유명한 것은 일본 무대예술진흥회(NBS), 재팬 아츠, 고란샤(光藍社)의 3사이다. 또 분카무라나 사이타마 예술 극장 등 극장이 흥행사로서 공연을 기획하는 경우도 많다. 한편, 일본 국내의 발레단의 경우는 대부분 컴퍼니가 흥행사로서 공연을 기획하고 개최한다.

▼흰색 타이즈

클래식 발레 작품에서 여성 무용수가 핑크색 타이즈를 신는다면 남성 무용수는 흰색 타이즈를 신는다. 새하얀 타이즈는 발레를 배우는 아이들이 '남자가 흰색 타이즈'를 신는다며 종

종 놀림 받는 원인이기도 하다. 그런 말들은 무시해도 괜찮지만 '왜 하필 흰색 타이즈'인지는 알아두면 좋을 것이다. 클래식 작품에 등장하는 왕자나 귀족 역할은 반드시 흰색 타이즈를 신는다. 악역은 검은색 타이즈를 신는 경우가 많은 것을 보더라도 흰색이 순수함이나 고귀함을 상징하는 색이라는 것을 알 수 있다. 또 다리에 밀착되는 흰색 타이즈(핑크색 타이즈도 마찬가지이지만)는 조명을 받으면 무용수의 아름다운 다리 근육을 돋보이게 만든다. 조명 불빛에 의해 근육의 음영이 선명히 드러나면서 춤추는 동안 유연한 근육의 움직임을 관객이 더 잘 알아볼 수 있게 된다. 또 색상에 관계없이, 허리 아래쪽은 타이즈 1장만 입고 춤을 추기 때문에 움직이기도 쉽고 다리도 길어 보인다. 흰색 타이즈 덕분에 남성 무용수의 멋진 모습이 돋보이는 것이다.

▼20세기 발레단 (20th Century Ballet)
→베자르 발레 로잔(p.74)

▼540도 회전

남성 무용수의 도약 기술로, 상당히 난이도가 높기 때문에 프로 무용수 중에도 가능한 사람이 몇 안 되는 초절정 기술의 하나. 한쪽 다리로 뛰어올라 다른 한쪽 다리는 쭉 펴서 던지고 공중에서 한 바퀴 반 회전한 후 뛰어오른 다리를 크게 돌리며 양다리를 교차한 후 한쪽 다리를 플리에해 4번으로 착지한다. 보통은 주테앙 투르낭을 반복해 회전력이 생긴 후 실시한다. 높은 도약력과 다리를 빠르게 모으는 제어 능력 그리고 공중에서도 흔들림 없는 강한

상반신이 필요한 고난이도 기술! 주로, 코다에 추가해 무대를 화려하게 장식한다.

▼6시 포즈

한쪽 다리를 알 라 스공드로 귀에 닿을 정도까지 높이 들어 올리는 실비 길렘의 장기로, 수직에 가까운 그 각도가 시계 바늘이 6시를 가리키는 상태와 비슷하다고 하여 이런 이름이 붙었다. 실비 길렘 이전에는 이렇게까지 다리를 높이 들어 올리는 무용수가 많지 않았기 때문에 감탄을 금치 못하는 팬이 있는가 하면 '품격이 없다', '전통에 반한다'고 생각하는 사람들도 있어 찬반양론을 불러 일으켰다. 길렘이 거의 수직으로 다리를 들어 올릴 수 있는 것은 '이중 관절'을 가졌기 때문이라고 한다.
관련 용어→실비 길렘(p.93)

▼K 발레 도쿄(K-BALLET TOKYO)

일본 도쿄에 있는 발레단으로, 예술 감독은 구마카와 데쓰야. 1996년부터 당시 영국 로열 발레단의 수석 무용수로 활동하던 구마카와 데쓰야가 동료 무용수와 함께 한 일본 공연 〈메이드 인 런던〉이 전신이 되었다. 98년 퇴단해 이듬해 K발레 컴퍼니를 설립. 설립 당초에는 다른 장르와의 컬래버레이션 등 현대 작품을 주로 상연했으나 2002년 도쿄 분쿄구에 거점을 마련하면서부터는 고전 작품 상연을 중심으로 본격적인 활동을 개시했다. 구마카와가 개정한 고전 작품을 중심으로 전국 공연을 포함해 매 시즌 약 50편의 작품을 상시 상연하고 있다. 구마카와가 컴퍼니를 설립하게 된 경위는 그가 30세 직전에 발표한 자서전 〈메이드 인 런던〉에 자세히 쓰여 있다. '일본인 무용수가 활약할 수 있는 장을 더욱 확대하고 싶다'고 말한 그는 여전히 강한 의지로 수준 높은 무대를 다수 상연하고 있다. 17년에는 〈클레오파트라〉, 19년에는 〈마담 버터플라이〉 등 구마카와가 안무한 신작들이 계속 나오고 있다. 23년 9월, 컴퍼니의 명칭을 'K-BALLET TOKYO'로 변경했다.

▼NBA 발레단
(NBA Ballet Company)

비영리 법인으로 활동하는 일본 사이타마 현에 거점을 둔 발레단. 1993년 일본 무용수의 지위 향상을 목표로 구보 에이지를 중심으로 '신일본 예술 발레 아카데미'라는 서클을 설립했다. 이를 바탕으로 이듬해 '일본 발레 극장 발레단'이 만들어지고 97년 지금의 명칭으로 개칭. 2001년 도쿄 도의 인증을 거쳐 특정 비영리 활동 법인이 되었다. 12년부터 20년간 콜로라도 발레단의 수석 무용수로 활동한 구보 고이치가 예술 감독으로 취임. 설립 당초부터 〈호두까기 인형〉 등의 미국 안무가 작품과 오리지널 작품 등을 상연하며 레퍼토리를 확충했다. 2015년에는 오리지널 작품으로 가수 미소라 히바리의 생애를 그린 〈HIBARI〉를 상연하며 도전적인 행보를 보이고 있다. 신진 무용수 발굴을 위한 콩쿠르도 개최하고 있다.

▼RAD(Royal Academy of Dance)

영국의 왕립 발레 교육 기관 '로열 아카데미 오브 댄스(Royal Academy of Dance)'의 약칭으로, 발레 메소드의 하나이다. 교육 시스템의 올바른 전수를 위해 세계 각국에서 다양한 레벨로 구분된 검정 시험과 교사 자격 취득 프로그램을 실시하고 있다. 화려하진 않지만 몸을 무리 없이 신중히 사용하기 때문에 우아하고 기품이 넘치는 아름다운 춤이 특징이다. 일본에서는 고바야시 노리코 발레 시어터가 RAD의 일본 본부로 지정되어 있다.

관련 용어→메소드(P.64)

는 무릎 관절이 과신전된 상태로, 다리가 휘어진 정도는 개인차가 크다고 한다. 이런 다리를 동경한 나머지 억지로 무릎을 밀어 넣다 부상을 입는 학생도 많다고 들었으므로 함부로 따라하는 것은 위험하다.

▼R클래스(R-Class)

러시아의 슈즈 제조업체. 처음에는 러시아의 극장에서 춤추는 프로 무용수 대상으로만 만들었다고 한다. 섕크의 단단한 정도를 선택할 수 있는 것이 특징으로 슈퍼 소프트, 미디엄 플렉시블, 미디엄 하드, 슈퍼 하드 등 세밀한 조정이 가능하다(일부는 주문 생산). 포인트 슈즈의 이름은 '돌체', '엘레강스', '알마즈' 등.

▼X자 다리

많은 발레리나들이 동경하는 다리의 형태를 X자 다리라고 한다. 흔히 X자 다리라고 부르는 것과는 다른데 앙 드오르해 1번 포지션으로 섰을 때 다리 전체가 휘어지고 발꿈치가 떨어진 상태를 가리킨다. 포인트 슈즈를 신고 서면 활처럼 휘어진 다리 라인과 발등이 아름답게 보인다. 해부학적으로는 '반장슬'이라고 하

주요 참고 문헌 일람

- 《인사이드 발레 테크닉-바른 레슨과 테크닉 향상(インサイド・バレエテクニック—正しいレッスンとテクニックの向上)》저: 발레리 크레이그, 역: 우에노 후사코(다이슈칸 쇼텐)
- 《지금 빛나는 남성 무용수(いま、輝く男性ダンサー)》댄스 매거진 편저(신쇼칸)
- 《옥스퍼드 발레 댄스 사전(オックスフォード バレエ ダンス事典)》저: 데브라 크레인・주디스 맥크렐, 감역: 스즈키 쇼(헤이본샤)
- 《오렐리 뒤퐁 아름다운 파리 오페라 극장 에투알(オーレリ・デュポン 美しきパリ・オペラ座エトワール)》저: 오렐리 뒤퐁(신쇼칸)
- 《클래식 발레 테크닉(クラシックバレエテクニック)》저: 그레첸 워런, 감역: 다니 모모코, 역: 사토미 에쓰로(다이슈칸쇼텐)
- 《고독한 축제 사사키 다다쓰구 발레와 오페라로 세계와 맞선 일본인(孤独な祝祭 佐々木忠次 バレエとオペラで世界と闘った日本人)》저: 오이와케 히데코 저(분게이슌슈)
- 《안무가가 말한다(コリオグラファーは語る)》편저: 댄스 매거진(신쇼칸)
- 《아는 것 같지만 모르는 발레 재미있는 잡학 사전(知ってるようで知らない バレエおもしろ雑学事典)》저: 하야시 아이코, 하야시다 나오키(YAMAHA)
- 《투쟁하는 발레—스타의 본모습과 컴퍼니 이야기(闘うバレエ—素顔のスターとカンパニーの物語)》저: 사사키 다다쓰구(신쇼칸)
- 《댄스 컨디셔닝 느낌으로 파악하는 몸의 구조와 사용법(ダンス・コンディショニング 感じてとらえる からだの仕組みと使い方)》저: 기시다 아키코(스키 저널)
- 《댄스 핸드북(ダンス・ハンドブック)》편저: 댄스 매거진(신쇼칸)
- 《토슈즈 퍼펙트 북(トウシューズ・パーフェクト・ブック)》편저: 클라라 크로와제(신쇼칸)
- 《파리 오페라 극장의 매뉴얼 레그리(パリ・オペラ座のマニュエル・ルグリ)》편저: 댄스 매거진
- 《파리 오페라 극장 발레(パリ・オペラ座バレエ)》저: 아이버 게스트, 역: 스즈키 쇼(헤이본샤)
- 《발레 천일야화(バレエ千一夜)》저: 우스이 겐지(신쇼칸)
- 《발레 무용수 201(バレエ・ダンサー201)》편저: 댄스 매거진(신쇼칸)
- 《발레 탄생(バレエ誕生)》저: 스즈키 쇼(신쇼칸)
- 《발레 입문(バレエ入門)》저: 미우라 마사시(신쇼칸)
- 《발레 세계로의 입문! 동경하는 발레 가이드(バレエの世界へようこそ! あこがれのバレエ・ガイド)》저: 리사 마일즈, 감수: 영국 로열 발레, 역: 사이토 시즈요(가와데쇼보신샤)
- 《발레의 매력—The Magic of Dance(バレエの魅力—The Magic of Dance)》저: 마고 폰테인, 역: 유가와 교코(신쇼칸)
- 《발레의 역사 프랑스・발레사—궁정 발레부터 20세기까지(バレエの歴史—フランス・バレエ史-宮廷バレエから

20世紀まで)》저: 사사키 료코(Gakken)
- 《발레 퍼펙트 가이드(バレエ・パーフェクト・ガイド)》편집: 댄스 매거진(신쇼칸)
- 《발레 101가지 이야기(バレエ101物語)》편집: 댄스 매거진(신쇼칸)
- 《발레 뤼스 그 매력의 모든 것(バレエ・リュス その魅力のすべて)》저: 하가 나오코 저(국서간행회)
- 《발레리나 계속 춤을 추는 이유(バレリーナ 踊り続ける理由)》저: 요시다 미야코 저(가와데쇼보신샤)
- 《발레리나의 열정(バレリーナの情熱)》저: 모리시타 요코(야마토 쇼보)
- 《발레리나가 이야기한다(バレリーナは語る)》편집: 댄스 매거진(신쇼칸)
- 《비주얼판 발레 역사 발레 탄생부터 발레 뤼스까지(ビジュアル版バレエ・ヒストリー バレエ誕生からバレエ・リュスまで)》저: 하가 나오코(세카이분카샤)
- 《미우라 마사시 인터뷰집 브라보! 파리 오페라 극장 에투알과 이야기하는 발레의 매력(三浦雅士インタビュー集 ブラヴォー! パリ・オペラ座エトワールと語るバレエの魅力)》(신쇼칸)
- 《매혹의 발레 세계(魅惑のバレエの世界)》저: 와타나베 마유미, 사진: 세토 히데미(세이린도)
- 《명작 발레 50 감상 입문(名作バレエ50鑑賞入門)》글·감수: 와타나베 마유미, 사진: 세토 히데미(세카이분카샤)
- 《명작 발레를 추는 법(名作バレエの踊り方)》감수: 다니 모모코, 저: 아마야 후미에(건강저널사)
- 《메이드 인 런던(メイド・イン・ロンドン)》저: 구마가와 데쓰야(분슌문고)
- 차코트 웹 매거진〈DANCE CUBE〉
- 잡지〈댄스 매거진〉백넘버
- 각 발레단, 무용수 홈페이지 및 SNS
- 각 슈즈 메이커의 홈페이지

그 밖에 지금까지 본 많은 공연 팸플릿도 참고했다.

맺음말

《발레 용어 사전》을 통해 즐거운 시간을 보내셨길 바란다.

이 책을 편집하고 집필했던 기간은 자문자답의 연속이었다. '그 작품과 무용수도 빼놓을 수 없지'라거나 '이런 소소한 지식도 재미있겠다'는 생각에 용어를 추가했다 다시 빼기를 반복하고 글자 수를 줄이거나 아예 다시 쓰는 등……마지막까지 책에 실을 용어 수와 페이지 수를 조정하느라 애를 먹었다.

'왜 그 용어가 없지?' 하고 생각하는 사람도 있을 것이다……부디 양해해주기 바란다. 최대한 발레를 즐기기 위해 알아두면 좋을 용어를 엄선하고자 노력했다.

이 책을 간행하면서 정말 많은 분들의 도움을 받았다.

이 책의 감수를 맡아주시고 게재 내용을 결정하는 단계부터 각 용어의 자세한 확인에 이르기까지 늘 친절하게 상담에 응해주신 오랜 벗 모리 나오미 씨와 오랫동안 발레를 지도해주신 시케 메구미 선생님. 두 분의 적확한 지적과 든든한 조언 덕분에 더욱 충실한 내용을 담을 수 있었다.

사랑스러운 디자인으로 누구나 읽기 쉬운 책을 만들어준 에노모토 미카 씨. 부드러운 색조로 사랑스러운 일러스트를 그려준 마루야마 유코 씨. 발레의 섬세한 미를 사진으로 남겨준 이노우에 유미코 씨. 위기에 빠진 나를 구해준 편집자 마에다 아키코 씨. 인터뷰와 촬영에 시간을 허락해준 일본 신국립 극장 발레단, 차코트 주식회사의 관계자 여러분 정말 감사드린다.

또 이 책이 완성되기까지 고민하고 방황하는 나를 지지해준 친구들과 격려를 아끼지 않은 지인들. 어릴 때부터 '쓰는 것을 좋아하고', '발레를 좋아하는' 나를 응원해준 부모님께 다시 한 번 감사의 마음을 전한다.

그리고 지금까지 여러 권의 책을 함께 만들어준 세분도신코샤의 나카무라 도모키 씨 덕분에 편집자로서가 아닌 저자로서 이 책을 완성할 수 있었다. 정말 감사드린다. 늘 바라왔던 발레에 관한 책을 쓸 수 있어 행복한 시간이었다.

마지막으로 이 책을 읽어주신 독자 여러분께 깊은 감사를 드린다.
모든 분들에게 앞으로도 놀라움과 기쁨으로 가득한 발레 인생이 가득하기를.

도미나가 아키코

【STAFF】
장정·디자인 : 에노모토 미카
일러스트 : 마루야마 유코
사진 : 이노우에 유미코
편집협력 : 마에다 아키코(comete)
취재협력 : 신국립극장 발레단, chacott 주식회사

발레 용어 사전

초판 1쇄 인쇄 2024년 1월 10일
초판 1쇄 발행 2024년 1월 15일

저자 : 도미나가 아키코
감수 : 모리 나오미, 시케 메구미
번역 : 김효진
한국어판 감수 : 한지영

펴낸이 : 이동섭
편집 : 이민규
디자인 : 조세연
영업 · 마케팅 : 송정환, 조정훈, 김려홍
e-BOOK : 홍인표, 최정수, 서찬웅, 김은혜, 정희철
관리 : 이윤미

㈜에이케이커뮤니케이션즈
등록 1996년 7월 9일(제302-1996-00026호)
주소 : 04002 서울 마포구 동교로 17안길 28, 2층
TEL : 02-702-7963~5 FAX : 02-702-7988
http://www.amusementkorea.co.kr

ISBN 979-11-274-7038-8 03680

BALLET GO JITEN
© AKIKO TOMINAGA 2018
Originally published in Japan in 2018 by
Seibundo Shinkosha Publishing Co., Ltd.,TOKYO.
Korean translation rights arranged with
Seibundo Shinkosha Publishing Co., Ltd.,TOKYO,
through TOHAN CORPORATION, TOKYO.

이 책의 한국어판 저작권은 일본 Seibundo Shinkosha와의 독점계약으로
㈜에이케이커뮤니케이션즈에 있습니다.
저작권법에 의해 한국 내에서 보호를 받는 저작물이므로 무단전재와 무단복제를 금합니다.

*잘못된 책은 구입한 곳에서 무료로 바꿔드립니다.

창작을 위한 아이디어 자료
AK 트리비아 시리즈

-AK TRIVIA BOOK

No. 01 도해 근접무기
오나미 아츠시 지음 | 이창협 옮김
검, 도끼, 창, 곤봉, 활 등 냉병기에 대한 개설

No. 02 도해 크툴루 신화
모리세 료 지음 | AK커뮤니케이션즈 편집부 옮김
우주적 공포인 크툴루 신화의 과거와 현재

No. 03 도해 메이드
이케가미 료타 지음 | 코트랜스 인터내셔널 옮김
영국 빅토리아 시대에 실존했던 메이드의 삶

No. 04 도해 연금술
쿠사노 타쿠미 지음 | 코트랜스 인터내셔널 옮김
'진리'를 위해 모든 것을 바친 이들의 기록

No. 05 도해 핸드웨폰
오나미 아츠시 지음 | 이창협 옮김
권총, 기관총, 머신건 등 개인 화기의 모든 것

No. 06 도해 전국무장
이케가미 료타 지음 | 이재경 옮김
무장들의 활약상, 전국시대의 일상과 생활

No. 07 도해 전투기
가와노 요시유키 지음 | 문우성 옮김
인류의 전쟁사를 바꾸어놓은 전투기를 상세 소개

No. 08 도해 특수경찰
모리 모토사다 지음 | 이재경 옮김
실제 SWAT 교관 출신의 저자가 소개하는 특수경찰

No. 09 도해 전차
오나미 아츠시 지음 | 문우성 옮김
지상전의 지배자이자 절대 강자 전차의 힘과 전술

No. 10 도해 헤비암즈
오나미 아츠시 지음 | 이재경 옮김
무반동총, 대전차 로켓 등의 압도적인 화력

No. 11 도해 밀리터리 아이템
오나미 아츠시 지음 | 이재경 옮김
군대에서 쓰이는 군장 용품을 완벽 해설

No. 12 도해 악마학
쿠사노 타쿠미 지음 | 김문광 옮김
악마학 발전 과정을 한눈에 알아볼 수 있게 구성

No. 13 도해 북유럽 신화
이케가미 료타 지음 | 김문광 옮김
북유럽 신화 세계관의 탄생부터 라그나로크까지

No. 14 도해 군함
다카하라 나루미 외 1인 지음 | 문우성 옮김
20세기 전함부터 항모, 전략 원잠까지 해설

No. 15 도해 제3제국
모리세 료 외 1인 지음 | 문우성 옮김
아돌프 히틀러 통치하의 독일 제3제국 개론서

No. 16 도해 근대마술
하니 레이 지음 | AK커뮤니케이션즈 편집부 옮김
마술의 종류와 개념, 마술사, 단체 등 심층 해설

No. 17 도해 우주선
모리세 료 외 1인 지음 | 이재경 옮김
우주선의 태동부터 발사, 비행 원리 등의 발전 과정

No. 18 도해 고대병기
미즈노 히로키 지음 | 이재경 옮김
고대병기 탄생 배경과 활약상, 계보, 작동 원리 해설

No. 19 도해 UFO
사쿠라이 신타로 지음 | 서형주 옮김
세계를 떠들썩하게 만든 UFO 사건 및 지식

No. 20 도해 식문화의 역사
다카하라 나루미 지음 | 채다인 옮김
중세 유럽을 중심으로, 음식문화의 변화를 설명

No. 21 도해 문장
신노 케이 지음 | 기미정 옮김
역사와 문화의 시대적 상징물, 문장의 발전 과정

No. 22 도해 게임이론
와타나베 타쿠히로 지음 | 기미정 옮김
알기 쉽고 현실에 적용할 수 있는 입문서

No. 23 도해 단위의 사전
호시다 타다히코 지음 | 문우성 옮김
세계를 바라보고, 규정하는 기준이 되는 단위

No. 24 도해 켈트 신화
이케가미 료타 지음 | 곽형준 옮김
켈트 신화의 세계관 및 전설의 주요 인물 소개

No. 25 도해 항공모함
노가미 아키토 외 1인 지음 | 오광웅 옮김
군사력의 상징이자 군사기술의 결정체, 항공모함

No. 26 도해 위스키
츠치야 마모루 지음 | 기미정 옮김
위스키의 맛을 한층 돋워주는 필수 지식이 가득

No. 27 도해 특수부대
오나미 아츠시 지음 | 오광웅 옮김
전장의 스페셜리스트 특수부대의 모든 것

No. 28 도해 서양화
다나카 쿠미코 지음 | 김상호 옮김
시대를 넘어 사랑받는 명작 84점을 해설

No. 29 도해 갑자기 그림을 잘 그리게 되는 법
나카야마 시게노부 지음 | 이연희 옮김
멋진 일러스트를 위한 투시와 원근법 초간단 스킬

No. 30 도해 사케
키미지마 사토시 지음 | 기미정 옮김
사케의 맛을 한층 더 즐길 수 있는 모든 지식

No. 31 도해 흑마술
쿠사노 타쿠미 지음 | 곽형준 옮김
역사 속에 실존했던 흑마술을 총망라

No. 32 도해 현대 지상전
모리 모토사다 지음 | 정은택 옮김
현대 지상전의 최첨단 장비와 전략, 전술

No. 33 도해 건파이트
오나미 아츠시 지음 | 송명규 옮김
영화 등에서 볼 수 있는 건 액션의 핵심 지식

No. 34 도해 마술의 역사
쿠사노 타쿠미 지음 | 김진아 옮김
마술의 발생시기와 장소, 변모 등 역사와 개요

No. 35 도해 군용 차량
노가미 아키토 지음 | 오광웅 옮김
맡은 임무에 맞추어 고안된 군용 차량의 세계

No. 36 도해 첩보·정찰 장비
사카모토 아키라 지음 | 문성호 옮김
승리의 열쇠 정보! 첩보원들의 특수장비 설명

No. 37 도해 세계의 잠수함
사카모토 아키라 지음 | 류재학 옮김
바다를 지배하는 침묵의 자객, 잠수함을 철저 해부

No. 38 도해 무녀
토키타 유스케 지음 | 송명규 옮김
한국의 무당을 비롯한 세계의 샤머니즘과 각종 종교

No. 39 도해 세계의 미사일 로켓 병기
사카모토 아키라 | 유병준·김성훈 옮김
ICBM과 THAAD까지 미사일의 모든 것을 해설

No. 40 독과 약의 세계사
후나야마 신지 지음 | 진정숙 옮김
독과 약의 역사, 그리고 우리 생활과의 관계

No. 41 영국 메이드의 일상
무라카미 리코 지음 | 조아라 옮김
빅토리아 시대의 아이콘 메이드의 일과 생활

No. 42 영국 집사의 일상
무라카미 리코 지음 | 기미정 옮김
집사로 대표되는 남성 상급 사용인의 모든 것

No. 43 중세 유럽의 생활
가와하라 아쓰시 외 1인 지음 | 남지연 옮김
중세의 신분 중 「일하는 자」의 일상생활

No. 44 세계의 군복
사카모토 아키라 지음 | 진정숙 옮김
형태와 기능미가 절묘하게 융합된 군복의 매력

No. 45 세계의 보병장비
사카모토 아키라 지음 | 이상언 옮김
군에 있어 가장 기본이 되는 보병이 지닌 장비

No. 46 해적의 세계사
모모이 지로 지음 | 김효진 옮김
다양한 해적들이 세계사에 남긴 발자취

No. 47 닌자의 세계
야마키타 아츠시 지음 | 송명규 옮김
온갖 지혜를 짜낸 닌자의 궁극의 도구와 인술

No. 48 스나이퍼
오나미 아츠시 지음 | 이상언 옮김
스나이퍼의 다양한 장비와 고도의 테크닉

No. 49 중세 유럽의 문화
이케가미 쇼타 지음 | 이은수 옮김
중세 세계관을 이루는 요소들과 실제 생활

No. 50 기사의 세계
이케가미 슌이치 지음 | 남지연 옮김
기사의 탄생에서 몰락까지, 파헤치는 역사의 드라마

No. 51 영국 사교계 가이드
무라카미 리코 지음 | 문성호 옮김
빅토리아 시대 중류 여성들의 사교 생활

No. 52 중세 유럽의 성채 도시
가이하쓰샤 지음 | 김진희 옮김
궁극적인 기능미의 집약체였던 성채 도시

No. 53 마도서의 세계
쿠사노 타쿠미 지음 | 남지연 옮김
천사와 악마의 영혼을 소환하는 마도서의 비밀

No. 54 영국의 주택
야마다 카요코 외 지음 | 문성호 옮김
영국 지역에 따른 각종 주택 스타일을 상세 설명

No. 55 발효
고이즈미 다케오 지음 | 장현주 옮김
미세한 거인들의 경이로운 세계

No. 56 중세 유럽의 레시피
코스트마리 사무국 슈 호카 지음 | 김효진 옮김
중세 요리에 대한 풍부한 지식과 요리법

No. 57 알기 쉬운 인도 신화
천축 기담 지음 | 김진희 옮김
강렬한 개성이 충돌하는 무아와 혼돈의 이야기

No. 58 방어구의 역사
다카히라 나루미 지음 | 남지연 옮김
방어구의 역사적 변천과 특색·재질·기능을 망라

No. 59 마녀 사냥
모리시마 쓰네오 지음 | 김진희 옮김
르네상스 시대에 휘몰아친 '마녀사냥'의 광풍

No. 60 노예선의 세계사
후루가와 마사히로 지음 | 김효진 옮김
400년 남짓 대서양에서 자행된 노예무역

No. 61 말의 세계사
모토무라 료지 지음 | 김효진 옮김
역사로 보는 인간과 말의 관계

No. 62 달은 대단하다
사이키 가즈토 지음 | 김효진 옮김
우주를 향한 인류의 대항해 시대

No. 63 바다의 패권 400년사
다케다 이사미 지음 | 김진희 옮김
17세기에 시작된 해양 패권 다툼의 역사

No. 64 영국 빅토리아 시대의 라이프 스타일
Cha Tea 홍차 교실 지음 | 문성호 옮김
영국 빅토리아 시대 중산계급 여성들의 생활

No. 65 영국 귀족의 영애
무라카미 리코 지음 | 문성호 옮김
영애가 누렸던 화려한 일상과 그 이면의 현실

No. 66 쾌락주의 철학
시부사와 다쓰히코 지음 | 김수희 옮김
쾌락주의적 삶을 향한 고찰과 실천

No. 67 에로만화 스터디즈
  나가야마 카오루 지음 | 선정우 옮김
  에로만화의 역사와 주요 장르를 망라

No. 68 영국 인테리어의 역사
  트레버 요크 지음 | 김효진 옮김
  500년에 걸친 영국 인테리어 스타일

No. 69 과학실험 의학 사전
  아루마 지로 지음 | 김효진 옮김
  기상천외한 의학계의 흑역사 완전 공개

No. 70 영국 상류계급의 문화
  아라이 메구미 지음 | 김정희 옮김
  어퍼 클래스 사람들의 인상과 그 실상

No. 71 비밀결사 수첩
  시부사와 다쓰히코 지음 | 김수희 옮김
  역사의 그림자 속에서 활동해온 비밀결사

No. 72 영국 빅토리아 여왕과 귀족 문화
  무라카미 리코 지음 | 문성호 옮김
  대영제국의 황금기를 이끌었던 여성 군주

No. 73 미즈키 시게루의 일본 현대사 1~4
  미즈키 시게루 지음 | 김진희 옮김
  서민의 눈으로 바라보는 격동의 일본 현대사

No. 74 전쟁과 군복의 역사
  쓰지모토 요시후미 지음 | 김효진 옮김
  풍부한 일러스트로 살펴보는 군복의 변천

No. 75 흑마술 수첩
  시부사와 다쓰히코 지음 | 김수희 옮김
  악마들이 도사리는 오컬티즘의 다양한 세계

No. 76 세계 괴이 사전 현대편
  아사자토 이츠키 지음 | 현정수 옮김
  세계 지역별로 수록된 방대한 괴담집

No. 77 세계의 악녀 이야기
  시부사와 다쓰히코 지음 | 김수희 옮김
  악녀의 본성과 악의 본질을 파고드는 명저

No. 78 독약 수첩
  시부사와 다쓰히코 지음 | 김수희 옮김
  역사 속 에피소드로 살펴보는 독약의 문화사

No. 79 미즈키 시게루의 히틀러 전기
  미즈키 시게루 지음 | 김진희 옮김
  거장이 그려내는 히틀러 56년의 생애

No. 8Ø 태양왕 루이 14세
  사사키 마코토 지음 | 김효진 옮김
  루이 14세의 알려지지 않은 실상을 담은 평전

No. 81 이탈리아 과자 대백과
  사토 레이코 지음 | 김효진 옮김
  전통과 현대를 아우르는 이탈리아 명과 107선

No. 82 유럽의 문장 이야기
  모리 마모루 지음 | 서수지 옮김
  유럽 문장의 판별법과 역사를 이해

No. 83 중세 기사의 전투기술
  제이 에릭 노이즈, 마루야마 무쿠 지음 |
  김정규 옮김
  검술 사진으로 알아보는 기사의 전투 기술

No. 84 서양 드레스 도감
  리디아 에드워즈 지음 | 김효진, 이지은 옮김
  유럽 복식사 500년을 장식한 드레스

-AK TRIVIA SPECIAL

환상 네이밍 사전
신키겐샤 편집부 지음 | 유진원 옮김
의미 있는 네이밍을 위한 1만3,000개 이상의 단어

중2병 대사전
노무라 마사타카 지음 | 이재경 옮김
중2병의 의미와 기원 등, 102개의 항목 해설

크툴루 신화 대사전
고토 카츠 외 1인 지음 | 곽형준 옮김
대중 문화 속에 자리 잡은 크툴루 신화의 다양한 요소

문양박물관
H. 돌메치 지음 | 이지은 옮김
세계 각지의 아름다운 문양과 장식의 정수

고대 로마군 무기·방어구·전술 대전
노무라 마사타카 외 3인 지음 | 기미정 옮김
위대한 정복자, 고대 로마군의 모든 것

도감 무기 갑옷 투구
이치카와 사다하루 외 3인 지음 | 남지연 옮김
무기의 기원과 발전을 파헤친 궁극의 군장도감

중세 유럽의 무술, 속 중세 유럽의 무술
오사다 류타 지음 | 남유리 옮김
중세 유럽~르네상스 시대에 활약했던 검술과 격투술

최신 군용 총기 사전
토코이 마사미 지음 | 오광웅 옮김
세계 각국의 현용 군용 총기를 총망라

초패미컴, 초초패미컴
타네 키요시 외 2인 지음 | 문성호 외 1인 옮김
100여 개의 작품에 대한 리뷰를 담은 영구 소장판

초쿠소게 1,2
타네 키요시 외 2인 지음 | 문성호 옮김
망작 게임들의 숨겨진 매력을 재조명

초에로게, 초에로게 하드코어
타네 키요시 외 2인 지음 | 이은수 옮김
엄격한 심사(?!)를 통해 선정된 '명작 에로게'

세계의 전투식량을 먹어보다
키쿠즈키 토시유키 지음 | 오광웅 옮김
전투식량에 관련된 궁금증을 한 권으로 해결

세계장식도 1, 2
오귀스트 라시네 지음 | 이지은 옮김
공예 미술계 불후의 명작을 농축한 한 권

서양 건축의 역사
사토 다쓰키 지음 | 조민경 옮김
서양 건축의 다양한 양식들을 알기 쉽게 해설

세계의 건축
코우다 미노루 외 1인 지음 | 조민경 옮김
세밀한 선화로 표현한 고품격 건축 일러스트 자료집

지중해가 낳은 천재 건축가
-안토니오 가우디
이리에 마사유키 지음 | 김진아 옮김
천재 건축가 가우디의 인생, 그리고 작품

민족의상 1,2
오귀스트 라시네 지음 | 이지은 옮김
시대가 흘렀음에도 화려하고 기품 있는 색감

중세 유럽의 복장
오귀스트 라시네 지음 | 이지은 옮김
특색과 문화가 담긴 고품격 유럽 민족의상 자료집

그림과 사진으로 풀어보는
이상한 나라의 앨리스
구와바라 시게오 지음 | 조민경 옮김
매혹적인 원더랜드의 논리를 완전 해설

그림과 사진으로 풀어보는
알프스 소녀 하이디
지바 가오리 외 지음 | 남지연 옮김
하이디를 통해 살펴보는 19세기 유럽사

영국 귀족의 생활
다나카 료조 지음 | 김상호 옮김
화려함과 고상함의 이면에 자리 잡은 책임과 무게

요리 도감
오치 도요코 지음 | 김세원 옮김
부모가 자식에게 조곤조곤 알려주는 요리 조언집

사육 재배 도감
아라사와 시게오 지음 | 김민영 옮김
동물과 식물을 스스로 키워보기 위한 알찬 조언

식물은 대단하다
다나카 오사무 지음 | 남지연 옮김
우리 주변의 식물들이 지닌 놀라운 힘

그림과 사진으로 풀어보는 마녀의 약초상자
니시무라 유코 지음 | 김상호 옮김
「약초」라는 키워드로 마녀의 비밀을 추적

초콜릿 세계사
다케다 나오코 지음 | 이지은 옮김
신비의 약이 연인 사이의 선물로 자리 잡기까지

초콜릿어 사전
Dolcerica 가가와 리카코 지음 | 이지은 옮김
사랑스러운 일러스트로 보는 초콜릿의 매력

판타지세계 용어사전
고타니 마리 감수 | 전홍식 옮김
세계 각국의 신화, 전설, 역사 속 용어들을 해설

세계사 만물사전
헤이본샤 편집부 지음 | 남지연 옮김
역사를 장식한 각종 사물 약 3,000점의 유래와 역사

고대 격투기
오사다 류타 지음 | 남지연 옮김
고대 지중해 세계 격투기와 무기 전투술 총망라

에로 만화 표현사
키미 리토 지음 | 문성호 옮김
에로 만화에 학문적으로 접근하여 자세히 분석

크툴루 신화 대사전
히가시 마사오 지음 | 전홍식 옮김
러브크래프트의 문학 세계와 문화사적 배경 망라

아리스가와 아리스의 밀실 대도감
아리스가와 아리스 지음 | 김효진 옮김
신기한 밀실의 세계로 초대하는 41개의 밀실 트릭

연표로 보는 과학사 400년
고야마 게타 지음 | 김진희 옮김
연표로 알아보는 파란만장한 과학사 여행 가이드

제2차 세계대전 독일 전차
우에다 신 지음 | 오광웅 옮김
풍부한 일러스트로 살펴보는 독일 전차

구로사와 아키라 자서전 비슷한 것
구로사와 아키라 지음 | 김경남 옮김
영화감독 구로사와 아키라의 반생을 회고한 자서전

유감스러운 병기 도감
세계 병기사 연구회 지음 | 오광웅 옮김
69종의 진기한 병기들의 깜짝 에피소드

유해초수
Toy(e) 지음 | 김정규 옮김
오리지널 세계관의 몬스터 일러스트 수록

요괴 대도감
미즈키 시게루 지음 | 김건 옮김
미즈키 시게루가 그려낸 걸작 요괴 작품집

과학실험 이과 대사전
야쿠리 교시쓰 지음 | 김효진 옮김
다양한 분야를 아우르는 궁극의 지식탐험!

과학실험 공작 사전
야쿠리 교시쓰 지음 | 김효진 옮김
공작이 지닌 궁극의 가능성과 재미!

크툴루 님이 엄청 대충 가르쳐주시는 크툴루 신화 용어사전
우미노 나마코 지음 | 김정규 옮김
크툴루 신화 신들의 귀여운 일러스트가 한가득

고대 로마 군단의 장비와 전술
오사다 류타 지음 | 김진희 옮김
로마를 세계의 수도로 끌어올린 원동력

제2차 세계대전 군장 도감
우에다 신 지음 | 오광웅 옮김
각 병종에 따른 군장들을 상세하게 소개

음양사 해부도감
가와이 쇼코 지음 | 강영준 옮김
과학자이자 주술사였던 음양사의 진정한 모습

미즈키 시게루의 라바울 전기
    미즈키 시게루 지음 | 김효진 옮김
    미즈키 시게루의 귀중한 라바울 전투 체험담

산괴 1~2
    다나카 야스히로 지음 | 김수희 옮김
    산에 얽힌 불가사의하고 근원적인 두려움

초 슈퍼 패미컴
    타네 키요시 외 2명 지음 | 문성호 옮김
    역사에 남는 게임들의 발자취와 추억

발레의 명장면이 등장하기도!
발레를 소재로 한 명작 영화

다큐멘터리가 아닌, 스토리가 있는 영화에서도 발레를 다룬 작품이 많다.
그 중에는 설정이 독특하고 유머러스한 작품도 있지만 진짜 발레 무용수가 출연한 작품도 많다!
다양한 명작 영화를 소개한다.

©2016 Everybody on Deck - TF1 Droits Audiovisuels - UCG Images - France 2 Cinema

〈폴리나〉
감독: 발레리 뮐러,
앙줄랭 프렐조카주/
출연: 아나스타샤 세브초바,
닐 슈나이더,
줄리엣 비노쉬 등/
2016년/ 프랑스
품번: PCBP-53698/
(발매·판매: 포니캐년)

A: 최근 본 발레 영화 중에는 〈폴리나〉가 재미있었다. 게다가 앙줄랭 프렐조카주의 안무라니!

N: 주역은 마린스키의 무용수(당시) 아나스타샤 세브초바로 중간에 파리 오페라 극장 발레단의 전 에투알 제레미 벨랑가르도 등장하는 등 출연진이 화려하다. 줄리엣 비노쉬도 춤을 추었던 배우라 진짜 여성 안무가처럼 보였다.

A: 그 밖에 좋아하는 발레 영화가 있다면?

N: 명작 〈분홍 신〉도 빼놓을 수 없다. 멋진 환상 장면을 잊을 수 없다! 또 〈빌리 엘리어트〉와 〈마오의 라스트 댄서〉 같은 성장 이야기도 좋아한다.

A: 간혹 '이런 설정은 좀 이상하다' 싶은 영화도 있다(웃음). 발레 팬들의 지적이 특히 많았던 작품은 역시 〈블랙 스완〉이 아닐까. 무용수를 결정하는 방식이나 리허설 진행 또 무대 크기까지 이상한 부분이 많다.

N: 나탈리 포트만의 대역으로 대부분의 춤을 춘 것은 아메리칸 발레 시어터(ABT)의 사라 레인. 그걸 정당히 평가받지 못해 소동이 있기도 했다.

A: 발레를 아는 사람이 보면 어느 부분이 대역인지 단번에 알 수 있는데 말이다……. 하지만 이렇게 '저 부분, 좀 이상하지 않아?'라며 이야기를 나눌 수 있다는 것 역시 즐거운 일이다(웃음).

유명한 무용수가 출연하는 영화 일람

제목	연도	무용수
분홍 신	1948년	주인공 역할로 출연하는 모이라 시어러
사랑과 갈채의 나날	1977년	주인공 중 한 명으로 출연하는 미하일 바리시니코프
사랑과 슬픔의 볼레로	1981년	주인공 중 한 명으로 출연하는 조르주 돈
백야	1985년	망명하는 주인공 역할로 출연하는 미하일 바리시니코프
열정의 무대	2000년	주인공이 사랑하는 무용수 역할로 출연하는 에단 스티펄
빌리 엘리어트	2000년	주인공의 성인 역할로 출연하는 아담 쿠퍼
발레 컴퍼니	2004년	출연자 대부분이 조프리 발레단의 무용수
마오의 라스트 댄서	2009년	주인공의 성인 역할로 출연하는 츠차오
블랙 스완	2010년	주인공의 파트너 역할로 출연하는 벤자민 마일피드
하이 스트룽	2016년	주인공 역할로 출연하는 키넌 캄파(전 마린스키 발레단)

이미지 트레이닝&모티베이션 향상에 도움이 된다!

레슨 DVD로 집에서도 발레에 도전

발레 레슨에 푹 빠지면 더 잘하기 위해 집에서도 발레에 관련된 트레이닝을 하게 된다.
DVD를 보며 스트레칭도 하고 무용수들의 아름다운 모습을 보며 이미지 트레이닝까지!
발레 실력 향상에 도움이 될 세 작품을 소개한다.

©Francette Levieux

파리 오페라 극장 에투알의 바리에이션 레슨

에투알 출신의 벤자민 페슈가 제르맹 루베와 한나 오닐에게 바리에이션을 지도한다. 테크닉에 대한 지도는 물론 감정을 표현하기 위해 팔을 어느 타이밍에, 어떤 각도로, 어느 위치까지 내리면 좋은지 등과 같이 풍부한 감정 표현의 비결도 이야기한다. '지금도 좋지만 더 좋아질 수 있다'는 페슈의 말처럼 지도를 받으면서 점점 달라지는 두 사람의 모습에도 주목. (도미나가)

〈파리 오페라 극장 에투알의
바리에이션 레슨〉
지도: 벤자민 페슈/
출연: 한나 오닐, 제르맹 루베/
2016년/품번: DD16-0705
(제작·발매: 신쇼칸)

바가노바 발레 아카데미
성인을 위한 발레 레슨&스트레칭

내가 10년 넘게 즐겨 보는 DVD. 입문·초급 수준의 스트레칭, 바&센터 레슨의 기초적인 내용을 바탕으로 한 몸과 근육의 사용법 등 여러 번 다시 보고 싶은 중요한 내용이 가득 담겨 있다. 스트레칭은 발끝, 엉덩이, 등, 허벅지 근육 등 부위별로 해설이 되어 있어 이해하기 쉽다. 비쉬뇨바를 지도한 루드밀라 코발레바 선생이 지도한다. (도미나가)

디즈니 발레 마우서사이즈 입문편

전 버밍엄 로열 발레단의 솔리스트 야마모토 고스케가 스트레칭, 바와 센터 레슨을 자세하고 친절하게 지도한다. 레슨곡은 디즈니 영화 〈판타지아〉, 〈판타지아 2000〉을 편곡한 것. 특전 영상으로 구라나가 미사와 제임스 화이트사이드의 〈미녀와 야수〉의 파 드 되도 수록되어 있다. (모리)

〈바가노바 발레 아카데미
성인을 위한 발레 레슨&스트레칭〉
지도: 루드밀라 코발레바
출연: 즐라타 야릴니치, 올가 미냐 등/
2007년
품번: DD07-0912
(제작·발매: 신쇼칸)

〈디즈니 발레 마우서사이즈
입문편〉
지도: 야마모토 고스케,
출연: 구라나가 미사,
제임스 화이트사이드 등/
2017년/품번: AVBW-63243
(발매·판매: 에이벡스 엔터테인먼트 주식회사)

©Walt Disney Records

안무 하나로 이렇게 달라진다!

명작 발레를 안무가별로 비교해보자!

같은 내용의 작품이라도 안무가에 따라 설정이 달라지거나 새로운 역할이 생기기도 하고 등장인물의 성격이 달라지기도 한다. 고전 작품 중에서도 독자적인 설정이 재미있는 〈호두까기 인형〉의 세 가지 버전을 소개한다!

©Damir Yusupov

© 2011,2015 Lincoln Center for the Performing Arts, Inc. © 2016 / Artwork & Editorial © 2016 C Major Entertainment GmbH, Berlin Photos © Paul Kolnik Choreography © The George Balanchine Trust | BALANCHINE is a Trademark of the George Balanchine Trust

볼쇼이 발레단 〈호두까기 인형〉
(유리 그리고로비치 버전)

'볼쇼이의 특징인 남성 무용수가 대활약하는 버전. 꽃의 왈츠에 해당하는 파트에서도 남성 코르드 발레가 역동적인 도약을 선보인다. 또 2막의 그랑 파 드 되에서는 여성 무용수를 수직으로 들어 올리거나 거의 거꾸로 드는 등의 고난이도 리프트의 연속! 어린아이 역할은 전혀 등장하지 않고 1막의 응접실 장면도 전원 성인 무용수들이 출연한다.' (모리)

뉴욕 시티 발레단 〈호두까기 인형〉
(조지 발란신 버전)

뉴욕의 겨울 이벤트로 오랫동안 사랑받은 작품. 꽃의 왈츠에는 '아침 이슬의 정령'이라는 역이 있으며 수석 무용수가 맡는다. 파워풀한 안무로 푸에테 앙 투르낭도! 구성도 독특해서 2막 첫 부분에 별사탕 요정의 솔로가 나온다. 과자 왕국의 커피, 차, 사탕, 마지팬을 이미지한 의상이 사랑스럽다.' (모리)

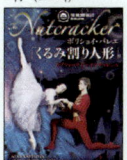

볼쇼이 발레 〈호두까기 인형〉
(그리고로비치 버전)

출연: 니나 캅초바, 아르템 오브차렌코 등/
2010년 12월 수록/
품번: DD12-0406
(발매: 신쇼칸)

뉴욕 시티 발레단 〈호두까기 인형〉
(발란신 버전)

출연: 메건 페어차일드, 호아킨 데 루즈, 애슐리 바우더 등/
2011년 12월 수록/
품번: PCBP-52430
(발매·판매: 포니캐넌)

신국립 극장 발레단 〈호두까기 인형〉
(마키 아사미 안무)

클라라가 신주쿠의 고층 빌딩 거리에서 19세기의 독일로 타임슬립한다는 설정. 드로셀마이어가 산타클로스로 변신하는 설정이 재미있다. 클라라, 별사탕의 요정, 눈의 여왕을 각기 다른 무용수가 연기하는 화려한 캐스팅이다. (모리)

신국립 극장 발레단
오피셜 DVD BOOKS
발레 명작 이야기 Vol.4
〈호두까기 인형〉

감수: 마키 아사미/출연: 오노 아야코, 야마모토 류 등/ 2009년 12월 수록
ISBN/978-4-418-00001-2
(발매·판매: 세계문화사)

©British Broadcasting Corporation and Polunin Ltd. / 2016

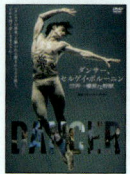

〈댄서〉
감독: 스티븐 캔터/
2016년/영국·미국
품번: PCBE-55845
(발매: 업링크/판매: 포니캐년)

A: 주변 인물들이 이야기하는 아녜스 역시 멋졌다. 그녀를 동경하는 사람이 많은 것 같았다.
N: 전에 일본에서도 출간된 자서전 《파리 오페라 극장의 에투알(Les etoiles de l'Opera de Paris)》(아녜스 르테스튀, 제라르 맹노니 저)도 그녀의 지성이 느껴지는 좋은 책이었다.
A: 원숙한 무용수의 작품도 재미있지만 성장하고 있는 무용수에 대한 다큐멘터리도 좋다. 최근에는 세르게이 폴루닌의 〈댄서〉가 있었다.
N: 발레 팬만이 아닌 대중을 대상으로 한 광고로, 큰 성공을 거두었다. 누구나 볼 수 있는 보편적인 내용. 젊은이들이 경험하는 갈등과 고뇌가 그려져 있다.
A: 젊은 혈기로 방황하는 모습도 그대로 담겨 있어 청춘 시절을 회상하며 안타까운 감정을 느끼는 사람들도 있을 듯하다.
N: 어머니의 입장에서 보는 사람도 있는 것 같다. 부모와의 관계를 자세히 다룬 점도 좋았다. 어린 시절의 영상도 많이 담겨 있는데 그걸 보며 부모의 마음이 절절이 느껴지기도 했다.

A: 어린 무용수들의 모습을 담은 다큐멘터리라면 최근에 인기를 끈 〈퍼스트 포지션(First Position)〉이 기억난다. 노르웨이 발레 학교를 무대로 한 〈발레 보이즈(Ballettguttene)〉도 좋았다!
N: 발레 무용수를 꿈꾸는 3명의 소년이 중학교 졸업 전에 진로를 고민하는 모습을 담은 작품. 그때 발레 스쿨 오디션에 합격한 루카스는 지금은 영국 로열 발레단에 입단해 얼마 전 〈겨울 이야기〉의 중요한 배역에 발탁되었다. 시베르트도 휴스턴 발레단에서 활동하고 있다고 한다.
A: 학생이 나오는 다큐멘터리는 이후의 성장 과정이나 활약상을 확인하는 즐거움이 있다. 속편이 만들어지기를 고대한 적도 있다.
N: 〈퍼스트 포지션〉에 나왔던 발레를 좋아하는 소년 아란 벨은 아메리칸 발레 시어터에 입단했다. 키도 훌쩍 커서 멋진 청년으로 성장!
A: 어릴 때부터 많은 희생을 감수하며 발레에 인생을 거는 무용수들. 그 모습을 안다는 것은 발레라는 예술의 심오함을 이해하게 된다는 의미이다.

〈발레 보이즈〉
감독: 케네스 엘브박/
2014년/노르웨이
품번: TCED-3250
(발매: 업링크/
판매: TC엔터테인먼트)

〈파리 오페라 발레의 별, 아녜스〉
감독: 마를렌 이오네스코/
2013년/프랑스
품번: AREA-0025
(발매·판매: 에어리어 B)

©Wide House

A: 흔들림 없는 강한 정신력이 영상을 통해서도 전해진다. 그건 실비 길렘도 마찬가지다. 그녀의 재능은 신체적인 면뿐 아니라 정신적인 면에도 있다. 〈발레의 여왕 실비 길렘(バレエの女王 シルヴィ·ギエム)〉에는 본인의 인터뷰도 많아 그녀의 진면목을 잘 알 수 있다.

N: 신중히 판단하며 자신의 경력을 구축해온 사람. 이 정도로 강하지 않으면 이 세계에서 살아남지 못할 수도 있겠다는 생각이 들었다. 〈볼레로〉를 50세까지 완벽히 추었다니, 굉장하다.

A: 그녀가 고전 작품에 출연한 영상은 거의 남아있지 않기 때문에 다큐멘터리가 아니면 볼 수 없다.

N: 이 DVD에는 15세 때 출연한 〈두 마리의 비둘기〉를 비롯해 〈백조의 호수〉, 〈마농〉, 〈돈키호테〉를 추는 모습이 담겨 있어 더욱 귀중한 작품이다!

A: 또 매력 넘치는 길렘의 진면목을 만나볼 수 있어 더욱 기쁘다.

N: 무용수의 진면목이라고 하면 〈파리 오페라 발레의 별, 아네스(Agnès Letestu l' apogée d'une étoile)〉도 대단히 좋았다. 아듀 공연까지 2년의 시간을 담은 작품이다.

A: 성과 같은 저택 소파에 앉아 이야기하는 아녜스의 모습이 마치 한 폭의 그림처럼 아름다웠다!

N: 그 집은 원래 피에르 라코트의 저택이었다고 한다. 그 장면 역시 그녀의 총명함이 엿보이는 인터뷰였다.

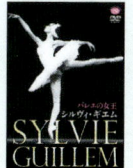

〈발레의 여왕 실비 길렘〉
출연: 실비 길렘,
모리스 베자르, 마츠 에크 외
1993년/영국 제작
품번: DD12-0812 (발매: 신쇼칸)

〈로파트키나, 고고한 백조〉
감독: 마를렌 이오네스코/
2014년/프랑스
품번: ALBSD-2019
(판매: 알바트로스)

©DELANGE PRODUCTION

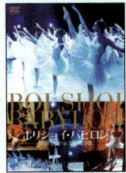

〈볼쇼이 바빌론〉
감독: 닉 리드/
2015년/영국
품번: BIBF-2930
(발매·판매: 해피넷)

창작 활동과 예술 감독으로서 처리해야 할 대량의 업무를 병행하며 온갖 고생을 하는 모습이 담겨 있다.

N: 무용수의 부상, 의상 문제, 파업 등의 장애를 극복하는 과정과 스태프들의 분투도 흥미진진하다.

A: '오래된 조직과의 충돌'이라는 점에 공감하는 사람도 많을 것이다. 1년 반 만에 퇴임한 걸 보면 예술 감독은 정말 아무나 할 수 있는 일이 아니라는 생각이 들었다.

N: 그렇게 생각하면 당시 볼쇼이 발레단의 예술 감독 세르게이 필린이 습격당한 사건을 다룬 〈볼쇼이 바빌론(Bolshoi Babylon)〉도 대단했다. 러시아 최고의 극장을 둘러싼 다양한 갈등과 사건을 대하는 무용수들의 생각 그리고 러시아에서 발레가 갖는 위상에 대해 파헤쳤다.

A: 영화 속에서는 무용수와 스태프 모두 그간의 생각을 봇물이 터진 듯 이야기한다(웃음). 저렇게 개성이 강한 사람들을 아우르는 것은 역시 보통 일이 아닐 것이다. 반발도 크고 파벌도 생기다보니 결국 그런 사건까지……

N: 그런 소동에도 아랑곳없이 큰 부상에서 재기에 성공한 마리아 알렉산드로바의 모습이 감동적이었다. 지금도 볼쇼이 내부에는 부침이 있는 듯 하지만 활기가 있어 다행이다.

A: 같은 러시아의 마린스키 발레단에서는 명프리마 울리야나 로파트키나가 은퇴했다. 그녀에 대한 다큐멘터리도 많다.

N: 최신 작품으로는 〈로파트키나, 고고한 백조(ロパートキナ 孤高の白鳥)〉가 있다. 발레의 예술성을 추구하는 그녀의 엄격하고 진지한 삶을 그리고 있다.

A: 그녀의 다큐멘터리는 어느 시대에 찍은 것이든 기본은 같은 것 같다. 젊을 때부터 프로 무용수로서 '예술을 추구하는' 자세는 늘 한결같다.

N: 굉장히 정신성이 높은 인물로, 그런 자세가 인기의 비결이기도 하다. '오래간 추고 싶다'고 이야기했는데 그게 이루어지지 못해 안타깝다.

〈마일피드, 파리 오페라극장에 도전한 남자〉
감독: 티에리 데 마이지에르, 알반 테우를라이/
2015년/프랑스
품번: TMSS-368
(발매·판매: 트랜스포머)